特別支援教育・保育概論

―特別な配慮を要する子どもの理解と支援

尾野明美　小湊真衣　奥田訓子　編著

はじめに

　現在、障害の有無に関わらず、あらゆる人がお互いに人格と個性を尊重し、支え合う共生社会の実現を目指すノーマライゼーションの理念のもと、世界の国々が教育や福祉の領域で様々な取り組みを行っています。日本も国内の法律を整え、障害者の社会参加を促進し、インクルーシブ教育や保育を推進しています。こうした流れを受け、2019年度からの教職課程では、特別支援教育の科目は必須となり、幼稚園、小・中・高等学校の教員免許の取得を目指す教職課程の学生は、特別の支援を必要とする幼児、児童および生徒に対する理解を深め、支援の方法を学修することが求められています。

　幼稚園や保育所および認定こども園には、障害のある子どもだけでなく、診断はないものの障害の特徴が見られる気になる子どもや、貧困家庭や一人親家庭、虐待の疑いのある子ども、外国籍の子どもなどいろいろな子どもがいます。クラスの中に集団生活や活動することに困っている子どもがいたとすると、なぜその子どもが困っているのかを知り、どう対応するのかを考えなくてはなりません。しかし、障害や特別の支援や配慮が必要な子どもに関する知識が身に付いていないと、子どもや保護者に対して不適切な関わりをしてしまうかもしれません。そこで、保育者を目指す皆さんには、このテキストで障害をはじめ特別の支援や配慮が必要な子どもたちを理解し、子どもたちとの関わり方やその支援の方法を学んだ上で、特別の支援や配慮が必要な子どものアセスメントから支援計画の立て方までを理解し、職員間連携や関係機関との連携のあり方についても学んでほしいと思っています。

　本書は、保育士養成課程の「障害児保育」のテキストに、教職課程コアカリキュラムの「特別の支援を必要とする幼児、児童及び生徒の理解」の特別

支援教育の内容を新たに盛り込み、『特別支援教育・保育概論』として改訂しました。この2つの科目を1つにまとめるにあたり、何度も編集会議を開き、構成を練り直し、内容を精査してきました。特別支援教育と保育の両方の現場の知識と経験をおもちの先生方や小学校で特別支援教育に携わっている先生方からも、今学校で問題となっていることや課題を教えていただき、テキストに反映することができました。さらに、保育現場や福祉施設現場に携わっている専門の先生方からも、現場での豊かな知見をご提供いただき、事例を豊富に掲載することができました。学修者には、事例を手掛かりに特別支援教育や障害児保育を具体的に想像しながら、理解を深めてもらいたいと思います。なお、事例の子どもの名前は仮名を用い、個人が特定されないように内容を編集しています。

　執筆を担当いただきました先生方には、本書を新設科目開講の初年度に学修者の手元に届けるために、短期間での執筆をお願いいたしました。むりなお願いにも関わらず、ご快諾、ご尽力いただきましたことに感謝いたします。

　最後に、『障害児保育』の編集時から本書が『特別支援教育・保育概論』のテキストに改訂するまでの間、萌文書林の下中志野様には細やかな校閲と、いつも締切り間際の編集作業をしていただきました。そして、社長の服部直人様には伴走という言葉が最もふさわしい程に、ご助言や時に励ましの言葉をいただきました。新設科目である『特別支援教育・保育概論』のテキストを開設の初年度に出版することができましたことは、お二人のお力添えがあってのこととお礼を申しあげます。

2019年2月吉日　編著者代表　尾野明美

もくじ

はじめに …………………………………………………………………………… iii
本書の構成と表記 ………………………………………………………………… xii

第1章　特別の支援を必要とする子どもの教育と障害児保育を支える理念

❶ 障害の概念と障害児の教育・保育の歴史的変遷 ……………………………… 002
　（1）障害とは ………………………………………………………………… 002
　（2）障害のある子どもの権利 ……………………………………………… 005
　（3）我が国における障害のある子どもの教育・保育の歴史 ……………… 007
　（4）現代の障害のある子どもの教育・保育 ……………………………… 009

❷ インクルーシブ教育システムを含めた特別支援教育に関する
　制度の理念や仕組み ………………………………………………………… 010
　（1）特別支援教育について ………………………………………………… 010
　（2）特別支援教育の学びの場と手続きについて ………………………… 013
　演習課題 1 ………………………………………………………………… 017

❸ 障害のある子どもの地域社会への参加・包摂（インクルージョン）
　及び合理的配慮の理解 ……………………………………………………… 017
　（1）障害者の人権とインクルージョン …………………………………… 017
　（2）障害者の社会参加 ……………………………………………………… 019
　（3）合理的配慮 ……………………………………………………………… 020
　（4）インクルーシブ教育の目的と課題 …………………………………… 023

❹ 障害児保育の基本（障害のある子どもの教育・保育の基本）………………… 026
　（1）障害児保育とは ………………………………………………………… 026
　（2）障害児保育の展開 ……………………………………………………… 027
　（3）周囲の子どもとの関わり ……………………………………………… 030
　（4）障害を理解する際の注意点 …………………………………………… 031

演習課題 2 ･･･ 032

第2章　障害児等の理解と教育・保育における発達の支援

- ❶ 肢体不自由児の理解と支援 ････････････････････････････････････ 034
  - （1）肢体不自由児の理解 ･･････････････････････････････････････ 034
  - （2）肢体不自由児への支援 ････････････････････････････････････ 041
  - 演習課題 3 ･･･ 048
  - 演習課題 4 ･･･ 048
- ❷ 知的障害児の理解と支援 ･･････････････････････････････････････ 049
  - （1）知的障害児の理解 ･･ 049
  - （2）知的障害児への支援 ･･････････････････････････････････････ 059
  - 演習課題 5 ･･･ 063
- ❸ 視覚障害児・聴覚障害児の理解と支援 ･･････････････････････････ 063
  - （1）視覚障害の子どもたち ････････････････････････････････････ 063
  - （2）聴覚障害の子どもたち ････････････････････････････････････ 070
  - 演習課題 6 ･･･ 076
- ❹ ことばの発達に障害のある子どもへの理解と支援 ････････････････ 077
  - （1）ことばの発達に障害のある子ども ･･････････････････････････ 077
  - （2）様々なことばの発達に障害のある子ども ････････････････････ 080
  - 演習課題 7 ･･･ 091
- ❺ 重症心身障害児・医療的ケア児の理解と支援 ････････････････････ 092
  - （1）重症心身障害児・医療的ケア児の理解 ･･････････････････････ 092
  - （2）重症心身障害児・医療的ケア児への支援 ････････････････････ 096
- ❻ 病弱児の理解と支援 ･･ 104
  - （1）病弱とは ･･ 104

(2) 身体虚弱とは ……………………………………………… 106
　　(3) 病弱児への支援が行われる場所 ………………………… 106
　　(4) 病弱児の学びと経験の支援 ……………………………… 106
　　(5) 病弱児支援の実際 ………………………………………… 107
❼ 発達障害児（ADHD、SLD）の理解と支援 …………………… 111
　　(1) 発達障害とは ……………………………………………… 111
　　(2) 注意欠如・多動症／注意欠如・多動性障害の理解と支援 ……… 112
　　(3) 限局性学習症／限局性学習障害の理解と支援 ………… 120
　　演習課題⑧ ……………………………………………………… 124
　　演習課題⑨ ……………………………………………………… 125
❽ 発達障害児（ASD）の理解と支援 ……………………………… 125
　　(1) 自閉スペクトラム症／自閉症スペクトラム障害の理解 ……… 125
　　(2) 自閉スペクトラム症／自閉症スペクトラム障害の支援 ……… 131
　　演習課題⑩ ……………………………………………………… 134
❾ その他の特別な配慮を要する子どもの理解と支援 …………… 136
　　(1) 情緒障害 …………………………………………………… 136
　　(2) 場面緘黙（選択性緘黙） ………………………………… 139
　　(3) 感覚過敏 …………………………………………………… 139
　　(4) 虐待 ………………………………………………………… 141
　　(5) 母国語が外国語の場合 …………………………………… 145
　　(6) 貧困 ………………………………………………………… 148
　　(7) 組織的な対応の必要性 …………………………………… 151

第3章　幼稚園及び保育所等における障害児その他の特別な配慮を要する子どもの教育・保育の実際

❶ 全体的な計画及び指導計画、個別の支援計画の作成 ………… 154

- (1) 幼稚園における「全体的な計画」 ……………………………… 154
- (2) 保育所における「全体的な計画」 ……………………………… 155
- (3) 認定こども園における「全体的な計画」 ……………………… 156
- (4) 「全体的な計画」の例 …………………………………………… 156
- (5) 様々な「指導計画」のかたち …………………………………… 157
- (6) 「指導計画」の例 ………………………………………………… 160
- (7) 「個別の支援計画」の意義と活用 ……………………………… 167
- (8) 「全体的な計画」「指導計画」と「個別の支援計画」 ………… 175
- (9) 記録の記入 ………………………………………………………… 178
- (10) 計画の評価 ……………………………………………………… 179

❷ 個々の発達を促す生活や遊びの環境 ………………………………… 182
- (1) 生活環境の大切さ ………………………………………………… 182
- (2) 遊びの大切さ ……………………………………………………… 184
- (3) 障害に応じた生活環境の設定と配慮 …………………………… 185

❸ 子ども同士の関わりと育ち合い ……………………………………… 188

演習課題11 ……………………………………………………………… 191

❹ 障害児の教育・保育における子どもの健康と安全 ………………… 191
- (1) 睡眠 ………………………………………………………………… 192
- (2) 食事 ………………………………………………………………… 193
- (3) 排泄 ………………………………………………………………… 193
- (4) 着脱・清潔 ………………………………………………………… 194
- (5) 安全 ………………………………………………………………… 194

❺ 職員間の連携・協働 …………………………………………………… 195
- (1) 園全体の取り組みについて ……………………………………… 195
- (2) 子どもへの個別的な関わりについて …………………………… 198
- (3) 組織としての園の支援体制について …………………………… 199

演習課題12 ･･･ 201
演習課題13 ･･･ 201

第4章　特別の支援を必要とする幼児、児童及び生徒に対する教育課程や支援方法

❶「通級による指導」及び「自立活動」の教育課程上の位置付けと内容
･･ 204
　(1) 通級による指導 ･･ 204
　(2) 自立活動 ･･ 207

❷「個別の指導計画」及び「個別の教育支援計画」を作成する意義と方法 ･･ 209
　(1)「個別の指導計画」と「個別の教育支援計画」の関係性 ･･･････････ 209
　(2)「個別の指導計画」及び「個別の教育支援計画」を作成する意義
　　 ･･ 211
　(3)「個別の指導計画」及び「個別の教育支援計画」を作成する方法
　　 ･･ 212

❸ 特別支援教育コーディネーター、関係機関、家庭と連携しながらの支援体制の構築 ･･･ 219
　(1) 特別支援教育コーディネーターの役割 ･･････････････････････････ 219
　(2) 校内委員会の1年間 ･･ 221
　(3) 関係機関のリソースマップ作り ････････････････････････････････ 223

演習課題14 ･･･ 228

第5章　家庭及び自治体・関係機関との連携

❶ 保護者や家族に対する理解と支援 ････････････････････････････････ 230

(1) 障害を「受容する」とは 230
　　　(2) 保護者への支援における問題と課題 231
　　　演習課題15 233
　❷ 保護者間の交流や支え合いの意義とその支援 233
　　　(1) 保護者間の交流や支え合いの意義 233
　　　(2) 親の会への支援 234
　❸ 障害児支援の制度の理解と地域における自治体や関係機関（保育所、児童発達支援センター等）の連携・協働 235
　　　(1) 地域における自治体との連携 235
　　　(2) 医療機関との連携 238
　　　(3) 地域における保健センターとの連携 240
　　　(4) 児童相談所との連携 241
　　　(5) 療育施設との連携 242
　❹ 小学校等との連携 243
　　　(1) 就学を見据える時期 243
　　　(2) 幼稚園・保育所などと小学校との連携 245
　　　(3) 支援機関と小学校との連携 246
　　　演習課題16 252
　　　演習課題17 252

第6章　障害その他の特別な配慮を要する子どもの保育に関わる現状と課題

　❶ 保健・医療における現状と課題 254
　　　(1) 保健・医療の連携による「つながる」支援の始まりへ 254
　　　(2) 保健・医療が抱える課題 255
　　　演習課題18 256

❷ 福祉・教育における現状と課題 ……………………………………… 257
　（1）教育・保育の場とその展開 ………………………………………… 257
　（2）教育・保育の問題と課題 …………………………………………… 261
❸ 支援の場の広がりとつながり ………………………………………… 263
　（1）レスパイトケア ……………………………………………………… 263
　（2）チーム連携 …………………………………………………………… 264
❹ 障害者の自立と就労支援 ……………………………………………… 266
　（1）キャリア教育 ………………………………………………………… 266
　（2）障害者への就労支援 ………………………………………………… 267
　（3）就労支援における多機関連携 ……………………………………… 269
　（4）就労支援の現状と課題 ……………………………………………… 270
　演習課題⑲ ………………………………………………………………… 271
　演習課題⑳ ………………………………………………………………… 272

巻末資料　特別支援教育・障害児保育歴史年表 ……………………… 275
文献 ………………………………………………………………………… 276
索引 ………………………………………………………………………… 291
著者紹介 …………………………………………………………………… 295

本書の構成と表記

　本書は、幼稚園教諭免許と保育士免許のどちらか、または両方の資格取得を目指す学修者に向けた「特別支援教育」と「障害児保育」の両科目に対応した学習テキストです。「特別支援教育」の科目は、2019年度から教職課程の新設の必修科目です。本書は幼稚園教諭養成課程の科目を規定する「教職課程コアカリキュラム」の「特別支援教育」が示す「一般目標」と「到達目標」の内容と、保育士養成課程の「障害児保育」の「目標及び教授内容」の2つをまとめ、新しく「特別支援教育・保育概論」のテキストにしました。

　この2科目の内容をまとめるにあたり、両科目のベースとする考え方が異なることを踏まえた上で、それぞれの意味や含む内容について確認し、テキストの構成や表記などについて以下のように対応しました。

構成と表記について

　教職課程では「特別の支援を必要する子どもの支援」を、保育士養成課程では「特別な配慮を要する子どもの援助」について学びます。この2つの科目の内容を学ぶ順序としては、先に就学前の幼稚園・保育所での支援を学び、次に就学以降の小学校への支援の方法を学ぶという構成にしました。本来であれば、特別支援教育の制度的な視点から支援の方法について学ぶところですが、本書は就学前の子どもの教育・保育の専門家を担う養成校のテキストであることから、教育のみならず、福祉や養護に関する学びを深めることを考慮して、幼稚園・保育所での支援の方法を先に配置し、発達の道筋を念頭に置くことを基本とする構成としました。

　両科目で用いる文言などには違いがありますが、両科目で同じものをさしていると思われる場合や、共通で学ぶ内容については用語を統一しています。たとえば、幼稚園にいる支援者は幼稚園教諭であり、保育所にいる支援者は保育士ですが、文中の説明では保育者という用語に統一しています。ただし、

事例の文中では保育士や先生、教師などと文脈に応じて表現を使い分けています。なお、幼児・児童および生徒は子どもと表記しました。また、子育ての支援は児童福祉法や子ども・子育て支援法に則って、子育て支援と表記しました。

DSM-5による表記について

発達障害の名称に関しては、アメリカ精神医学会（American Psychiatric Association：APA）が発行している「DSM-5精神疾患の診断・統計マニュアル」に準じて表記しています。しかし、文部科学省や厚生労働省の障害児保育で示されている授業内容ではDSM-Ⅳ-TRの名称が使用されており、現在はDSM-5とDSM-Ⅳ-TRの2種類の名称が使用されているのが現状です。したがって、本書でも直接引用した図表の中には後者の名称が使われているものもあり、その部分に関しては原典のままの表記となっています。たとえば、広汎性発達障害と自閉症スペクトラム障害や、学習障害と限局性学習障害、注意欠陥多動性障害と注意欠如・多動性障害などは同じものをさしています。その点を注意しながら学修を進めてください。

「特別の支援や配慮を必要とする子ども」とは

テキストの中には障害児とだけ示している箇所もありますが、インクルーシブ教育・保育の推進がなされている中で、特別の支援や配慮を必要とする子どもは障害のある子どもに限定されておらず、外国籍の子どもや一人親家庭の子ども、アレルギーのある子どもなど、特別の支援や配慮が必要な全ての子どものことをさしていることを触まえた上で学修を進めてください。

DSM-5とDSM-Ⅳ-TRの対照表

DSM-5 神経発達症群／神経発達障害群	DSM-Ⅳ-TR 通常、幼児期、小児期、または青年期に初めて診断される障害
知的能力障害群 　知的能力障害（知的発症症／知的発達障害） 　　軽度 　　中等度 　　重度 　　最重度 　全般的発達遅延 　特定不能の知的能力障害（特定不能の知的発達症／特定不能の知的発達障害）	**精神遅滞** 　軽度 　中等度 　重度 　最重度 　精神遅滞、重症度は特定不能
コミュニケーション症群／コミュニケーション障害群 　言語症／言語障害 　語音症／語音障害 　小児期発症流暢症（吃音）／小児期発症流暢障害（吃音） 　社会的コミュニケーション症／社会的コミュニケーション障害 　特定不能のコミュニケーション症／特定不能のコミュニケーション障害	**コミュニケーション障害** 　表出性言語障害 　受容－表出混合性言語障害 　音韻障害 　吃音 　特定不能のコミュニケーション障害
自閉スペクトラム症／自閉症スペクトラム障害	**広汎性発達障害** 　自閉性障害 　レット障害 　小児期崩壊性障害 　アスペルガー障害 　特定不能の広汎性発達障害
注意欠如・多動症／注意欠如・多動性障害 　混合して存在 　不注意優勢に存在 　多動・衝動優勢に存在 　他の特定される注意欠如・多動症／他の特定される注意欠如・多動性障害 　特定不能の注意欠如・多動症／特定不能の注意欠如・多動性障害	**注意欠如および破壊的の行動障害** 　注意欠如・多動性障害 　　混合型 　　不注意優勢型 　　多動性─衝動性優勢型 　特定不能の注意欠如・多動性障害
限局性学習症／限局性学習障害 　読字の障害を伴う 　書字表出の障害を伴う 　算数の障害を伴う	**学習障害** 　読字障害 　書字表出障害 　算数障害 　特定不能の学習障害
運動症群／運動障害群 　発達性協調運動症／発達性協調運動障害 　常同運動症／常同運動障害 　チック症群／チック障害群	**運動能力障害** 　発達性協調運動障害

DSM-5の順でDSM-Ⅳ-TRを対照させて尾野が整理

本書の構成と表記

第 1 章

特別の支援を必要とする子どもの教育と障害児保育を支える理念

　現在、日本の教育現場は障害の有無に関わらず、全ての人がお互いに人格と個性を尊重し、支え合う共生社会の実現を目指すノーマライゼーションの理念のもと、インクルーシブ教育が推進されています。障害児教育が義務化され、特殊教育から特別支援教育、インクルーシブ教育へと変遷する過程について学び、インクルーシブ教育の理念や制度の仕組みについて理解を深めましょう。一方、保育所でも、障害のある子どもの発達を保障する保育が行われるようになりました。これまでの歴史を学び、障害児を教育・保育する上での基本的な考えを理解しておきましょう。

1 障害の概念と障害児の教育・保育の歴史的変遷

　障害者は、かつては十分な科学的根拠のないまま、遺伝を恐れたり優生思想などに影響されたりしたことで、長く社会から隔離・分離された生活を余儀なくされてきました。しかし、第二次世界大戦後に、全ての人に対する人権意識が高まるとともに障害者の人権意識も高まり、少しずつその待遇も改善されてきました。さらに、人として等しく生活できる社会を目指そうとしたノーマライゼーション思想と結び付いたことで、障害の有無に関わらず、等しく教育を受ける権利が主張されるようになりました。本章では、障害児の教育・保育の基本理念とそれに基づいた制度を概観します。

(1) 障害とは

　障害とは、心身の機能に何らかの妨げがあり、日常生活に制限があることです。さらに、医学的な定義により、おおよその定型発達曲線から外れた成長過程であると診断される狭い意味での障害と、診断された障害により生じた生活上の諸困難さによりもたらされた障害を含む広い意味での障害（茂木，2012）に分けられます。長い間、障害者へは前者を基準にし、劣っている機能を訓練や治療によって改善するといった考えでの関わりが中心でした。このような状況を一変したのが、障害者の人権運動の高まりと世界保健機関（WHO）による障害の定義の改変でした。

　まず、1960年代後半から国連をはじめとする国際的な機関や会議で障害がある人の権利について議論されるようになり、そこで合意された内容が世界中の国々に向けて発信されました。中でも、1975（昭和50）年に採択された**障害者の権利に関する宣言**（国連総会決議）では、障害者は人間としての尊厳を尊重される権利をもつことを確認し、障害がある人もない人も差別なく平等に人権を有するとして、共に平等に生活できる社会を実現していく

図1-1-1 国際障害分類（ICIDH）

上田敏　2002　国際障害分類初版（ICIDH）から国際生活機能分類（ICF）へ―改定の経過・趣旨・内容・特徴―ノーマライゼーション22（6）日本障害者リハビリテーション協会

必要性があることがうたわれました。その後、1981（昭和56）年の「国際障害者年」と、それに続く「国連・障害者の10年」（1983（昭和58）年～1992（平成4）年）の制定では、1975年に発表された宣言の精神を世界各国で受け止め、その実現を目指す様々な国際的共同行動が、「完全参加と平等」をテーマに推進されました（茂木，2007）。

そのような流れの中で、かつては主に医学的な観点から定義され分類されてきた障害の定義も、大きく変化していきました。1980（昭和55）年、WHOが**国際障害分類（ICIDH）**においてこれまでの障害の定義を見直し、障害には3つのレベルがあるとする新しい定義を打ちだしました（図1-1-1）。その3つのレベルとは、

・機能・形態障害（人がこうむった疾病や損傷で、一般には身体的、生理的な概念で捉えられる障害）
・能力障害（人のもつ疾病や損傷のためにもたらされる、機能的および能力的な障害）
・社会的不利（機能・形態障害や能力障害のために生ずる不利益のことをいい、行動上の不利益、社会的不利益などを意味する）

です。すなわち、疾病や損傷が原因となって機能・形態障害が起こり、そこから能力障害が生じ、それが社会的不利を引き起こすという定義であり、それぞれの段階（レベル）での問題を明らかにして、社会的不利を防いでいこうとする考え方です（茂木，2007）。

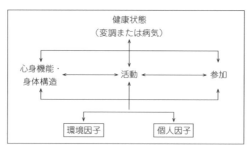

図1-1-2　国際生活機能分類（ICF）の構成要素間の相互作用
世界保健機関（編）：障害者福祉研究会（編）　2002　国際生活機能分類：国際障害分類改定版　中央法規出版　p.17

　WHOはその後も障害の定義についての検討を重ね、2001（平成13）年には**国際生活機能分類（ICF）**（図1-1-2）を発表しました。このICFでは、障害だけに着目するのではなく、障害がない場合も含めた人間の生活や活動全体に焦点を当て、その中に障害のマイナス面だけでなく、プラス面にも着目する新しい考え方が取り入れられています。ICFでは、人は心身の機能を働かせて様々な活動をし、社会のいろいろな分野に参加する権利をもっており、その権利は障害がある人もない人も等しくもっているという考え方を基礎としています。障害のある人の生活機能を、「できること」と「障害があることによってできないこと」とに分けて考えます。その上で、障害があることによってできないことも、環境を整えることによって活動することや参加（社会参加）することが可能になるということが示されています。ここでの環境には、物的な環境だけでなく、社会的環境と人々の社会的態度による環境も含まれます（茂木，2007）。

　一口に障害といっても、どのような障害があるのかは人によって様々であり、それにより社会における活動や社会参加にどの程度の困難をもたらすのかにもまた個人差があります。それゆえ、私たちは障害のある人の社会活動や社会参加に対する制約を少しでも取り除くために、障害の種類や障害によって生じる制限・制約についてよく理解し、どのように環境を整えたらよいかを考えていく必要があります。ICIDHでは障害を3つのレベルで階層的に

定義し、障害をネガティブに捉えていたのに対し、ICFでは障害を活動や参加という側面からポジティブに捉えるようになり、ここで障害の捉え方が大きく変化しています。

(2) 障害のある子どもの権利

　戦前の子どもは、家庭において家族の絆をつなぐ大切な存在であり、女性にとっては家での地位の安定と生活保障という機能を担っていました（加藤，1999）が、長らく社会では弱い立場に置かれていました。戦後は、人々の自由と平等意識の高揚により、女性や子どもの権利について活発に議論されるようになりました（図1-1-3）。そして、ようやく1989（平成元）年に国連総会において、**児童の権利に関する条約**（以下、子どもの権利条約）が採択され、初めて「子どもは人権を持った能動的な存在」であり、「差別の禁止・生存と発達の権利を保障する」ことが**子どもの最善の利益**につながると明文化されました。この条約は、子どもが自分の権利を自分たちで表明し

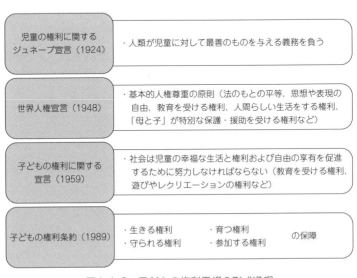

図1-1-3　子どもの権利思想の形成過程

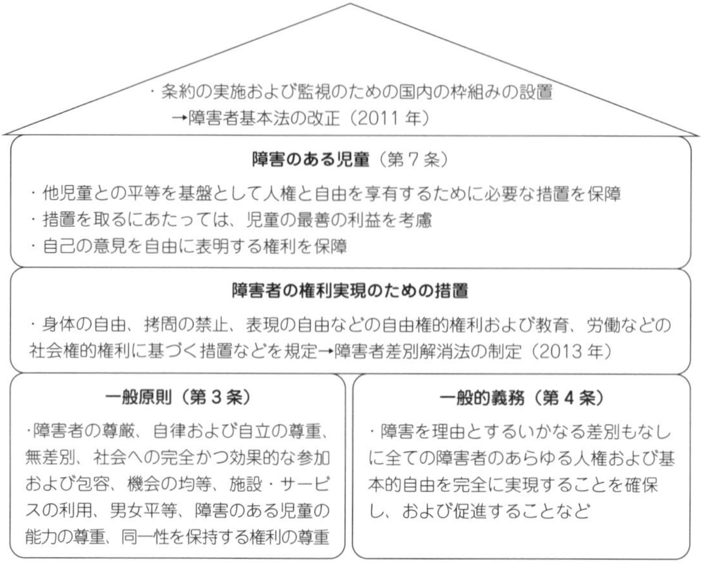

```
┌─────────────────────────────────────────────────┐
│ ・条約の実施および監視のための国内の枠組みの設置  │
│   →障害者基本法の改正（2011年）                  │
├─────────────────────────────────────────────────┤
│           障害のある児童（第7条）                │
│ ・他児童との平等を基盤として人権と自由を享有するために必要な措置を保障 │
│ ・措置を取るにあたっては、児童の最善の利益を考慮 │
│ ・自己の意見を自由に表明する権利を保障           │
├─────────────────────────────────────────────────┤
│         障害者の権利実現のための措置             │
│ ・身体の自由、拷問の禁止、表現の自由などの自由権的権利および教育、労働などの │
│   社会権的権利に基づく措置などを規定→障害者差別解消法の制定（2013年） │
├──────────────────────┬──────────────────────────┤
│   一般原則（第3条）  │   一般的義務（第4条）    │
│ ・障害者の尊厳、自律および自立の尊重、│ ・障害を理由とするいかなる差別もなし │
│ 無差別、社会への完全かつ効果的な参加 │ に全ての障害者のあらゆる人権および基 │
│ および包容、機会の均等、施設・サービ │ 本的自由を完全に実現することを確保 │
│ スの利用、男女平等、障害のある児童の │ し、および促進することなど │
│ 能力の尊重、同一性を保持する権利の尊重│ │
└──────────────────────┴──────────────────────────┘
```

※→は条約を批准するために整備された国内法

図1-1-4　障害者の権利に関する条約の構成

ていくという点で画期的な声明でした。

　しかし、子どもの権利に関する条約批准後も、障害のある子どもは保護されるべき存在として、生きること、生活することを受身的に支援してもらう存在でした。その後、2006（平成18）年の国連総会において、**障害者の権利に関する条約**（障害者権利条約）が採択され、障害者の差別の禁止、社会参加の促進など障害者の権利の実現のための措置などが定められたことにより、障害者の権利保障や社会参加のための措置制度が大きく動きだしました（図1-1-4）。そして、2011（平成23）年に障害者基本法の改正、2013（平成25）年に障害者差別解消法（正式名称：障害を理由とする差別の解消の推進に関する法律）の制定により、教育、就労の場における合理的配慮を伴う参加の促進がなされ、2014（平成26）年に障害者の権利に関する条約が我が国でも批准されるにいたりました。これにより、障害者の社会参加の機会が徐々に増えてきています。

(3) 我が国における障害のある子どもの教育・保育の歴史

　我が国における障害のある子どもの教育・保育は、視覚や聴覚、言語に障害のある子どもに対する教育・保育から始まりました。その起源は、1878（明治11）年の「京都盲唖院」で、1880（明治13）年には東京の築地に「楽善会訓盲院（のちの東京盲唖学校）」が開設され、各地に盲聾唖教育の場が設けられました。大正時代には、「京都市立聾唖学校」に保護者有志が「京都聾口話幼稚園」を設立しました。昭和に入り1930年代になると、精神遅滞児（現在でいう知的障害児）や肢体不自由児への教育・保育が実施されました。まずは、戦前に知的障害児や肢体不自由児の教育・保育の分野において、先駆的な取り組みを行った人物を概観してみましょう。

①石井亮一（1867-1937）

　石井亮一は、我が国初の知的障害児のための社会福祉施設を創設した人物です。立教女学院の教師であった石井は、1891（明治24）年に発生した濃尾大震災で多くの女児が孤児となったことを知り、その孤児らを収容する施設として「孤女学院」を創設しました。そこで収容した孤児の中に知的障害のある子どもがいたことがきっかけで、石井は知的障害児の教育に取り組むようになり、1897（明治30）年に孤女学院を「滝乃川学園」と改称、知的障害児専門の施設としての運営を始めました（津曲，2002）。

石井亮一
©滝乃川学園　石井亮一・筆子記念館

②柏倉松蔵（1882-1964）

　柏倉松蔵は、我が国初の肢体不自由児教育機関である「柏学園」を開設した人物です。柏倉は体操教師として学校教育にたずさわっていましたが、軽度の肢体不自由児への教育に苦心する中で、当時日本に輸入された医療体操に関心をもつようになりました。そして、東京帝国大学（現東京大学）で肢

体不自由児や医療体操、マッサージ法などを研究したのち、1921（大正10）年に肢体不自由児施設「柏学園」を設立しました（中川，2006）。

③高木憲次（1888-1963）

　高木憲次は、肢体不自由児のために療育事業の取り組みを行った人物です。高木は「不具、奇形」という名称に代わるものとして、「肢体不自由」という新用語で表現することを提唱しました。1932（昭和7）年に日本初の肢体不自由児学校である「東京市立光明学校」を設立し、1942（昭和17）年には東京・板橋に医療を主体とし教育と職業指導も行う療育施設の「整肢療護園（現心身障害児総合医療療育センター）」を開設し、日本の肢体不自由児の教育の発足に尽力しました（精神薄弱問題史研究会，1988）。

④三木安正（1911-1984）

　三木安正は、戦前から戦後にかけての時期に、知的障害児に対する研究や実践を行った人物です。三木は東京帝国大学医学部附属の脳研究室で知的障害児に出会い、障害のある乳幼児の指導に関心をもちました。そして、1938（昭和13）年に開設された「愛育研究所」の特別保育室において、障害児の集団保育の研究や実践に取り組みました。この特別保育室における取り組みは、戦後の1955（昭和30）年に設立された「愛育養護学校」の幼稚部へと継承されました。この愛育養護学校は、我が国で最初の幼稚部を併設した養護学校であり、戦後の障害児保育において先駆的な役割を果たしました（小川，2007；河合・高橋，2005）。

⑤糸賀一雄（1914-1968）

　糸賀一雄は、1946（昭和21）年、戦災孤児らのために「近江学園」を創設し、その中で知的障害児の発達支援を行いました。その後、1963（昭和38）年には重

糸賀一雄
©公益財団法人糸賀一雄記念財団

症心身障害児施設である「びわこ学園」を設立し、「この子らを世の光に」のスローガンのもと、障害児施設の法制化にも尽力しました（窪田, 2014；高谷, 2011）。

（4）現代の障害のある子どもの教育・保育

これまで見てきたように、我が国では様々な人物が障害のある子どもの教育や保育に尽力してきました。盲・聾学校小学部の義務制は、1948（昭和23）年から実施されましたが、1960年代前半までは重度の知的障害児など多くの障害児は就学猶予・免除となり学校教育から排除され、教育や保育を受ける権利を奪われた状態でした。実質的な参加が難しかった1960〜1970年代には、障害児の保護者たちが中心となり、自主的に障害児の保育の場が展開されていきました（茂木, 1997）。1960年代後半に入ると、全国で障害児の教育権保障の運動が高まり、1979（昭和54）年にはついに養護学校が義務教育となりました（丸山, 2000）。

障害児保育における大きな転換点は、1974（昭和49）年、厚生省が**障害児保育事業実施要綱**を策定したことです（丸山, 2000）。これにより、全国の保育所において障害児保育が実施されることとなりました。しかし、保育所における障害児保育の対象は、おおむね4歳以上で障害の程度が軽い子どもなどとされており、保育の対象外となる子どもも少なくありませんでした。その後、1978（昭和53）年に「保育所における障害児の受け入れについて」という通知が発出され、中程度の障害のある子どもも保育所における保育の対象となりました。

そして、1981（昭和56）年の国際障害者年にノーマライゼーションの理念が普及すると、障害児の発達保障や教育の権利に基づいた保育・教育施策の整備が進みました。さらに、2007（平成19）年には学校教育法が改正され、特別支援教育が実施されるようになりました。この法改正により、幼稚園においても障害児に対する特別支援教育が行われるようになりました。特別支援教育の歴史については、次節で詳しく触れます。

このように、障害児保育および特別支援教育が制度化されていき、現在では多くの障害児が教育や保育を受けることができるようになってきています。しかし、それでもなお教育や保育を受けられず、日中の多くの時間を自宅のみで過ごしている障害児が多く存在する現状があります。今後は、障害児の教育や保育を行う施設がさらに拡充（かくじゅう）されるとともに、障害児と関わる保育者には、障害のある子どもを的確に理解し、支援するための知識を身に付けていくことが求められるでしょう。

2 インクルーシブ教育システムを含めた特別支援教育に関する制度の理念や仕組み

　障害児など特別の支援を必要とする子どもの教育と保育の歩みは発祥を同じくしながら、制度が早くから整備されてきた教育の分野で発展してきました。長らく教育の現場では、障害児だけを集めて障害に応じた教育を行う教育制度のもと、障害児教育が展開されてきました。しかし、昨今はインクルージョンという理念のもと、共に育ち合う教育機会の提供が求められ、様々な法整備も進められています。インクルージョンとは、障害のある人だけでなく、外国籍の人やマイノリティ、貧困層など社会的困難を抱える人々全てを包摂する考えです。この理念をもとに、特別支援教育が推進されています。

(1) 特別支援教育について

①特別支援教育の理念
　特別支援教育とは、「障害のある幼児児童生徒の自立や社会参加に向けた主体的な取組を支援するという視点に立ち、幼児児童生徒一人一人の教育的ニーズを把握し、その持てる力を高め、生活や学習上の困難を改善又は克服するため、適切な指導及び必要な支援を行うもの」（文部科学省, 2005）です。

障害者の権利保障やそのための様々な施策により、障害者の社会参加やそのための知識、技術の獲得は権利として保障されるようになり、その学習の場としての役割を特別支援教育が果たしています。特別支援教育では、子どもの障害の特性に配慮した環境を整え、また障害特性に応じた個別的な教育手法により、そのほかの子どもと平等に知識を得る権利を保障しています。さらに、社会的排除（いじめ）や不参加（不登校）の問題・課題を抱える児童、生徒も含めた学びの機会となると同時に、ノーマライゼーションの理念に基づき、障害の有無に関わらず、誰もが相互に人格と個性を尊重し支え合う**共生社会**を創造する担い手を育成する場としての役割も期待されています。

②特別支援教育の歴史

　戦後、盲・聾学校を中心に障害特性に合わせたきめ細かい教育が、また1960年代からは養護学校で知的障害児を対象とした障害の種類や程度に応じた教育が展開されてきました。1947（昭和22）年には教育基本法、学校教育法の公布により、盲・聾・養護学校への就学が義務化されましたが、重度の障害児に対しては就学免除・就学猶予の措置が採られ、実質的な教育の機会とはなりませんでした。1979（昭和54）年には養護学校の義務制が実施され、制度上は全ての子どもに対する教育の場が整いました。これにより、障害児を特別な場に分けて教育する場が保障されたことは、多くの子どもにとって教育の機会が与えられたことにはなりましたが、これまで通常の学級に通っていた障害児を逆に学級から排除する雰囲気をつくりだすことにもなりました（西中，2012）。この後、茂木俊彦らの発達保障という立場で障害児を伸び伸びと育てる教育を推進する考え（茂木，1996）と、大田堯らの障害児をほかの子どもや地域と切り離して教育すること自体が差別的だと統合を推進する考え（大田，1990）との間で、隔離か統合かという議論が展開されました（村上，2003）。こうして、ノーマライゼーションの理念の普及やソーシャルインクルージョンの理念、イギリスの教育改革の影響などから、2001（平成13）年には特別支援教育という呼称が採用され、社会的・経済的・文化的に不利な条件のもとにあり、学習に困難を抱える子どもも教育の対象

にする（茂木，1995）という方向性が示されました。さらに、2006（平成18）年には特殊学級から特別支援学級に呼称が変更され、これまで通級指導教室（以下、通級：次項参照）で学習していた子どもの学習の場が整理されました。そして、2007（平成19）年には盲・聾・養護学校が特別支援学校に一本化され、現在の特別支援教育のかたちができあがりました。

③特別支援教育の制度と仕組み

特別支援教育の制度と仕組みは、学校教育法（2007年改正）により規定されています。これまでの障害別の学校が特別支援学校に統合され、複数の障害種に対応できる学校となり、重複障害のある子どもも受け入れやすくなりました。ただし、特別支援学校でどの障害を受け入れるかは、その学校単位で選択できることになっており、障害によっては受け皿が少ない地域があることも予想されることや、近年は重度の障害がある子どもの教育ニーズが高まっていること（西中，2012）などの課題への対応も求められています。

特別支援教育では、幼児、児童、生徒の自立と社会参加を目指し、幼児期から学校卒業までの途切れのない支援を実現させることを制度化しました。また、校内に特別支援教育コーディネーターを配置し、個別の教育支援計画を教育のみならず保健・医療、福祉、労働などの機関と連携しながら作成し、成長に伴って移行する教育・保育の場へはその支援計画を引き継ぎ、一貫した教育支援をできるようにしました（図1-2-1）。また、学校内での単元、

図1-2-1　障害のある子どもの幼児期から学校卒業までの一貫した支援

文部科学省中央教育審議会　2005　特別支援教育を推進するための制度の在り方について（答申）p.47より奥田作成

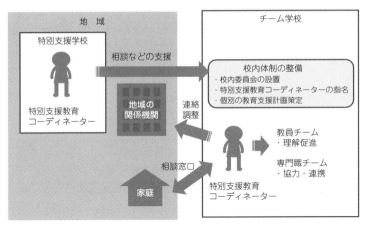

図1-2-2　チーム学校と特別支援教育（イメージ）

学期、学年ごとの支援計画は、個別の指導計画を立案して支援する仕組みになっています。さらに、昨今はチーム学校[i]の構想に基づいて、特別支援教育コーディネーターを中心に、学校内の協力体制を構築し、各学校間と関係機関との連携協力体制の整備を図っています（図1-2-2）。また、特別支援学校は在籍する幼児、児童、生徒への教育の場を提供するだけでなく、地域の幼稚園、小・中・高等学校に在籍する子どもたちへの教育相談を行うことが規定されています。小・中学校の通級に通う子どもへの指導は、十分に整備されているとはいえず課題も多いため、その役割が期待されます。

(2) 特別支援教育の学びの場と手続きについて

①特別支援教育の学びの場

特別支援教育では、就学相談・就学先決定のあり方や、障害のある子どもが十分に教育を受けられるための合理的配慮およびその基礎となる環境整備、多様な学びの場の整備と学校間連携などが推進されました（玉村・清水・黒田・向井，2015）。

---

[i] チーム学校とは、児童、生徒の学力などの多様な能力を効率的に高めていくために、学校や学校組織のあり方を改善しようという構想（文部科学省中央教育審議会，2015）のことをいいます。

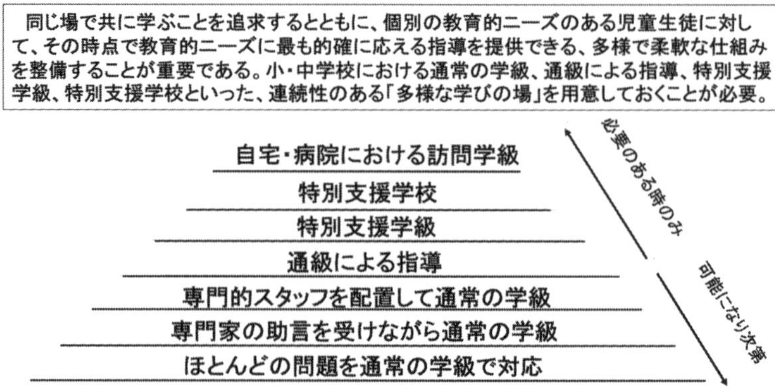

> 同じ場で共に学ぶことを追求するとともに、個別の教育的ニーズのある児童生徒に対して、その時点で教育的ニーズに最も的確に応える指導を提供できる、多様で柔軟な仕組みを整備することが重要である。小・中学校における通常の学級、通級による指導、特別支援学級、特別支援学校といった、連続性のある「多様な学びの場」を用意しておくことが必要。

自宅・病院における訪問学級
特別支援学校
特別支援学級
通級による指導
専門的スタッフを配置して通常の学級
専門家の助言を受けながら通常の学級
ほとんどの問題を通常の学級で対応

必要のある時のみ ↑
可能になり次第 ↓

図1-2-3　日本の義務教育段階の多様な学びの場の連続性

文部科学省　2014　第90回初等中等教育分科会教育課程部会（参考資料5）特別支援教育の現状と課題 p.19

　小・中学校の連続性のある多様な学びの場は、次のようになります（図1-2-3）。

・特別支援学校：視覚障害、聴覚障害、知的障害、肢体不自由、病弱・身体虚弱を対象とし、障害の程度が比較的重い児童や生徒を教育する学校。地域の特別支援教育のセンター的役割をもつ。
・特別支援学級：地域の学校に必要に応じて設置され、視覚障害、聴覚障害、知的障害、肢体不自由、病弱・身体虚弱、言語障害、自閉症スペクトラム障害、情緒障害を対象とし、少人数学級で子どもに応じた教育を行う。
・通級指導教室：通常学級に在籍しながら週に1～2回通い、視覚障害、聴覚障害、肢体不自由、病弱・身体虚弱、言語障害、自閉症スペクトラム障害、情緒障害、限局性学習障害、注意欠如・多動性障害の子どもの苦手な部分に対して、小集団の指導を行う。在籍校に通級がない場合は、地域の他校の通級で指導を受ける。
・特別支援教室：自閉症スペクトラム障害、限局性学習障害、注意欠如・多

動性障害などの通常学級に在籍している子どもに対して、必要な時間に学校内の別の場で、障害に応じた教科指導や障害に起因する困難の改善のための指導を、特別支援教室担当の教師が個別やグループで行う。

②特別支援教育における就学へ向けての流れと取り組み

就学については、2013（平成25）年に学校教育法施行令の一部を改正する政令が出され、①就学先を決定する仕組みの改正、②障害の状態などの変化を踏まえた転学、③視覚に障害のある子どもの区域外就学など、④保護者および専門家からの意見聴取の機会拡大、がなされました。改正後の就学手続きは、総合的な観点から就学先を決定するようになりました（図1-2-4）。

子どもによりよい学校・地域生活が保障されるように、支援の仕組みは広がっています。関係者が子どもの発達の過程や障害の状態を捉えて、保護者と共通理解をもって就学先を決めていくことが大切です（無藤・神長・柘植・河村，2005）。就学に向けて、次のような支援があります。

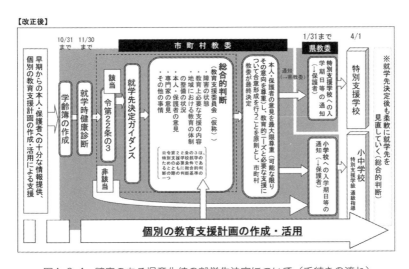

図1-2-4　障害のある児童生徒の就学先決定について（手続きの流れ）

文部科学省　2014　第90回初等中等教育分科会教育課程部会（参考資料5）特別支援教育の現状と課題 p.22

a. 指導要録・保育要録

　2017（平成29）年に改訂（定）が行われた「幼稚園教育要領」「幼保連携型認定こども園教育・保育要領」「保育所保育指針」には、就学前の幼児教育や保育が小学校以降の生活や学習の基盤の育成につながることに配慮した小学校との連携について、小学校教師との意見交換や合同の研究の機会などを設け、各園の幼児教育や保育と小学校教育との円滑な接続を図ること、就学に際して市区町村の支援のもとに子どもの育ちを支えるための資料「幼稚園幼児指導要録」「認定こども園こども要録」「幼保連携型認定こども園教育・保育要録」「保育所児童保育要録」を各園から小学校に送付することが示されています。担当保育者は、入園に関する記録と教育・保育に関する記録を園長の責任のもとに記入して、小学校に引き継ぎます。

b. 就学時健康診断

　各家庭に市区町村から通知があり、就学児全員が学区の小学校で、身体面の健康診断と知的な面の発達の検査を受けます。必要に応じて、教育委員会などの相談につながります。

c. 就学相談

　特別の支援を必要とする子どもを対象とした、就学先を決定するための相談です。市区町村の教育委員会などに設置されており、保護者が個別に申し込みます。教育相談、学校見学、体験入学などを利用しながら、その子どもに合った教育の場の所在、通学条件、学級の規模などを考慮し、保護者と関係者が検討していきます。

d. 就学後の支援

　小学校では、学校内や関係機関との連携を担う特別支援教育コーディネーターや、日常生活動作の介助や学習活動上のサポートを行う特別支援教育支援員、相談援助を行うスクールカウンセラーなどが、子どもの学校生活を過ごしやすくするために支援を行います。また、放課後等デイサービスの制度では、地域で授業終了後や休業日に必要な支援を行います。

> **演習課題 1**
>
> 障害のある子どもを小学校へ引き継ぐために、伝えなければならないことを考えてみましょう。

3 障害のある子どもの地域社会への参加・包摂（インクルージョン）及び合理的配慮の理解

(1) 障害者の人権とインクルージョン

ノーマライゼーションの理念は、障害者だけでなく、人種・貧困・そのほかの社会的不利益により生活に制限を受けている人々が、そうでない人々と共に同じ条件下で生活できるようにするとしています。この理念の普及により、インテグレーション、インクルージョン、バリアフリー、ユニバーサルデザイン、ダイバーシティといった障害の有無に関わらず全ての人々にとってよりよい社会や仕組みを整えていこうという世論が高まりました（図1-3-1）。

教育・保育の現場では、全ての子どもが等しく教育や養護を受ける権利、**インクルージョン**の理念のもと、教育や支援を展開しています。インクルージョンとはお互いの違いを尊重し、全ての人が対等に関わり合える社会を目指す理念です。置かれた環境や一時的な困難さにも応じて、特別な配慮を要する全ての子どもたちにそれぞれ相応な支援や教育が行き届くことを目的としています。障害児は虐待に遭いやすいことが指摘されている（Sullivan, P.M. & Knutson, J.F., 2000）ほか、行動や情緒に障害のあることから困難に遭遇しやすく、その上、貧困や親の障害、家族関係の悪化、制度が行き届かないことなどが重なると困難になるリスクが高まります（細川・本間, 2002）。ゆえに、障害があることに対しての特別な配慮が必要であるといえます。

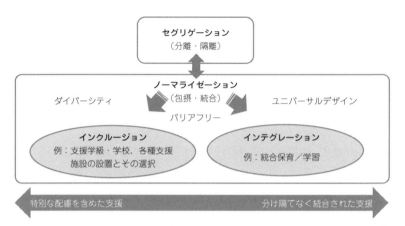

図1-3-1　ノーマライゼーション理念とインクルージョン・インテグレーション理念との関連（イメージ）

　インクルーシブな教育・保育では、お互いの違いから起こる暗黙の差別や排斥をなくし、対等な立場で関わり合える機会を提供することを目指しています。

　教育の現場では、インテグレーション教育（統合教育）とインクルージョン教育（インクルーシブ：包摂教育）の2つの方法が展開されています。インテグレーション教育は、可能なかぎり、全ての子どもを「統合」した場で教育をする教育方策です。共同学習や交流学習などがそれにあたり、様々な背景をもつ子どもたちと触れ合い、共に活動する機会を設ける教育方法です。主に幼稚園、保育所などで展開されてきた障害のある子どももない子どもも同じ空間で同じ活動をする統合保育は、この流れということができます。

　インクルーシブ教育は、障害のある子どもとない子どもがお互いの存在を尊重し合いながら、共に同じ場で学ぶことです。ただ同じ場を提供するだけでなく、障害をはじめ特別な配慮が必要なことに対して、環境を整え、場を提供する合理的配慮も含みます。つまり、インクルーシブ教育とは一人一人が自分らしく教育活動に参加し、その人らしさや存在意義、役割感を実感できるようにすることを目指そうとする教育方策です。よって、全ての子どもが同じ空間で学ぶという考えだけでなく、その子どもの発達を保障する学び

方や、その子どもの課題に対して適切な学びの機会をそのつど選択し、選び取りながら学んでいくことになります。たとえば、幼稚園や保育所に通いながらその子どものニーズに即した訓練ができる療育施設を利用する、学び方や教科によって集団学習や個別（特別）学習を選ぶといったことがそれに当てはまります。昨今のニーズの多様化・複雑化に応じて、不登校児童・生徒が適応指導教室へ登校できるようにしたこと、また通学日数をしぼったり、従来の教科教育方法でない勉強の仕方を選択できる通信制の高等学校を設置したことなどは、この教育方策といえます。そのほか、オルタナティブ教育という切り口で様々な教育の場が設置され、制度も整いつつあります。障害の有無に関わらず、特別なニーズを抱えた子どもたちのために、彼らが主体的に選択できる教育プログラムを今後も検討していく必要があるでしょう。

(2) 障害者の社会参加

障害者の人権意識が高まり、自分の意思でしたいことをすることが権利として主張されるようになりました。このような流れの中、障害者が自らの意思で参加できる活動への機会が求められています。しかし、世の中には、障害者は未だ「社会的弱者」であり、守ってあげなければならない存在という見方が広がっており、権利を行使する主体としての人権思想が普及しているとはいえません（茂木，1994）。

障害者支援の政策・施策を見ても、障害者自立支援法（2005（平成17）年）、障害者総合支援法（2012（平成24）年）が制定されるまで、障害のある人が利用する福祉サービスの内容や量は行政が決定していました（措置制度）。現在は障害者自らが受けたいサービスを選び、利用した分だけ費用を負担するようにシステムが変わりました（支援費制度）が、サービスの選択を利用者に任せる、いわば自己責任論で放任されることもあります。また、サービス機関が増えたことで利用者の奪い合いが起こり、障害の特性と個別性からのニーズを十分に相談する余地もなく、本人に適していないプログラムに参加することもあります。このようなケースの中には、生活技能訓練や療育を

目指していたのに、結果的にレスパイト[i]的な参加にとどまっているケースも多いといえます。このように、障害者が特別なケアを受ける権利が満たされているとは言い難い現状があります。よって、障害者の人権が保障されるためには、主体的にできるだけ自分の能力を発揮して社会参加できるようエンパワメントすることや、人々が障害について正しく理解し適切なケアが提供されること、また共に生活する中で同じ1人の人間として尊重できるように意識を変えていくことが課題といえます。

　このような意識改革だけでなく、障害者の社会参加を促進するためのサービスも充実させる必要があります。障害者の社会参加には、行政分野を超えた切れめない連携が不可欠です。よって、障害者の生活場面に即したかたちで、学校と児童発達支援事業所、放課後等デイサービス事業所など、教育と福祉の連携を促進しなくてはなりません。こうした課題を踏まえ、各地方自治体の教育委員会や福祉部局では、支援が必要な子どもやその保護者が乳幼児期から学齢期、社会参加にいたるまで、地域で切れめなく支援が受けられるよう、家庭と教育と福祉の連携をより効果的、実質的に行うための方策も検討されています（文部科学省・厚生労働省，2018）。その内容は、相談窓口を整理して支援につながりやすくすること、それぞれの機関で作成、活用してきた個別の支援計画を共有して活用できるようにすること、保護者同士の交流を促進し、孤立を防ぐように支援することを核としています。これには、福祉（国立障害者リハビリテーションセンター）と教育（国立特別支援教育総合研究所）の研究機関での連携も促進し、効果的な連携の方法を構築することや、地域で障害者を受け入れやすくするための啓発活動なども盛り込まれています。

(3) 合理的配慮

　障害者の社会参加には、**合理的配慮**が不可欠です。合理的配慮は、生活場

---

i) レスパイトとは、障害者を世話している保護者、支援者にケアを一時的に休止し、リフレッシュしてもらうための支援やサービスをいいます。

面で困難さを生じさせる状況に対し、事業者側がそれに配慮し、障害を理由として参加などに差別的な扱いをされることがないように配慮することです。この配慮は、障害者の権利として保障されています。これは、障害者が個々に抱える障害を、環境整備などの配慮により困難さを緩和させるという障害の社会モデルに沿った考え方です。我が国では2014（平成26）年の障害者権利条約の批准後、2016（平成28）年4月に施行された「障害者差別解消法」で合理的配慮を規定しました。国や地方行政機関では法的義務として、民間事業所では努力義務として設定されています（障害者差別解消法第7条第2項）。

　合理的配慮の実施には課題もあります。事業者側が障害者にとっての社会的な障壁の除去の申し出を受けた場合、それに配慮することが望ましいのですが、断らざるをえない状況もあるからです。それは、事業者側にとって設備投資や人的配置の問題が難しい実情を抱えているなど、配慮が過度な負担となる場合です（表1-3-1）。これらの理由により、障害者の申し出に配慮できない（断る）場合は、配慮を求めた本人にその理由を説明する義務が生じるという意味で、合理的配慮であるといえます。

　学校における合理的配慮は、本人の発達の段階を考慮しつつ、障害児一人一人の障害の状態や教育的ニーズなどに応じて決定されます。つまり、家族

表1-3-1　合理的配慮における事業者の過度な負担項目

	過度な負担項目
1	事務・事業への影響の程度 （事務・事業の目的・内容・機能を損なうか否か）
2	実現可能性の程度 （物理的・技術的制約、人的・体制上の制約）
3	費用・負担の程度
4	事務・事業規模
5	財政・財務状況

※行政機関などから運営を委託されている事業所は、合理的配慮の提供について、委託元機関との差違が出ないよう努めることが望ましい

内閣府　2016　障害者差別解消法基本方針より奥田作成

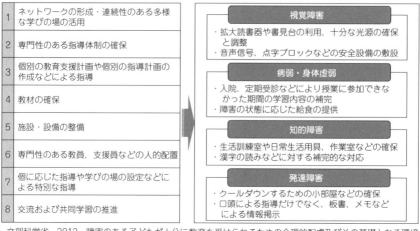

文部科学省 2012 障害のある子どもが十分に教育を受けられるための合理的配慮及びその基礎となる環境整備より奥田作成

図1-3-2　障害種別による合意的配慮事項（例）

や本人の思いや願いを受け止めつつ、当人にとって本当によい選択になるのかを可能なかぎり合意形成を図った上で決定し、提供されることを目標としています（文部科学省，2012：図1-3-2）。

　教育における合理的配慮では、一般的な教育制度から障害児が排除されない一方で、学力や社会的能力における発達を最大限にする環境を設置し、個別化された支援が提供されなければなりません。また、インフォームドコンセントの立場から、その内容を個別の支援計画に明記することが必要です。さらに、合理的配慮の決定後も子どもの発達・適応の状況を、場合によっては柔軟に見直すことも含めて双方で共通理解し、そのときどきの子どもの状況に合った教育が提供されることが必要です。

　このように、障害者の社会参加の機会は拡大しています。教育場面にとどまらず、本人が参加したいと思う場や活動で、できうるかぎりの知恵を絞って合理的配慮を実現することが、インクルーシブな世の中を共に創造していく力になるともいえるでしょう。

(4) インクルーシブ教育の目的と課題

　障害のある子どもとない子どもとが共に遊び、学び合う場を設定することは、連帯と共同の精神とその力量を育てることをねらいとしています。障害のない者は活動を共にする中で、障害児が抱える困難を知り、適切な関わりの仕方を学び、お互い尊重し合うべき存在であることに気付くことが目指されます。また、障害児は自分たちだけでは不可能な諸活動を可能にする機会を得る、自分たちのもつ要求が基本的にほかの子どもと同じであることに気付き、生きる自信と力量を身に付けることが期待されます。つまり、障害児が早くからほかの子どもと共に過ごすことによって、社会環境での生活の適応度を高めることがねらいです（茂木, 1994）。

　統合教育や統合保育では、お互いの理解を促進することに一定の効果は得られましたが、一方で障害のある子どもにとっては、完全に平等な教育・保育の場が提供されるわけではないこと、生活や就労に必要なスキルが必ずしも学べるわけではないことが課題でした。また、障害のない子どもにとっては、障害のある子どもに合わせて授業が展開されることで個々の能力に合わせた教育が展開されにくいこと、また言動の制限が入ることもあり、逆にいじめや仲間はずれが生じることもあることが課題でした。

　インクルーシブ教育では、特別支援学校、特別支援学級というニーズに即した教育の場を設定しています。しかし、物理的に分離された場で教育を受けることは不平等であり、インクルーシブ教育に反するといった議論もしばしば展開されています。現に、特別支援学校に在籍している知的障害児や身体障害児、通級による指導を受けている身体障害児や言語障害児は在籍率も横ばいでほぼ変動がないのに対し、通級の注意欠如・多動性障害児や学習障害児、自閉症スペクトラム障害児、情緒障害児は増え続けています。つまり、軽度知的障害児と発達障害児とその家族は、できるだけほかの子どもたちと共に学習する場を選択し、障害に合わせて必要な学習を通級で受けたいと希望しているといえます。

　平等な教育・保育へのニーズの高さと、貧困や虐待も含めた特別なニーズ

を抱える子どもたちの増加に伴い、今後ますますより有益な教育プログラムの開発と提供が望まれます。しかし、形式的・表面的な平等だけを追求していくと、結果としてその子どもの人権を守ることができなくなります（茂木, 1997）。

　子どもたちにとっては、保育所や学校（幼稚園を含む）という居場所が安全基地です。ここからの離脱は、将来の子どもの行動上、精神衛生上の重要なリスク要因である（Hirschi,T., 1969）ことからも、障害だけにとどまらない特別なニーズのある子どもにとって、保育所や学校（幼稚園を含む）に通うこと自体がリスク回避につながるといえます。そのためにも、合理的配慮のもとで、その子どもの課題に沿った教育・保育の提供が望まれています。

> **コラム**
>
> ### 障害者スポーツ
>
> 　近年、スポーツを通して障害者の社会参加をサポートする活動が増えています。パラリンピックのような障害者だけのスポーツではなく、障害のある人やない人の隔てなく、また子どもからお年寄りまでの誰もが一緒にスポーツを楽しむことができるというユニバーサルスポーツなど、様々な形でスポーツを楽しむ機会が増えてきました。ユニバーサルスポーツには様々な種目がありますが、ボッチャやディスクゴルフなどは小さな子どもにも人気がある種目です。現在では様々な障害者スポーツ団体が活動の普及や障害の理解・促進を目的として体験活動を行っていますが、ここでは日本ブラインドサッカー協会の「スポ育プロジェクト（以下、スポ育）」を紹介します。
>
> 　スポ育では、ブラインドサッカーを通じて、共に生活する仲間としての意識を学び合う場の設定に取り組んでいます（図1-3-3）。子どもたちは視覚障害者についてやブラインドサッカーについての基礎知識を事前に学習してからブラインドサッカー体験に臨みます。デモンストレーションでは、子どもたちの目の前で選手が驚くような素晴らしいパフォーマンスを発揮します。このように一緒にサッカーに取り組むことで、障害を越えた強みがあると気付くことができるなど、お互いがお互いを知るための貴重な学びの機会となっています。

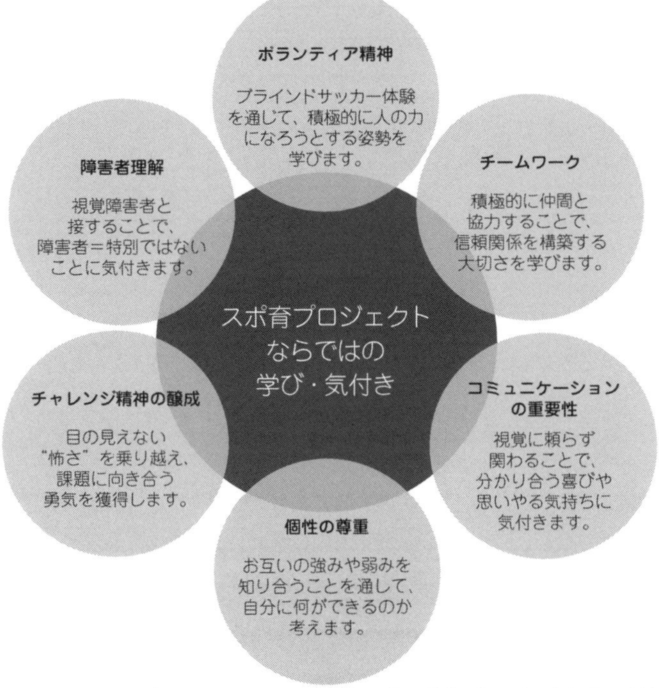

ボランティア精神
ブラインドサッカー体験を通じて、積極的に人の力になろうとする姿勢を学びます。

障害者理解
視覚障害者と接することで、障害者＝特別ではないことに気付きます。

チームワーク
積極的に仲間と協力することで、信頼関係を構築する大切さを学びます。

スポ育プロジェクトならではの学び・気付き

チャレンジ精神の醸成
目の見えない"怖さ"を乗り越え、課題に向き合う勇気を獲得します。

コミュニケーションの重要性
視覚に頼らず関わることで、分かり合う喜びや思いやる気持ちに気付きます。

個性の尊重
お互いの強みや弱みを知り合うことを通して、自分に何ができるのか考えます。

図1-3-3　日本ブラインドサッカー協会　「スポ育プロジェクト」の目的
日本ブラインドサッカー協会「体験型ダイバーシティ教育プログラム『スポ育』」より奥田作成

4 障害児保育の基本（障害のある子どもの教育・保育の基本）

　障害児保育は、法整備がされつつもなかなかその場が得られなかった1960〜1970年代には、特に知的・発達障害児の保護者たちを中心とし、支えられてきました。1970年代に入り、統合保育の必要性が提起されると、教育制度に先駆けて統合保育の制度化と、保育所での受け入れの指針が示され、障害児が受け入れられてきました。遊びや芸術、運動などの諸活動を中心とする保育では、いわゆる統合保育がその中心活動となっており、障害のない子どもと共に活動しやすく、インクルーシブな保育が模索されています。

(1) 障害児保育とは

　保育は養護と教育を包有する概念であり、そのうち養護においては主に生命の維持や情緒の安定を目的としています。よって、**障害児保育**は障害があることによって生命の維持が困難なことや日常生活上の困難さへ配慮しながら、その子どもがその子どもらしく伸び伸びと育つ場を提供しながら情緒の安定を支えることが目標ということができます。教育と保育の違いが論ぜられることもありますが、乳幼児期の子どもの発達支援には、両方が区別なく提供されることが必要です。保育所は「保育を必要とする子ども」の保育を支える施設であり、共働き世帯のための施設というイメージが先行しますが、子どもの成長・発達を支援するという専門性を有する保育所は、障害児の発達支援の場として最適といえます。子どもはまわりの人たちとの応答的な関係によって発達します。発達の程度によってはその理解度に差があるため、障害児と関わるときには特に、その子どものペースで、理解できる方法で、さらに関わる人が子どもが発する様々な言動から、その子どもが何をどう考え感じその言動をしているのか、その意図を想像し把握することも必要です（茂木，2012）。そういった意味では、自由遊びの時間など比較的時間に余裕

がある環境の中で、個別にじっくりと子どもに関わることを通して発達を支えていくことがしやすいといえます。活動の中身に関しても、遊びの内容やルールは遊びに加わる子どもたちにより皆が楽しく参加できるように変えていくことができ、子どもたちが遊びに加わる仲間の特徴を理解し、それを調整することもできます。こういったやり取り全体が人として成長する機会であり、子どもたちの自尊感情や自己肯定感を育む機会といえます。

1980年代には、核家族化による未熟な育児（親育ち）や貧困など多様な保育ニーズに対応することも保育所の役割として期待されるようになりました。統合保育をベースとしながらも、これらの多様で複雑なニーズを抱えた子どもや保護者たちへのインクルーシブな保育や支援のあり方を検討していくことも求められているといえます。

(2) 障害児保育の展開

①安心できる人間関係の構築

乳幼児期は、人としての基礎的な発達をとげる時期です。この時期の家庭や保育所、幼稚園、施設などで行われる保育や養育などは、子どもの発達において重要な機能を有しています。保育所保育指針によると、保育の環境には保育者や同年代の子どもたちなどの人的環境、施設や遊具などの物的環境、さらに自然や社会の事象などがあります（厚生労働省, 2017）。また幼稚園教育要領には、幼稚園教育は幼児期の特性を踏まえ、環境を通して行うものであることを基本とするとあります（文部科学省, 2017）。子どもは自らこうした環境に関わり、自発的に活動し、様々な体験を通して発達していきます。子どもの発達を保障するために保育者に求められる視点は、子どもを正しく理解することです。子どもを正しく理解するためには、子どもが安心できる人間関係を築き、その上でその子どもの発達や障害の状態像を理解することが求められます（茂木, 2003）。

それでは、子どもが安心できる人間関係とは、どういった状態のことでしょうか。子どもは母親や父親との間において、または養育活動の大部分を担

っている者や、温かい愛情を注いでくれる者との間において、相互作用を通して肯定的な情緒的関係をつくりあげます。特定の相手との強い結び付きを**愛着**といいます。愛着は人間関係の基礎となります。子どもは愛着関係にある人の顔を見て探索を続けるといったことがあります。その関係性を「安全基地」として、新しい世界に踏みだす拠り所にしていきます（茂木，2003）。

　幼稚園や保育所では、主に保育者との間において、相互作用を通して肯定的な情緒関係が成立し、愛着が形成されます。愛着が形成された保育者と一緒にいると、子どもはホッとでき、安心します。子どもは保育者としっかりとした信頼関係を通して、人とは信頼できる存在であるという感覚をつかんでいきます。自分のことを受け止めてくれる保育者を精神的な拠り所にして、子どもは少しずつ遊びの範囲を広げ、まわりの人と関わる力を付けていくことができ、それは人と交流する楽しさを味わうことにつながります（茂木，2003）。

②障害と発達の理解

　次に、子どもを正しく理解するには、信頼関係を基盤としながら、発達の視点をもって子どもの行動を実践的な立場から見ていく必要があります。障害が明らかになっている子どもは障害の特性による行動を、障害がはっきりしていない場合は気になる行動を中心に、発達の状態像を見極めることが大切です。さらに障害のある子どもの教育・保育では、障害児自身の発達を保障するための取り組みが大切です。そのためには、発達の諸側面にしっかり目を向け、発達段階を考慮した働きかけがなされなくてはなりません。運動機能の発達、言語と認知の発達、社会性のそれぞれの発達について、道筋に沿って見てみましょう（茂木，1997）。

a．運動機能の発達

　子どもには生まれたときから、外からの刺激に対して本人の意思とは関係なく反射的に身体を動かす原始反射が見られます。原始反射は生後6か月〜2歳で消えていきます。原始反射が消失する時期になると、自分の意思で動かす随意運動が見られるようになります。運動機能は、生後4か月ごろに首

が座り、半年過ぎにお座りができ、8か月ごろから這うことができ、10〜12か月で1人立ちができ、その後、1歳半ごろまでには歩くまでに発達します（若井・髙橋・高橋・堀内，2006）。原始反射が残っていると、その後、子どもが1人で座ることができず、なかなか歩こうとしないなどの発達の問題や障害が出てくることがあります。

　一般に子どもの身体の発達は、障害に関わらず、中心から周辺へと発達していくという順序性があります。運動機能は粗大運動から微細運動へと発達していきます。歩く、走る、跳ぶなどの粗大運動が出てきてから、細かい手指を使った微細運動へと発達していきます。たとえば、リズム運動が苦手であったり、マットでの横転がバランスよくできないけれど、上手にはさみで紙を切ることができる子どもがいます。粗大運動の中にまだできない運動が残っていても、微細運動は上手にできるように、発達の順序が逆転していることが見られます。こういったケースでは、しっかり散歩をしたり運動遊びなどを多く取り入れて、身体づくりに取り組みます。

　障害のある子どもの運動発達の働きかけでは、身体発達の順序性を踏まえて、この子どもが今できていることから、次に何ができるようになるかの見通しを立て、運動遊びを用意したり、教育・保育の環境を整えていきます（茂木，1997）。

b. 言語・認知の発達

　乳児は、生後1年の間はことばらしいものを発することはありませんが、ことばを話すための準備をしています。生後2か月ごろには、のどを鳴らすような音を発して発声の練習を始めます。その後、「ダーダー」「マーマー」のように喃語を発声し、1歳前後で初めて意味のあることばが出ます。単語の語彙数が増えていくと、「くつ、はく」「ママ、いない」などのように一度に2つの単語を言うようになり、3歳ごろには大人と日常会話が成り立つまでにことばを獲得します（若井・髙橋・高橋・堀内，2006）。

　ことばの発達に遅れが見られる子どもの保護者の中には、幼稚園や保育所などに子どもが入園すればことばが増えるのではないかと期待する保護者もいます。ただ、単にことばを使う環境に置くだけでは、子どもはことばを急

に話すようにはなりません。ことばの遅れの原因を見極め、発達段階を考慮した働きかけが大事になってきます。

　保育者が「あれは、○○ね」と話しかけたり、ものを介した「ちょうだい」「どうぞ」などのやり取り、指でさしたものを共同で見て確認する（共同注視）などの人との共同作用を通して、人との関係性を形成していくことがことばの獲得には重要になってきます。また、運動発達と知的発達には関連があり、歩き始めに遅れがある子どもの中には、ことばの発達の遅れが見られることがあります。そうした場合、運動機能を十分に発達させる働きかけが求められます。

c. 社会性の発達

　ことばに障害や遅れがあると、人との関わり方にも影響してきます。障害児は人との関係を築くのに個人差が大きく、一人一人の状況に応じた対応が求められます。保育者は、障害児との関係性の成立に働きかけます。「ちょうだい」「はい、どうぞ」などのもののやり取りが困難な子どもには、抱っこをして歌を歌ったり、手遊びを取り入れて同じパターンの遊びを繰り返すなどをします。子どもが保育者といると安心できるという感覚をもつようになったら、ものを介してのやり取りが成立しやすくなります。保育者が子どもの安全基地になると、次は自然とまわりの子どもに関心がいき、関わりを広げていくことができやすくなります。

(3) 周囲の子どもとの関わり

　障害のある子どもの発達を促す関わりをするには、保育者はその子どもの障害を理解して、また発達の段階を考慮した上で、まわりの子どもとの関わりがその子どもの発達に反映できるように手助けをする必要があります。

　子どもは早い段階から、同じ年齢の子どもの存在に関心を寄せます。ほかの子どもがしている遊びを模倣したり、同じおもちゃをほしがったりします。障害のある子どもは好きな大人と一緒にいると、いっそう遊びに関心が強くなり、参加したがります。保育者との関係ができると、ほかの子どもとの遊

びに参加することができるようになります。

　障害のある子どもの中には、集団から離れて1人で遊んでいるため、友達に興味がないように見える子どももいます。しかし、その子どもの視界には友達の姿が入っていることがあります。きっかけがつくれない子どもには、保育者が仲間に入れてもらえるきっかけをつくったり、その子どもの遊びの中にほかの子どもが参加できるような仕掛けを用意するとよいでしょう。

(4) 障害を理解する際の注意点

　子どもがしっかりと自分の足で歩き始める時期には、様々なものに興味をもち、探索活動を繰り広げます。1か所にとどまることなく動き回るのを、その子どもの成長過程で起こる行動と見るか、注意欠如・多動性障害が原因で落ち着かないと見るとでは、その子どもが活発に活動することの理解と、それとの関わり方が違ってきます。障害の枠組みで子どもを見てしまうと、障害の特性と照らし合わせてその子どもの行動や活動を見てしまいます。その子どもの興味や関心が何か、どうしてその行動をしたのかなどの子どもの気持ちを理解することが疎かになってしまい、保育者がその子どもの行動を抑えようとすることもあります（茂木, 1997）。

　また、障害や発達についての知識を得たことによって、定型発達の発達基準に照らし合わせて、その子どものできないところに目が行き、こうあってほしいという思いで関わってしまうことがあります。知識の枠組みの中でのみ子どもを理解してしまうことになります。

　目の前の子どもの全体像を見て、まずはその子どもの理解があって関わることが、一人一人を大切にする教育・保育につながるといえます。

演習課題 2

　下肢にマヒがあり、肢体不自由のため車椅子を使用している、電車の絵本を見ることとお絵描きが好きな5歳の男児の入園を受け入れることになりました。車椅子で活動できることに焦点を当てると、園での生活をよりよく過ごすためにはどんな支援が考えられるでしょうか。ICFの生活構造機能モデルの各要素をもとに考えてみましょう。

①活動：どんな活動に参加ができるか。
②参加：どんな支援があると参加できるか。
③環境因子：環境をどうすると参加できることが増えるか。誰からの支援が
　　　　　　あると参加できることが増えるか。
④個人因子：状況や興味・関心はどうなのか、想像してみましょう。

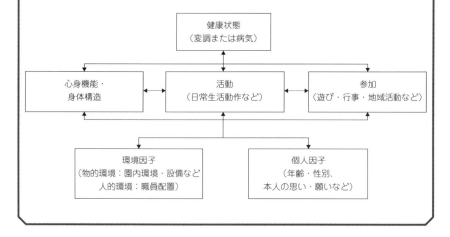

演習課題2の解答例：スロープなどを設置し段差を減らす、車椅子対応のトイレを設置するなど、車椅子での移動がしやすいように環境を整える。じゃんけん列車は先頭にする、ダンスは手の振りだけにするなど、子どもの状態に合わせたルールに変えることで参加できる活動が増える。子どもがクラスの子どもや保育者の助けがほしいときにはそれを遠慮せずに言えるように、またクラスの子どもも進んで手をさし伸べるように、関係性を築くことも大切だ。

障害児等の理解と
教育・保育における発達の支援

　幼稚園や保育所および認定こども園に通う子どもの中には、肢体不自由のように目に見て分かる障害のある子どもだけでなく、発達障害のように目に見えない障害のある子どももいます。この章ではそれぞれの障害の特性と、障害のある子どもへの支援について学びましょう。また、医療的ケアの必要な子どもへの介助や、病弱児の理解と支援、貧困や外国籍の家庭など様々な家庭環境にいる子どもと保護者への支援についても、事例を手掛かりにして、具体的に想像しながら理解を深めましょう。

1 肢体不自由児の理解と支援

(1) 肢体不自由児の理解

①肢体不自由とは

　肢体とは2本の手と2本の足、胴体をさします。つまり、**肢体不自由**[i]とは、脳から運動の命令を出して身体を動かそうとしたとき[ii]に、手足、胴体を円滑に動かせない状態をいいます。

　そもそも私たちの身体は勝手に動いているわけではありません。外からの刺激を受けて、目や耳、舌、鼻、皮膚などから受け取った情報は、中枢神経に送られます。中枢神経である脳や脊髄でこの情報が処理され、脳が信号を発します。この信号が脊髄から末梢神経に伝わって筋肉に届きます。信号を受けた筋肉は収縮し、筋肉と骨をつなぐ腱が骨を引っ張り、そうすることで身体が動きます。この一連の仕組みのどこかがうまく働かないと、肢体不自由が生じます。筋ジストロフィーなどのように、手足の筋肉そのものに損傷があるケースや、脳性マヒなどのように手足には損傷はないものの、身体各部に指令を出す脳に異常があり、肢体不自由となるケースもあります。肢体不自由の状態には、四肢の短縮欠損、マヒ、不随意運動、失調の4つがあります（表2-1-1）。

②肢体不自由を伴う主な疾患の症状と原因

a. 脳性マヒ

　生後4週までに脳にある神経細胞の成長が順調に進まないなど、何らかの

---

i) 運動障害も同じような状態をさしますが、運動障害は医学的、肢体不自由は教育や福祉の分野で使用される傾向が強くあります。

ii) 脳から運動の命令を出し、身体を動かす意識的な運動を随意運動といいます。一方、自分の意思とは関係なく起こる、無意識的な運動を不随意運動といいます。

表2-1-1　肢体不自由の状態と特徴

肢体不自由の状態	特徴
四肢の短縮欠損	手や腕、足や脚などが短かったり、なかったりする。
マヒ	筋肉に力が入らなかったり、力の調節ができなかったりするために、思い通りに動かせない。
不随意運動	筋肉に力が入ったり力が抜けたりするのが、自分の意思とは関係なく起こるために、手が震えたり、腕がくねったり、ねじれたりしてしまう。
失調	動きの速さや距離の調節ができないために、姿勢や動きのバランスが取れない。

理由で手足や胴体の一部を思い通りに動かせない状態を**脳性マヒ**といいます。肢体不自由の中で最も多く、特別支援学校在籍者の大半を占めます。運動や姿勢に関する症状は一生続き、その姿勢や程度は成長につれて変化していきます。

　一般的に、脳性マヒの症状は、以下のように5つの病型に分類されます。

- 痙直型：筋肉の緊張が非常に強いので、身体が突っ張ってしまい[iii]、自分の意思で身体を動かせない。関節が硬くなる。主に運動を調節するための神経である錐体路系に障害がある。
- アテトーゼ型：ある姿勢を保ったり動こうとするときに、本人の意思に反して勝手に動いてしまう不随意運動が生じる。特徴として、四肢末梢に手指をくねらすような動きが見られる。主に運動がスムーズに行われるように補助や調節をする大脳基底核に障害がある。
- 失調型：平衡感覚の障害が主としてあり、歩行や足をそろえて立つことが難しい状態。主に運動を調節する小脳に障害がある。
- 固縮型：他動運動[iv]を試みても、主働筋と拮抗筋の両方に収縮が起きているため[v]動かすことが困難な状態。固縮型も主に錐体路系に障害がある。

[iii] 身体が突っ張ってしまうのは、脊髄反射の一種である伸張反射の異常亢進のためです。伸張反射の一例として、足裏が地面に着かない状態で椅子に座り、膝下の部分を叩くと、反射的に大腿四頭筋（太ももの前側の筋）が収縮し、膝が伸びる現象の膝蓋腱反射があげられます。

[iv] 他動運動とは、身体の特定部位を第三者によって動かすことで、普段動かしていない関節を動かすことをいいます。他動運動はリハビリテーションで用いられます。

・混合型：上記のものをあわせもつ症状。

　このような脳性マヒによって、感覚・知覚障害の一部の症状である集中できなくなることや、多動、必要以上のこだわりなどの行動を伴うことがあります。そのような感覚・知的障害は限局性学習障害と類似した点があり、読み書きや計算などの学習活動の大きな妨（さまた）げとなる場合があります。しかし、脳性マヒの20〜25％の人は身体的機能にのみ障害が現れるため、知能が保たれている場合もあります。そのため、子どもにことばの遅れなどがあっても、原因がことばを発するための運動機能に障害が起こったものか、理解や記憶などの知能そのものに関係しているのか、適切に見極めた上で支援していくことが重要です。

b. 筋ジストロフィー

　筋ジストロフィーとは遺伝性の筋肉の病気です。日本では難病に指定されています。種類は様々ありますが、共通の症状として、筋力低下が徐々に進んでいくことがあげられます。ここでは、早い段階で発症し患者数の多い、進行性筋ジストロフィーのデュシェンヌ型について理解を深めましょう。

　進行性筋ジストロフィーは、年齢があがるにつれて筋力が衰えていき、身体を動かそうと思ってもだんだんと自分の意思で身体を動かせなくなり、進行が進むと内臓などの筋肉も弱っていき、呼吸や心臓の動きが鈍くなり若年にして亡くなることが多い遺伝性の病気です。中でも最も多いのがデュシェンヌ型で、遺伝子異常が原因で、筋力が低下していきます。特徴として、股関節まわりの筋力低下によって、おなかを突きだしておしりを振って歩くようになります（図2-1-1）。筋肉は使わないと弱くなってしまうので、専門家の指示のもと、筋肉維持のための訓練をしますが、筋肉を使い過ぎると逆に傷めてしまうので注意が必要です。このため、車椅子を使用する人や、園や学校まで車で送り迎えしてもらう人もいます。また、身体を動かせる範囲が狭くならないようにストレッチは欠かせません。さらに、呼吸に使う筋力

ⅴ）たとえば、ひじを曲げる際、上腕二頭筋が主働筋として収縮します。一方で、ひじを曲げる際の拮抗筋である上腕三頭筋は、円滑に腕を曲げられるよう弛緩するように働きかけます。

図2-1-1　筋ジストロフィー児の歩き方

も弱まるので、人工呼吸器を使って濃い酸素を取り入れたり、痰を吸引する必要もあります。心臓も筋肉でできているため、必要な量の血液を全身に送ることができずに心不全を起こすこともあります。

c. 脊髄損傷

　肢体不自由となる症状のうち、よく知られているものの1つに**脊髄**[i]**損傷**があります。脳から身体を動かすための情報は出せるのにも関わらず、脊髄が損傷していると身体を動かすにあたって必要となる筋に情報が伝達されないために、身体が不自由になってしまうものです。交通事故などによって脊髄が損傷されることがあり、その損傷された脊髄の部位によって、不自由になる身体部位は異なります。一般的に、首周辺の脊髄損傷となると、障害のレベルは重くなり、手足だけでなく呼吸筋までマヒし、人工呼吸器なしには生きられなくなります。

　また、先天性の脊髄損傷に二分脊椎があります。身体のどこかが本来なるはずだったかたちとは違っていることを奇形といい、それが脊椎に生じたも

ⅰ）脊椎は椎骨という骨が上下に重なりつながったものであり、首からおしりまでの全体を脊柱といいます。脊柱の中には脊柱管という骨で覆われた管があり、この管によって、筋を動かす運動神経や触った感覚を伝える感覚神経のそれぞれが存在する脊髄は守られています。

のを二分脊椎といいます。二分脊椎の人は、脊柱管の一部が縦に破裂したように開いたままで生まれてくることから、脊髄神経が外にはみ出て傷付いてしまうことが多く、その結果、運動や感覚にマヒが生じてしまいます。二分脊椎の症状としてマヒ以外に、尿を溜めたり出したりするのに必要な膀胱が機能せずに排尿の障害を伴うもの、水頭症[i]となり知的障害を伴うものなどがあります。

d. てんかん

　私たちの脳は、活発に行動をしているときも、リラックスして読書しているときも、夜ぐっすり寝ているときも、いずれの場面においても、脳の神経細胞は規則的に活動しています[ii]。てんかんとは、脳の過剰な活動によって、規則的な活動が乱れるために生じる病気です。子どもの場合は、脳神経の髄鞘化（コラム：子どもの脳の発達 参照）が進んでいないことと、脳の水分が豊富なことが影響して、てんかんが起こりやすい傾向にあります。また、子どもの脳では興奮性の神経が優先してつくられることもあって、大人よりも光、音、におい、味などの刺激に敏感です。脳の過剰な活動は、てんかんを起こすきっかけとなります。てんかんと診断されるための条件として、上記にあげたてんかんの発作が1回だけではなく、繰り返し起こることとされています。てんかんの発症率は1,000人に5〜8人で、日本全体で60万〜100万人いますが、その多くは生後まもなく〜15歳までの小児期に発症します。小児期のてんかんの予後は良好ですが、10〜20％は難治性のてんかんで、知能障害を合併することも少なくありません。

---

[i] 水頭症とは、脳や脊髄を潤している髄液が脳の中に溜まってしまう症状です。髄液は脳室という脳の中にある部屋のようなところに溜まっていて、そこから脳や脊髄の中や表面を流れて吸収されていきます。二分脊椎の場合は、吸収されるバランスが崩れ、脳室に髄液が溜まり過ぎてしまい、水頭症になってしまいます。髄液が溜まっているので、脳に悪影響を与え、機能が滞ってしまいます。たとえば、気分のコントロールが困難になり、読み書き計算が苦手で、手先も不器用となる場合もあります。

[ii] 脳からの自発性の電気活動を頭皮上から導出して増幅記録したものを脳波といいますが、その脳波は周波数により、覚醒および睡眠のレベルによって分類されます。文中の例を抜粋すると、日中活発に行動や学習をしているときにはβ（ベータ）波、リラックスして読書しているときにはα（アルファ）波、夜ぐっすり寝ているときはδ（デルタ）波の脳波が一般的に見られることが予想されます。

てんかんの発作は、身体の一部から始まる部分発作[iii]と、全身左右同じように対称性が見られる全般発作[iv]に分けられます。全般発作の一部である脱力発作を生じることが事前に分かっている場合は、転倒したときに怪我をしないように備えることが重要です。

てんかんでは脳の障害のある部位により、発達の遅れや機能低下、運動障害、知的障害、言語障害が見られることがあります。特に難治性のてんかんがある場合には、知的障害を伴うことが多く、それと同時に情緒障害などの心理学的な問題、精神的な問題、記憶障害や認知障害などの問題も起こりやすいとされています。一方、軽度の良性のてんかんの場合、知能に問題が見られないことも多く、たとえ知能に遅れが見られても、発作の部位を特定し治療することや、適切な養護や養育によって改善することができます。

③肢体不自由児の心理的特性

肢体不自由児の心理的特性として、欲求不満の持続、情緒不安定、意欲や自信の喪失、身体的・心理的依存、社会性の欠如、劣等感といったパーソナリティ形成にかたよりが生じる可能性が指摘されています。その一方では、成長に伴い感性が豊かになり、深い洞察力が育ち、社会変革に大きな影響を与える存在にもなる可能性も秘めています。

保育者がそういったプラス面を評価し、個人の能力として認めていくことも、環境的要因として肢体不自由児の心理的特性に大きく影響します。したがって、積極的にプラス面を評価し、個人の能力として認めていくことが、保護者や保育者、まわりの子どもに求められていきます。

---

iii) 部分発作は、単純部分発作（意識障害なし）と複雑部分発作（意識障害あり）に分けられます。症例としては、手を動かす脳の神経細胞に部分発作が生じた場合、手が勝手に突っ張ったり、ガクガクと震えてしまいます。

iv) 全般発作の中には、数秒～数十秒の間に突然意識を失って素早く回復する欠神発作、身体を一瞬ピクッとさせるものから意識を失って倒れるものまで含まれるミオクロニー発作、意識を失うとともに全身を硬直させ直後にガクガクと全身がけいれんする強直間代発作、全身の力がほんのわずかな時間になくなって崩れるように倒れる脱力発作などがあります。

コラム

子どもの脳の発達

シナプスは、脳の神経伝達物質を受け渡して情報伝達を行うための要です。シナプスは乳幼児期に増加して大人の2倍もつくられますが、その後、必要な数まで減ります（図2-1-2）。適切な数に減ることによって、脳の情報伝達がスムーズになります。

子どもの脳は、シナプス数の減少とともに髄鞘化が生じます（図2-1-3）。髄鞘化とは、脳の神経線維に電気を通さないグリア細胞が巻き付くことで、神経活動の漏れを防ぐ効果があり、脳内の情報が正確に伝わるようになります。子どもの脳が柔らかいのは、脳の髄鞘化が進んでいないためです。この髄鞘化は、視覚などの感覚情報を受け取る後頭部から、思考や運動を指令する前頭部に向かって行われます。

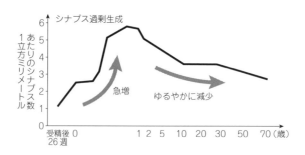

図2-1-2　シナプスの増加減少の経過

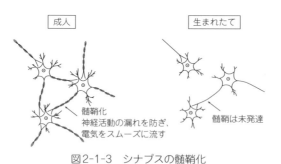

図2-1-3　シナプスの髄鞘化

(2) 肢体不自由児への支援

①支援の基本

　子どもたちは、同じ診断名だったとしても症状は一人一人によって違うので、支援内容も一人一人に合わせる必要があります。定期的に医療機関に通っている子どももいるので、医療機関とは密に連絡を取り合いましょう。子どもが受診する日に合わせて、幼稚園や保育所などでの日常の様子をまとめておくとよいでしょう。特に、保育者が生活上で困難に感じていることは、伝えるようにしましょう。医療的な面からのアドバイスが得られ、教育・保育に生かせる可能性も出てきます。そして、医療機関で伝えられた内容や留意点があれば、保護者から聞いておくことも大切です。ここでは、肢体不自由を伴う代表的な疾患である脳性マヒの支援を中心に取りあげていきます。

②脳性マヒ児への支援

a. 子どもに合った椅子・補装具を使う

　脳性マヒの子どもたちは、病型によって身体の動かし方や動ける範囲が一人一人異なっています。関わる子どもが脳性マヒの何型なのか、どのくらいの身体能力をもっているのか、運動発達段階がどのくらいなのか、知っておく必要があります。病型によって筋肉の緊張が変わり、介助の方法も変わります。たとえば、首がまだ座っておらず、筋肉の緊張も高く、後ろに反り返りやすいタイプの子どもは、反り返りにくいように背もたれで十分に身体を包み込み、リラックスできるような椅子を準備する必要があります。また、両脚全体が棒のように硬くなり緊張するタイプの子どもは、脚を曲げるとリラックスしてくるので、座面の深い椅子を準備する必要があります。このように、子どもの筋肉の緊張する場所や緊張の度合いによって、座りやすい椅子を子ども一人一人に合うようにすることをシーティングといいます。シーティングに関しての専門家は、理学療法士や作業療法士です。保育者は、どのような椅子が子どもに一番合うのかを知り、適切に活用できるようになるとよいでしょう。

　　　金属支柱付き短下肢装具　　プラスチック製短下肢装具

図2-1-4　短下肢装具の種類

　脳性マヒの子どもがよく使っているものに、車椅子と補装具があり、運動発達段階によって種類が変わっていきます。車椅子は子どもの筋肉の緊張の強さや発達段階に合わせ様々なタイプがあり、クッションやベルトが付いているものも多くあります。クッションや座面の角度など、わずかな違いでも緊張の度合いが変化し、動きにくくなることが多いので、適切な座り方を保護者に聞いておきます。

　補装具の主なものでは、短下肢装具があります（図2-1-4）。金属支柱付き短下肢装具の役割は、足の緊張を和らげ、足で身体を支えやすくすることです。立てない子どもも短下肢装具を使うことがありますが、足首が硬くならずに、足にも体重を乗せる経験をつくるためです。足首をしっかり曲げて履かせるようにし、履いたときは床に足底が着くようにしましょう。プラスチック製短下肢装具の役割は、足首が極端に内側や外側にねじれないようにすることです。このタイプは、装具を着用していても市販の靴を上から履くことができます。

b.　身体介助を適切に行う

　脳性マヒの子どもたちの多くは、自分から立って歩くことが難しいので、保育者は子どもたちを抱っこしたり歩行介助したりすることがあります。抱っこをするときには、子どもの身体のどこに力が入りやすいのかを把握する必要があります。たとえば、両脚が硬く伸びている子どもをそのまま抱っこ

図2-1-5　脳性マヒ児の縦抱きでの抱っこ

しようとしても、保育者の手から滑り落ちやすいことがあります。股関節を伸ばす緊張が高まっているからです。その際には、まず股関節をゆっくり曲げて開き、背中も少し丸くするようにして、縦抱きで抱っこすると落ち着いてきます（図2-1-5）。

　椅子に座った状態から抱きあげるときは、子どもの首の後ろとおしりの下で支えるようにすると、股関節も曲げやすくなります。立たせるときの介助は、首の安定している子どもなら体側面をしっかり支え、股関節が左右で同じ高さになっているか、前後に傾いていないか、足底が床に着いているかをチェックします。そうすることで、足で支えて姿勢を保ち、手を使って遊びやすくなります。

c. 身体を動かす機会をつくる

　脳性マヒの子どもは、自分で身体を動かすことが苦手です。動かせたとしても、乳児に見られるような反射が出たり、障害のない子どもたちには見られないような独特の動きをします。また、長期間同じような姿勢を取り続けたり、同じような動き方をすることによって、身体が固まって動かなくなってしまいます。身体が固まってしまうと、さらに動かしづらくなり、脱臼などの原因にもなってしまいます。それらを予防するために、子どもが自分で

動かしにくいところは、保育者がゆっくりストレッチしてあげるとよいでしょう。

　また、生活の中ではいろいろな姿勢を経験することも必要です。たとえば、仰向けで生活することの多い子どもは、本人の嫌がらない程度にうつ伏せやお座りを保育者が介助して行うと、自分からは経験することのない姿勢を取ることができます。さらに、仰向けからうつ伏せへ寝返るとき、仰向けからお座りに起きあがるとき、お座りから立ちあがるときなどに、子どもがやりにくそうなところに手を添えて、身体を動かす経験を増やします。

d.　コミュニケーション・対人関係を育てる

　脳性マヒの子どもの中で、身体だけではなく口腔周囲にもマヒがある場合、よだれが出たり、発音が不明瞭になることがあります。口のまわりの筋肉がうまく働かないので、口を閉じられず、いつも口が開いた状態になります。そうすると、よだれを飲み込めず流れでてきます。また、舌の動きもスムーズに行えず、ことばを発声するときにうまく発音できなかったり、食べ物をうまく噛めなかったり飲み込みがうまくできなかったりします。よだれが常に出ているときは、子ども本人が口のまわりが濡れていることに気付いていないこともあります。また、口の中によだれが溜まってきても飲み込めないこともあります。そのような子どもたちには、まず口腔周囲をマッサージしたり、口を閉じることを意識して関わってみます。

　発音が不明瞭な場合、保育者は本人が言っていることを聞き取れないことがあります。本人としては相手に分かってもらいたい気持ちで話しているので、いい加減な返事をしては信頼関係が崩れてしまいます。分からない場合は正直に伝えて謝り、保育者からいくつか選択肢を出し、本人に答えてもらうという方法もあります。

　中には、ことばを発することが難しいけれども、話していることは理解できている子どももいます。そのような子どもは、口で話すことの代わりに、文字盤やパソコンなどのコミュニケーション機器を使用して表現する方法があります。

　全ての脳性マヒの子どもに当てはまるわけではありませんが、性格的な特

徴として、主に2つの傾向があります。筋肉の緊張が高い子どもは、身体を動かす経験が少ないので、大きな姿勢変換や急に身体を動かすことを怖がります。それが時に消極的だという印象を与えてしまうこともあります。また、筋肉の緊張が変動しやすいタイプの子どもは、大らかで明るいのですが、感情の浮き沈みが激しく、笑っていたかと思うと急に機嫌が悪くなったりすることがあります。保育者は関わるときに、その子どもが今どんな気分でいるのか、表情や発話から読み取り、受け止められるようにしましょう。人と感情を共有する経験が増えることで、人とのやり取りを楽しめ、対人関係も育っていきます。

e. 認知能力を育てる

　脳性マヒの子どもは、同じ姿勢を取りやすく、動ける範囲も少ないので、ものを見たり、触れたり、感じたりという経験が少ないといえます。座っているときに背中を伸ばすことが難しく猫背のようになってしまうと、自分の身体の中心の軸がはっきり認識できず、空間の中で自分の身体がどうなっているのかがイメージしづらくなります。たとえば、活動中に背中が丸くなる子どもに対して、保育者が「お背中ピンして」と注意しても、できない子どもがいたとします。その子どもは自分の身体をどのように使えば背中が伸びるのかが分からないので、ことばで伝えただけでは行動できないのです。このような自分の身体がどのような位置にあるのか、どんな動きをしているのかを感じ取るのが身体知覚です。身体知覚は、自分から動く経験をしないとなかなか育っていきません。子どもが興味のある遊びやおもちゃを使って、子ども自身が動こうとする機会をつくるように工夫しましょう。

　自分から動いたり、ものに触ったりという経験の少なさは、感覚に対しての過敏さや鈍さにつながることもあります。障害のない子どもはものに触ったり、舐めるという経験を通して、ものが何かということの理解を深めていきます。脳性マヒの子どもは、上肢にマヒがある影響で手をうまく使うことができません。そうすると、手でものを触って確かめる経験が少なくなり、触れたことのないものには拒否反応が出たりするのです。そのため、ものの認知が難しくなってしまいます。もし、子どもに感覚過敏の反応があるよう

ならば、むりに慣れさせようとするのではなく、気持ちが落ち着いているところで子どもの嫌がらないものから与えてみましょう。楽しいと感じるものが増えることで、子どものものに対する興味も少しずつ増えていくことでしょう。それが認知能力の育てにつながります。

f. てんかんがある子どもの支援

　脳性マヒの子どもには、合併症としててんかんがあることがあります。てんかんは、小児期に発症することが多く、幼稚園や保育所などで初めててんかん発作を起こすということもあります。脳に障害のある子どもの場合、突然発作を起こすことも想定し、発作があった場合、時間の経過を追って報告できるように記録を取っておきましょう。報告内容は、いつ（日時）、どんなとき（食事中、遊んでいるとき、睡眠中、覚醒直後など）、どのような（動作を止める、倒れる、身体を伸ばす、上肢が震えるなど身体全体のことや、表情や顔色、唇の色、よだれ、眼球の位置などの顔の様子）、どのくらい（持続時間）、発作中や発作後の状況（興奮する、泣く、朦朧とするなど）を伝えられるとよいでしょう。

　発作には、両手が一瞬ピクついたようなものから、10数秒前後の意識消失をするものなど様々なものがあります。発作が起こったら、慌てずに周囲にあるぶつかると怪我をするようなものを退け、頭に柔らかいものを添えて保護します。ベルトや身体を締め付けているものをゆるめ、身体を揺すったり口にものを入れるようなことや押さえ付けることはせず、発作が落ち着くのを静かに見守ります。苦しそうなときや嘔吐したときは、誤嚥しないように身体や顔を横に向けます。周囲の子どもには、「発作が起こっているので、静かに見守ること」を伝えます。発作が長い時間続くときや短い時間の中で何度も繰り返されるときは、医師の緊急対応が必要です。

　発作の誘因となるものには、睡眠不足、ストレス、激しい運動、強い光、突然の大きな音、便秘、発熱、薬の変化などがありますが、保護者から普段の様子をよく聞いておくことも大切です。

　てんかんの主となる治療は、薬物療法です。適切な薬物を使用するためにも、発作時の報告は重要です。薬物には副作用がありますが、副作用を知る

ことで子どもの普段の様子との影響を理解できます。主な副作用には、眠気、だるさ、ふらつきのような活動性に影響が出るものや、胃腸障害、肝障害など身体に影響が出るものなどがあります。

※ 事例 2-1

脳性マヒ児の製作活動支援

クラスでの製作の時間に、子どもたちにクレヨンを使って好きな動物の絵を描いてもらうことになった。そのクラスには、車椅子を使用している脳性マヒのリナがいた。リナは車椅子をこぐことはできるが、動きがゆっくりになってしまうので、時間がないときは保育士に車椅子を押してもらって移動していた。クレヨンは持つことはできたが、手のひらで握るように持ち、紙に叩き付けるような絵にしかならなかった。製作活動の間は、色を変えるためにクレヨンを箱から出したり入れたりすることに手間取り、なかなか絵を描くまでにはいたらず、そのうちクレヨンを並べることに興味が移ってしまった。また、製作活動のときはいつも姿勢が猫背になることも、保育士は気になっていた。

保育士はあえて注意をせず、「きれいに並べたね」と声をかけた。それに対し、リナは「虹を作っているの」と答えた。そこで、「虹を見たことある?」とリナが今興味があることに保育士も関心を示し、虹→雨→散歩ができない→家で本を見る→動物の絵本→何の動物が好きか、というように少しずつ製作の課題の方へ話題を変えていった。動物の絵を描くことを思いだしたリナだったが、うまくクレヨンが握れず、思うように描けないということを言えずにいることに保育士は気が付いた。

そこで、リナが握りやすい太めのクレヨンに変え、鉛筆握りができるように保育士が手を添えて持たせるようにした。さらに、描くときに手に力が入ってしまい紙がよじれるので、保育士が紙を押さえた。クレヨンを持つ手の方はひじや肩を自分で動かすことが難しく、自分

の身体に近い場所にしか描いていなかったので、机の高さを少し高くし、さらに斜めの台（子どもに近い方が低くなっている）を置き、ひじをあまり伸ばさなくても紙いっぱいに描けるようにした。そうすると背中も伸び、絵も大きく描けるようになり、注意がほかのことに逸れることはなくなった。

このように、製作活動にのれずに興味が逸れる子どもには、できないことを言えない、何をしてよいか分からない、活動そのものに興味がないなど様々な理由がある。むりにその活動を行うように注意するよりも、子どもがその活動の中で何ができるのかを見つけることが、子ども自身も活動を楽しむことができる上、皆で活動を行ったと感じることもできる。

演習課題 3

クラスでの活動中にてんかん発作が生じたら、どのように対応すればよいかを考えましょう。テキストを読み返し、適切な対応を考えてみましょう。

演習課題 4

脳性マヒの子どもがいるクラスでの製作の時間に、クレヨンを使って、好きな動物の絵を描くことになりました。どのような配慮をすればよいかを考えましょう。

演習課題4の解答例：机と椅子の高さは子どもの体格に合っているか。クレヨンの持ち方はどうか。子どもの描きたい気持ちはどうか。子どもの描きたいもののイメージはどうか。子どもは取り組みの内容を理解しているか。

2 知的障害児の理解と支援

(1) 知的障害児の理解

①知的障害の概要
a. 知的障害とは

　知的障害では、同年齢の人よりも、物事を理解し判断すること（知的能力）や、日常生活をスムーズに送ること（適応能力）などに遅れが見られます。また、18歳までの発達期までに、知能の発達の遅れが目立つようになることや目安となる基準よりも低い状態であることなどが、知的障害の目安の1つとされています。以前は知的障害のことを精神遅滞（ちたい）と呼んでいました。精神遅滞という呼び方は1960年代からアメリカで使われており、一方、知的障害という呼び方は1990年代の半ばごろからヨーロッパで使われていました。しかし、精神遅滞は遅滞ということばが差別的な意味をもつことから、現在の福祉や法律の分野では知的障害に統一されています[i][ii]。

　知的障害は出生前に発症している場合もあります。たとえば、知的障害を伴うことが多いダウン症は、人間の身体の設計図といわれる染色体に異常があることが要因であるとされています。また、妊娠中や生まれるときに酸素が足りないため、脳に損傷を負って知的障害になることもあります。出生後に発症する場合は、感染症や頭の骨の骨折などによって知的障害になる場合があります。しかし、いずれにおいても、直接的な障害の原因がはっきりと分かっていないことが多い障害です。近年の研究でも、知的障害の要因としては様々なものがあり、それらがお互いに影響しているとも指摘されていま

---

　i) 日本の法律では、1999（平成11）年に「精神薄弱の用語の整理のための関係法律の一部を改正する法律」によって知的障害に統一されました。
　ii) 国際的な基準としては、DSM-5において、知的障害のことを知的能力障害（知的発達症／知的発達障害）と記しています。

表2-2-1　主な知的障害の要因と合併症

出生前の要因	外的要因：母体の代謝異常・感染症・薬物など 内的要因：遺伝子異常・染色体異常・多因子性疾患など
周産期の要因	出産時の事故・子宮内膜症など
出生後の要因	感染症（日本脳炎、結核性髄膜炎など）・頭部の外傷・環境的要因（虐待など）など
知的障害を伴う障害	ダウン症・脳性マヒ・てんかん・発達障害（自閉症スペクトラム障害など）など

表2-2-2　知的障害の子どもに見られる特徴の一例

- ことばの発達が遅れる。
- 順番を待つことが苦手。
- 動作がぎこちない。
- 初めてのことや変化が苦手。
- 手先が不器用。
- 思ったことや感じたことをそのまま言ってしまうことがある。
- 記憶できる量が少ない（短期記憶がうまくできない）。
- 集中が長続きしにくい（単に飽きっぽい性格ということではない）。
- 失敗するのではないかと不安になり、挑戦することを恐れるため人に頼ってしまうことがある。
- 自分で判断することが苦手。
- 学習して体得するまでに時間がかかる。
- 物事を理解するのに時間がかかる。
- 2つのことを同時に行うことが苦手。

　す。また、知的障害は、ほかの精神疾患や身体疾患がある場合にも見られ、自閉症スペクトラム障害や脳性マヒなどの障害がある子どもの中には、知能の発達に遅れがある子どももいます[i]。このように、知的障害の要因や合併症がたくさんあることから（表2-2-1）、知的障害の状態や見られる行動は様々です（表2-2-2）。

b．知能とは

　知能とは、物事を理解し、考え、判断する知的能力と、日常生活を送る上で不可欠な適応能力の2つの能力をさします[ii]。知的能力とは、新しいことを覚えたり、保育者が話したことや本に書いてあったことを理解することです。そして、この理解したことをもとに、覚える、質問に答える、予想する、

ⅰ）自閉症スペクトラム障害は第2章8 発達障害児（ASD）の理解と支援 参照、脳性マヒ・てんかんは第2章1 肢体不自由児の理解と支援 参照。

ⅱ）このような知能の構造についての考え方は、ほかにもスピアマンの二因子説や、サーストンの多因子説、ギルフォードの三次元因子モデルなど、様々な構造のモデルが提唱されています。

計画を立てる、筋道を立てて考える、自分の意見を言う、といった能力も含みます。一方、適応能力は日常生活をスムーズに送るために使っている能力です。たとえば、保育者が行った動作と同じ動作をする、ほかの子どもと一緒に遊ぶ、運動をして暑くなったら上着を脱ぎ、汗が冷えないうちに再び上着を着る、などの能力をさします。ほかにも、幼稚園や保育所などでの約束やおままごとなどの遊びの中で、保育者や子ども同士で共有しているルールがあります。そのルールに合わせて、ルール違反をしないように判断して行動をすることや、ほかの子どもの様子や状況に合わせて行動することも適応能力です。

　知能は、様々な能力の複合体であると考えられますが、知能検査を行うことでその一端を測定することも可能です。知能検査は、1905（明治38）年にフランスの心理学者ビネー,A.によって、知的な発達に遅れが見られる子どもを早期に発見する目的で開発されました。ビネーが開発したビネー式知能検査は、簡単なものから難しいものへと年齢別に問題が並べられ、それぞれの問題が何歳くらいでできるのかが示されています。このような知能検査で測定される知能の1つに知能指数（IQ）[iii]があります。

　知能検査を行う場合は、熟練した検査者が測定しないと正しい結果は得られません。知能検査の実施方法や判定に間違いがあったり、体調不良など子どもの状態を考慮せずに検査を行った場合、正しい結果が得られない場合もあるため、日常的な観察も重要になります。

c．知的障害の診断基準

　一般的に知的障害かどうかの診断基準とされているのは、知的な能力の発達に明らかな遅れがあること、適応行動をすることに明らかな難しさがあること、その障害が発達期に起こっていること、の3つの側面です。

1）知的な能力の発達に明らかな遅れがあること

　知的障害の目安となる「知的な能力の発達に明らかな遅れがある状態」とは、IQがおおむね70に満たない状態です。これまで、知的障害の重症度は、

[iii] IQ（Intelligence Quotient）は、知能検査で精神年齢を算出し、生活年齢とどのくらい離れているかの目安になっています。計算式：精神年齢÷生活年齢×100

表2-2-3 IQによる知的障害の重症度基準

最重度	IQおおむね20以下	多くの場合、快と不快を表す程度で、ことばを覚えることがほぼできない。常に保護する人が必要になる。
重度	IQおおむね21〜35	幼児期では会話がほとんどできない。学童期になると会話や食事、排泄など、基本的な生活習慣や自己管理をする能力を身に付けることができる。
中等度	IQおおむね36〜50	幼少期にはことばの遅れはあるが、コミュニケーション能力を獲得していくことができる。適切な訓練によって、勉強では小学2年生程度の学習内容まで到達することができ、環境次第で仕事もできるようになる。
軽度	IQおおむね51〜70	ことばや抽象的な内容の理解に遅れが見られるが、身の回りのことはほぼ1人でできる。考える力を身に付けられる。高度な技術が必要なければ、いろいろな仕事もできるようになる。

　IQの値によって、軽度、中等度、重度、最重度の4つの段階に分けられ、知的能力が低いほど重症度が高くなることが基準でした。DSM-5では知的能力よりも生活上の適応能力が重視され、細かいIQによる分類はなくなりました。これまで、適応能力が明らかに低い場合でもIQが高くなることがあり、IQを重症度の基準にしていると、保育所や幼稚園での特別な支援や子どもの発達に合った個別指導を行うことができないという問題が起こっていました。しかし、療育手帳の知的障害の程度区分[i]では、IQを用いて判定しています（表2-2-3）。

2）適応行動をすることに明らかな難しさがあること

　適応行動とは、その場や状況に合わせた行動が取れることを意味し、概念的領域、社会的領域、実用的領域の3つの領域の行動・活動のことです。概念的領域とは、ことばによる表現、読み書き、お金の役割や価値の理解、自身の健康や行動の管理などについての領域です。社会的領域とは、自分に対する責任や誇り、身を守る力、人間関係、ルールを守ることなどについての領域です。実用的領域とは、衣食住、掃除、電車やバスの利用、電話の使用というような生活に関することなどについての領域です。DSM-5では、この3つの適応行動の領域の具体的な状況によって知的障害の重症度を分類する基準にしています。

---

i）厚生労働省による知的障害の程度の判定基準。

適応行動を評価[ii]して、IQだけでは把握することができない生活上の困難さを把握し、総合的に知的障害の重症度を判断することで、幼稚園や保育所など、教育・保育および療育の場で子どもの能力に合わせた支援を行うことができるようになりました。

3）その障害が発達期に起こっていること

　発達期とは、18歳までのことをさし、それまでに知的障害の特徴が現れていることが1つの目安です。それ以降に見られる頭部損傷、脳出血後遺症、加齢、認知症などによる知能の低下は、知的障害には含まれません。

✳ 事例 2-2

状況を理解することが難しいノア

　4歳児のノアは、小さいころからのんびりしており、個別の声かけが必要で、まわりの様子を見てから動いていた。年中になって皆と一緒に活動する意欲が広がってきているが、なかなかうまくいかないこともあった。

　給食当番のときのこと、はりきって自分のエプロンを着けたが、紐を結ぶことができずにそのままでいた。保育者が「紐結びをお手伝いしようか」と声かけすると、うなずいた。他児に促され、机にお茶のコップ運びをした。その後、ご飯のしゃもじを触っていると、「もう、ご飯はよそったから触らないで」とほかの当番の子どもに言われた。「今度の練習をしているんだよ」と言いながら、思わずしゃもじのご飯粒を食べてしまい、「ノアが舐めた」と注意された。

　当番全員が並んで「いただきます」の挨拶をするときに、気持ちが先走ったノアが1人で言ってしまい、「一緒に言うんでしょ」

---

ii）適応行動の評価には、世界的によく使用されているヴァインランド適応行動評価尺度があります。客観的に0歳児から同年齢の一般の適応行動を比較することができます。

と怒られた。困った顔をしながら、ノアはエプロンを外し、たたまずにクシャクシャのまま自分の引き出しに押し込んだ。

　生活の大きな流れに沿って過ごすことができているノアだが、全体の言語指示や状況を理解して動くことに難しさがあり、場に合わないことをして他児に注意を受けることがあった。保育者はノアの様子をよく見るようにして、これからすることの手順や段取りを分かりやすく伝えるようにした。やり方を具体的に示し、ノアのやる気がよいかたちで達成できるように手助けをした。また、生活の中で取り組みづらいことを確認し、一つ一つ積み重ね、確実にできることを増やしていった。家庭でも、お手伝いやことばのやり取りを意識的に取り組んでもらうようにした。細かいステップで丁寧に関わる中で、自信をもってできることが少しずつ増えていった。

　保護者には以前から園の様子を伝えていたが、相談を利用する気持ちはなかった。年度末に、年長の1年をどう過ごしていくかを面談で話し合った。「学校に行って困らないように」という視点から、市の相談につながり、就学に向けて必要なことを考えていくことになった。

②知的障害を伴う主な疾患の症状と原因

a．ダウン症

　ダウン症は、受精したときに、染色体に何らかの突然変異が生じて起こります。しかし、染色体の異常がなぜ起こるのかは分かっていません。私たちは、両親から染色体を23本ずつもらいます。それが2本ずつ1組になっており、通常1つの細胞には23組46本の染色体があります。しかし、ダウン症では、21番染色体が1本増え、染色体が47本になります。高齢出産の場合は発症率が高くなることから、母親の出産年齢が1つの目安になりますが、それでもなぜダウン症になるのかは分かっていません。近年、妊娠中に胎児の状態を調べる羊水検査や絨毛検査などの出生前診断で、先天的な異常を検査できるようになりました。発症率は約1,000人に1人の割合で、合併症や発達の程度などは人によってかなりの個人差があります。外見の特徴は、顔が特徴

表2-2-4　ダウン症の子どもに見られる特徴の一例

身体的側面	頭、鼻、耳、目じりのかたちが特徴的。 おとなしくて反応が弱く、乳幼児は乳の飲みが悪い。 関節や筋肉が柔らかい。
認知的側面	周囲の出来事を認識し、理解するのが苦手なため、行動範囲がなかなか広がらない。 視覚に比べて聴覚が弱いなど、認知の力にもアンバランスが見られる。
運動的側面	筋肉の力が弱いため、運動の発達が遅れる。 弱い力を姿勢や動き方で補おうとするため、かたよった姿勢や動作が見られる。
言語の発達	ことばの学習がゆっくりな傾向にある。

的であり、筋肉の緊張が弱く身体が柔らかいことがあげられます。そのため、出生直後に発見されることが多い障害です。合併症を伴う場合も多く、心臓や消化器などに器質的に異常が起こること、中耳炎などの感染症を起こしやすいという特徴があります。特に乳幼児期には、様々な合併症のケア、細やかな健康管理など、医学的なサポートが重要になります。しかし、ダウン症そのものは治療を行うことはできません。そのため、発達を見守り、能力を伸ばす療育や教育および保育のサポートも欠かすことはできません。

　ダウン症の主な障害の特徴（表2-2-4）は、知的障害、言語障害、運動面での困難、合併症による日常生活の制限などがあります。その一方で、相手の気持ちを察したり、対人関係を築きやすいという特徴があります。そのほかにも、身体の成長や運動能力、情緒、知能の発達がゆっくり進むなどが特徴ですが、発達の仕方や最終的な到達点は人によって異なります。これらの特徴は、障害によるものだけではなく、日常生活の中で様々な人と関わることによって変化していきます。

　そのため、ダウン症の子どもを担当したときには、発達の特徴や、障害の特徴に沿った適切な関わり方など、早い段階から正しい知識をもって関わることが重要になります。ダウン症の子どもは何事に対してもできないことは少ないのですが、1つのことができるようになるまでには時間がかかります。特に、苦手なことでも根気強く取り組めるように、幼い子どもに関わる保護者や保育者は長い目で見守っていくことが大切です。

事例 2-3

医療的ケアを必要とするダウン症児

　ダウン症のショウは、生まれつき心臓に疾患をもっていて、手術の経験があり、小さいころは入退院を繰り返していた。今は心臓の状態は落ち着いてきているが、風邪を引きやすく、ときどき熱を出すことがある。生活リズムがやや不安定で、夜じゅう不機嫌でぐずっていたという話も保護者から聞くことがあった。夜中に起きていることが多いので、園ではうつらうつらしたり、起きていても機嫌が悪いことがあった。

　ダウン症の子どもはもともと身体の筋肉が柔らかく、運動発達も遅れ気味だが、人との関わりは好きで、笑い合ったり、自分から人に近付いていったりする子どもも多い。しかし、ショウは自分から人に関わりを求めることはあまり見られず、床に寝そべって身体を揺らしていることが多い子どもだった。

　そこで、覚醒状態を保つために、ショウの好きそうな揺れる遊びをなるべく取り入れるような支援計画を立てた。しかし、入院生活の長かったショウは、運動や活動制限もあって、人と関わったり遊んだりという経験値が少なく、保育者から抱っこされることもとても嫌がった。多くの子どもたちは大人が子どもを抱っこしようとすると、抱かれやすいように身体に寄り添ってくる。しかし、ショウは保育者が抱きあげようとしても、もともと身体に力が入りにくいことに加え、身体を預けようとすることもないので、保育者の腕からするりと抜けるようになってしまう。また、自分から何か興味をもったことに近付くということもなく、起きているときは身体を揺らすような自己刺激を続けていた。また、ストローやチューブのようなプラスチック製のものには抵抗なく触れるが、砂や水を触らせると手を引っ込めて怒りだした。

　保育者は、ショウの計画の目標を「少しずつ経験の幅を広げながら、大人とやり取りができるようになる」という内容に変更した。あまり激しい運動をして心臓に負担をかけてもいけないので、初めはショウの自己刺激遊びに付き合うことにした。ショウが動いたら「ゆーらゆーらだね、楽しいね」というような声かけや、揺れに合わせ

て歌を歌うなどして、人の声に慣れるということから始めた。

　初めのうちは、人の声にも関心がないように見受けられていたが、保育者が歌をやめるとショウも動きを止めるような素振りが見られてきた。ショウにとって、まだ人に抱かれることを楽しめるようになることは先の目標だが、自分や特定のものだけから、人やまわりのもの、自然のものにも気付いていけるような関わりをもう少し続けていくことにした。

b．脳性マヒ・てんかん・発達障害とその他の障害

　脳性マヒ、てんかん、発達障害などの一部には、知的障害が見られる場合もあります。しかし、なぜ知的障害が生じているか、不明な部分が多くあります。これらの障害に共通する点は、脳の障害であることで、様々な要因が複雑に絡み合って知的障害が併発していると考えられています。

　そのほかにも、新生児の甲状腺機能不全（クレチン症）や妊娠早期に発症した水頭症などの疾病によって、知能障害が見られる場合もあります。必要とされる周囲の対応の仕方が異なってくるので、専門家による適切な診断と治療が重要になります。

c．知的障害と似た行動や状態を示す場合

　知能が正常な場合でも、知的障害と似た行動や状態を示す場合もあります。情緒障害や、十分な栄養が摂取できない栄養失調など周囲の環境が適切でないと、知的障害と似た特徴が見られることがあります。その場合、早期に適切な環境で教育や保育を行うことで、知能の発達が促進され、同年齢と同じ知能まで回復することが見込まれます。

※ 事例 2-4

行動がゆっくりなカホ

　保育所に通う2歳児のカホは3月生まれで、クラスで誕生日が一番遅く、体格も小さめだ。一人っ子で父母との3人家族で、家では困ることはないと

のことだが、集団の中では行動はゆっくりめで、全体の声かけでは動きにくいところがあった。散歩前に皆でお茶を飲むときは自分からもらいに行くことはなく、保育士からお茶を渡されて、ようやく手を出した。外に行くのに帽子をかぶる、靴を履くなど毎日していることも、まわりの子がしていても関心はなく、部屋の中に座ったままでいた。保育士が個別に声かけしても分かりにくく、身体ごと促して一緒に取り組むことでようやく動きだした。

　カホは散歩では他児と手をつなぐことは難しく、保育士と手をつないで一番前を歩いた。なかなか皆と一緒に動けず、ときどき走って行こうとしたり、座り込んだりした。また、気持ちの切り替えが難しく、公園から帰るのが嫌でいつも大泣きになった。単語はいくつか言えるが、話せることばが少ないため、他児とおもちゃの取り合いや順番を待つ場面では自分の気持をうまく伝えられずに、相手を噛むことや叩くことが続いた。

　2歳児クラスは担任が複数いるので、なるべく特定の保育士がカホに付いて対応することにした。全体の指示の後に個別で声かけし、やることを実物や絵カードで示して、自分で理解して動けるように関わった。帽子や靴の脱ぎ履き、着替えや服たたみ、スプーンの操作など、丁寧に1つずつ積み重ねていった。友達との関わりでは、カホの気持ちを受け止めながら、こうしたらよいという行動や、こう言ったらよいということばの見本を繰り返し示した。また、保護者には行動のゆっくりさがあるカホの日々の様子を伝え、家でもできることを取り組んでもらった。

　だんだんとクラスの大きな流れには付いていけるようになったカホだが、個別の関わりは必要だった。3歳児クラスになると担任が1人になるため、進級にあたって保護者面談を行った。カホが3歳を迎えたときに、保健センターの3歳児健診で相談してもらい、発達相談につながった。その結果をもとにして、保育士の加配の手続きも進められた。

(2) 知的障害児への支援

　知的に障害のある子どもの教育や保育は、生活の全般にわたって配慮と支援が必要になります。幼稚園や保育所などには、障害の種類や年齢など様々な子どもがいます。それだけに、一人一人についてどのように働きかけるか、子どもの発達の遅れの程度と障害の特性を考慮して、その子どもに合った教育や保育を考えます。

①大人との信頼感を育てる

　障害があってもなくても、乳児期に育てるべきは、人との信頼感です。生後2～3か月くらいで、快と不快の分化ができるようになります（若井・高橋・高橋・堀内, 2006）。やさしい人の声や抱き方により快を感じ、快を与えてくれる人へ子どもの方から働きかけ、人との関係をつくり始めます。しかし、知的障害のある子どもは、まわりからの働きかけや刺激を受け止めて応える力が弱く、表現も乏しい特性があります。やさしく声をかけたり、子どもの反応に応えてたくさん働きかけることが大切です。

②知的発達の支援

　知的に障害のある子どもの特徴として、多くの情報に同時に注意を払うことが苦手で、情報の一部だけを取り入れ、焦点を当てる範囲が狭いことがあげられます。情報に注意を向ける時間が短く、長く留めておくことが難しく、意味の理解を進める前につぎつぎと新しい情報が入ってきてしまいます。相手の言ったことばのうち、音は把握できても意味の理解ができないことがよくあるからです（尾崎・小林・水内・阿部, 2010）。クラスの子どもたちに一斉に話をした後に、知的に遅れのある子どもに対しては、個別に要点だけを簡潔に伝えるようにします。その際には、視覚的情報として絵や写真を見せて、必要な部分を指さしながら説明するとよいでしょう。

　知的に障害のある子どもも、障害のない子どもと同じように、遊びを通して発達すると考えられています。しかし、知的に障害のある子どもに、発達

の段階を考慮しないで、その子どもの実年齢に応じた遊びをむりにさせようとしがちです。たとえば、年齢が2歳でもその子どもの精神発達が6～7か月であれば、何かで音を出したり、転がしたり、触ったりするのを楽しむ遊びをします。ガラガラやねじ巻き犬のおもちゃが手に届くところにあって、偶然に触れたことによってそのおもちゃが動いた経験は、自分が起こした運動行為の結果がおもちゃを動かすという関係性の発見に結び付きます。その子どもの発達のレベルに合った遊びを用意するようにしましょう。

　集団遊びは、一般的には3歳以上の精神発達でないと成立しにくいですが、集団遊びの雰囲気を味わわせることは大切です。ほかの子どもの存在に対する関心を促すような働きかけや、その子どもが受動的に参加するだけでも楽しめるような集団遊びを工夫するようにします。その際、反応をよく観察し、表情の変化なども見逃さないようにして、関わりの手掛かりにしましょう。

③生活面での支援

　基本的な身辺自立や生活習慣を身に付けることは、自分の身の回りのことを自分でできるようになるという自立心を育てるために欠かせません。知的に障害の重い子どもであっても、生活に関わる技能は、繰り返し練習することで獲得できていきます。1つの習慣を身に付けるまでには、手を取って教えていくことが必要です。1人での着替えが困難な子どもには、机の上に上着を置いて前側と後ろ側の区別ができる練習を、初めは全面の協力をし、少しずつ手伝いの手を省いていきながら見守ります。靴の右と左を正しく履く練習は、板の上に靴型の絵を描いた紙や靴を置き、足を入れるようにします。知的に障害のある子どもの場合は、階段を一段ずつ上っていくように、1つの習慣を身に付けるまでに行動を小さな段階に分けて教えていきます。

④問題行動への対応

　集団場面で保育者の話が聞けず、隣の子どもにちょっかいを出したり、クラスの外へ出たりする子どもがいます。また、ほかの子どもに対して足蹴りや叩くなどの暴力行動が出たり、メディアや大人が使う汚いことばを言うな

どの問題行動が見られることがあります。行動面の問題は早くに気付くことが多く、そのつど注意しがちですが、効果はそのときだけに留まってしまうことが多いです。

　問題行動の背景には、何らかの子どもからのサインが隠されており、苦手なことを避け、周囲の人に見透かされたくないために、意図的にふざけたり、活動への参加を拒否することもあります。対応の仕方としては、助けを求める行動に移せるように支援します。ほかには保育者からの注目がほしくて問題行動を起こす場合には、その子どもがまわりの子どもと活動に参加しているときは注目して声をかけたり、これまでできなかったことができるようになったときには一緒に喜んで、その子どもが保育者の存在を感じられるように配慮します。どのようなパターンでその子どもの問題行動が起きているのか、ほかの保育者と情報を交換することから解決の糸口を見つけることもできます。問題行動を起こす「困った子」ではなく「困っている子」として共感的に捉えることによって、子どもの思いに寄り添うことができるようになります（水野, 2012）。

❄ 事例 2-5

軽度知的障害があり、理解がゆっくりなルカ

　ルカは小学3年の男児だ。入学したばかりのころから教師の話に注意を向け続けていることが難しく、人が話している内容を理解したり、指示に従って行動することも苦手だった。勉強面でも生活面でもクラスの流れに追い付けず、取り残されることが多かったため、小学1年から支援員が付いてサポートを行っている。

　小学3年になった今でも1人では黒板の字をノートに写すことができず、授業に付いていくことが難しいため、現在は通常学級の中で隣に支援員が付くかたちで授業を受けている。支援員は教師が書いた板書の内容を手元のホワイトボードに書き写し、「これをノートに写そうね」と声をかけるが、ルカはそのホワイトボードに意識を集中させ続けるのも難しく、ノートを取るのにかなりの時間を要する。鉛筆の持ち方もぎこちなく、疲れてくると姿勢

も崩れやすいため、文字や数字の線がゆがんだり、ところどころ筆圧が強くなったり弱くなったりして文字の形態を取るのも難しい。授業の準備にもサポートが必要で、支援員が「国語の教科書を出そうね」と言っても、「『こくごのきょうかしょ』って？」と返すなど、言われている内容が理解できないこともしばしばあった。

　そこで、支援員はルカに対して様々な工夫を行っていった。たとえば、声をかけるときはまずきちんと注意を引き付けてから声をかけたり、ことばで指示をする際はできるだけ分かりやすい表現で伝えるようにした。また、「○○って？」などと聞き返されたときは、そのつど丁寧に答えるとともに、必要に応じて写真やイラストを併用しながら説明するようにした。教師が板書した内容を全てノートに写そうとすると時間がかかり過ぎてしまい、写すことだけで精一杯で疲れたり、内容を理解することが疎かになってしまう様子が見受けられたため、教師と相談して特別に文字を拡大した穴埋めプリントを作成し、穴埋め用の空欄にガイドとなる点線や薄く印刷した文字を配置するなど、ノートを取る作業にかかっていた労力を軽減させる工夫も行った。また、ホワイトボードに注意を向けてもらう際は、今書くべき単語の横に赤いマグネットを置いて視線を誘導し、それ以外の部分は紙で覆って隠すなど、集中が少しでも持続できるような工夫を試していった。

　算数では、数字を見やすく書くのがまだ難しかったため、教師と相談して数字や記号のシールを用意し、「今、先生が書いているのはどれかな？」と尋ね、適切なものを選ばせてからそれをノートに貼り付けるようにした。国語の音読では文字を追って読むことがまだ難しかったため、教師が音読した部分を耳で聞いて繰り返すようにしたり、教師が読んでいる箇所を指で押さえるなどのサポートを続けていった。

　そうした支援を続けるうち、ルカは「べんきょうするのがすき。もっとべんきょうしたい」と言うようになった。「きっと勉強する楽しさは理解できないのでは」とあきらめかけていたルカの保護者も教師も支援員も、この成長に大きな喜びを感じていた。

> **演習課題 5**
>
> ①読み聞かせの場面で部屋から飛びだしてしまう知的障害の子どもがいます。クラス全員で楽しめる活動にするには、どのような工夫をしますか。年少児、年中児、年長児の場合のそれぞれの対応を考えましょう。
>
> ＜考える際のポイント＞
> ・障害のある子どもと障害のない子どもの両方の立場と気持ちを考えてみましょう。
>
> ②実際に絵本を選んで、読み聞かせをしてみましょう。
>
> ＜考える際のポイント＞
> ・子どもたちをどのように座らせますか。
> ・絵本の内容はどうしますか。

3 視覚障害児・聴覚障害児の理解と支援

(1) 視覚障害の子どもたち

①視覚障害とは

　視覚に障害があると、視野が狭くて一部しか見えなかったり、はっきり見えなかったり、まったく見えなかったりします[i]。**視覚障害**は、まったく見ることができない全盲と、一部見ることができる弱視（ロービジョン）に分かれます。弱視は、視力や視野、屈折（近視・遠視・乱視など）、色覚（色の見え方、感じ方）といった目の機能に問題があって、視力の発達が抑えられたり止まってしまったりすることをいいます。弱視の見えにくさは、軽度

---
[i] 文部科学省では、「視覚障害とは、視力や視野などの視機能が十分でないために、まったく見えなかったり、見えにくかったりする状態をいう」と定義付けています。

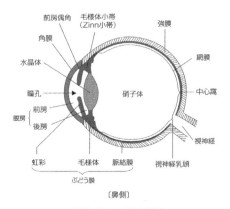

図2-3-1 目の構造
芝田裕一 2007 視覚障害児・者の理解と支援 北大路書房 p.7

から重度まであり、見え方も困っていることもそれぞれ違います。

　ものを見る目の仕組みはカメラに似ていて、外から目に入った光は角膜を通って水晶体(すいしょうたい)などでピントが合わせられ、網膜(もうまく)で像が結ばれ、それが視神経を通って脳に伝わり、脳は見たものが何かを判断します。弱視は、この経路のどこかに支障があるときに生じます。

　視力は、生後1か月から上昇し、1歳半でピークに達し、その後は8歳ごろまでは発達するといわれています（芝田，2007）。そのため、弱視を早期に発見することが大変重要です。テレビを近くで見たり、絵本に顔を近付けたり、目を細めたり、斜めから見たり、転びやすかったりしないかを観察します。子どもは見え方を他人と比べられないので、自分から困難さを言えないことに配慮していきます。また、視覚障害の子どもの中には、ほかの障害や知的な障害を伴う重複障害の子どももいます。

　視覚障害の子どもは、視覚の代わりに聴覚や触覚などを使って情報を受け止めます。視覚障害の子どもと一緒に遠足に行って周囲の風景をことばで説明すると、子どもは聴覚、嗅(きゅう)覚、皮膚(ひふ)感覚の触覚や温度覚を使って、風に揺れる木々の葉の音、花のにおい、川の水の冷たさを受け止め楽しみます。旅行に行くとボイスレコーダーで駅のアナウンスや滝の音などを録音して、うれしそうに聞かせてくれます。色を見ることはできなくても周囲の人の会話

から想像してイメージをつくり、「先生、水は青いでしょ」と言ったり、「ピンクの洋服が好き」と言ったりします。見えないことを聴覚からの情報で補うために記憶力に優れていたり、ことば遊びが好きだったりします。

②視覚障害の原因と特徴

教育の分野では、視覚障害は、両眼の視力がおおむね0.3未満のものとされています[i]。光だけ分かるのが光覚弁（こうかくべん）、眼前の手の動きが分かるのが手動弁（しゅどうべん）、眼前の指の数が分かるのが指数弁（しすうべん）といいます。屈折異常では近視（きんし）、遠視（えんし）、乱視（らんし）などがあり、色覚の障害では特定の色を認識できません。視覚障害は疾病や個人によっても見え方が違い、その上、視力が落ちたり、視野が狭くなったり、年齢とともに進行して失明したりする場合もあります。また、光を異常にまぶしく感じたり（羞明（しゅうめい））、逆に暗いところで著しく視力が落ちたり（夜盲（やもう））する子どももいます。視力障害の疾病には、未熟児網膜症（みじゅくじもうまくしょう）、網膜色素変性症（もうまくしきそへんせいしょう）、黄斑変性症（おうはんへんせいしょう）、小眼球（しょうがんきゅう）、網膜芽細胞腫（もうまくがさいぼうしゅ）、白内障（はくないしょう）、緑内障（りょくないしょう）、糖尿病性網膜症（とうにょうびょうせいもうまくしょう）などがあります。視野の障害では、図2-3-2のように狭窄（きょうさく）（視野が狭くなる）、半盲（はんもう）（視野の半分が見えなくなる）、暗点（あんてん）（視野の一部が見にくかったり見えなかったりする）などがあります。

③視覚障害の子どもへの支援と考え方

視覚障害のある子どもは、保育者が声をかけないかぎり1人の世界から飛びだすことはできません。保育者が見ているものをことばで伝えれば、子どもは保育者のことばを通して目の前に世界を広げることができます。

a. 基本的生活能力を育む

食事、衣類の着脱、排泄などは、まわりの人のしていることを見て真似ることができないため、手を添え、分かりやすいことばで、丁寧に繰り返し教えていくことが大切です。食べ方、食器の使い方、衣類の整理、排泄の後始

---

 i ）教育の対象となる視覚障害者は、学校教育法施行令第22条の3「両眼の視力がおおむね0.3未満のもの又は視力以外の視機能障害が高度のもののうち、拡大鏡等の使用によっても通常の文字、図形等の視覚による認識が不可能又は著しく困難な程度のもの」とされています。

通常の見え方

視野が狭くなる

視野の半分が見えなくなる

図2-3-2　視野の障害

末、手洗い、洗面、歯磨き、入浴など、全てに時間がかかりますが、同じ手順で、小分けにして（スモールステップ）繰り返し、擬音語や擬態語をたくさん使ってイメージしやすいことばで教えていきます[i]。なかなか動作を獲得できないため、つい手を出したくなりますが、見守って子どものできるチャンスを奪わないようにします。保育者が徐々に手を引いて「1人でできたね」とほめることで、子どもは自己有能感をもち、どんなことにも挑戦する力を手に入れていくでしょう。

b. 聞いて触って知ることができるようにする

　乳児期から聞いて触って外界のものを知っていくことは重要です。子どもに実際のものを触らせて「水だよ。冷たいね」「猫だよ。柔らかい毛だね」と声をかけ、生活や遊びの中で聴覚と触覚の発達を促すことが知的発達のポイントになります。

　また、子どもは触覚から入ってくる情報をつなぎ合わせて、全体のイメージをつくっていくことから、人の顔、身体部位、食物、道具、木や花などいろいろなものを手で触らせていきます。同じかたち集め、粘土、砂遊びなど、触覚を使って楽しめる遊びは発達には欠かせず、視覚障害の子どもにとって

---

[i] 擬音語の「ザアザア」「トントン」「ポン」といった音を表す表現や、擬態語の「つるつる」「ふわふわ」「さらさら」といった様子を表す表現を使うことで、状態がイメージしやすくなります。

触覚は外の豊かな世界を知る手掛かりであり、手指を通して、感触やものの大小、長短、上下左右などの概念も覚えていくことができます。また、外出して体験の機会を与えることが必要で、人形劇に行き観客の「恐い」「驚いた」という声を聞く体験を楽しんだり、人形に触ることで物語の世界に引き込まれる機会になったりします。

c. 人との関わりを楽しめるようにする

　保護者が自分に話しかけるときの声の調子や抱き方といった生理的な感覚によって、子どもは自分が大切に扱われているかを知っていきます。保護者との温かい感情交流が、ほかの人への関心になり対人関係の基礎になります。そこで保育者は、保護者の子どもへの働きかけのよいところを伝え、育児に喜びを見出せるように励ますことが大切です。

　保育者との遊びの中で、鈴の入ったボールやスイッチを押すと音が鳴ったり動いたりするおもちゃを使うと、子どもはまわりの人やものに関心を高めていくようになります。歌を歌いながら子どもをひざの上に乗せて身体を動かす触れ合い遊びやシーツブランコは、視覚障害の子どもが喜ぶ遊びです。音楽に合わせてマラカスやタンバリン、太鼓などの楽器を鳴らすことが好きで、リズミカルに身体を揺らして保育者と一緒に楽しむことができます。

　また、保育者は子どものまわりに誰がいて、何をしているかを伝え、子どもから友達に働きかけたり、遊びの中でもののやり取りができるようにしたりしていきます。子どもに突然指示するのではなく、「〜ちゃん」と子どもの名前を呼び、次に保育者の名前を伝えながら「〜してね」と言うと分かりやすい指示になります。

d. 安全に配慮できるように育む

　生活の場や遊びの場は、自由に動ける安全な場所であることが重要です。生活道具を同じ場所に置くといった道具の指定席化をしたり、危ないものを整理したりして、自分から道具やおもちゃを取りに行くという自発性を育てます。食事の場面も、熱い汁物、ご飯、おかず、飲みものの位置を手で確認させ、やけどをしないように配慮します。コップに水を入れるときも、コップの中に人差し指を入れ、水の量を確かめながら入れさせます。困ったとき

は「～はどこにありますか。教えてください」と、人にお願いできるような気持ちを育むことも大切です。整理された環境にすれば、率先して自分から手伝いをし、人の役に立つ喜びも与えられます。

　園内では、通路や床に不要なものを置かず、廊下は右側通行といった環境の整備をします。園内の移動では壁を触って伝い歩きをしたり、階段の昇り降りもできるようにしたりし、「ドアを開けて、スプーンを持つ手の方へ（右へ）10歩行くとトイレ」などと具体的に教えます。歩行指導は身近な狭い空間から外へと広げていき、初めに園庭に出るときには、子どもに保育者の腕やひじを軽くつかませて誘導する手引き[i]が必要です。成人の視覚障害者は、歩くときには白杖や盲導犬なども使うことがあります。白杖は安全な場所で練習し、徐々に園や家庭のまわりで使えるようにしていきます。

　特に、街を歩くときは危険な思いをすることが多く、視覚障害者誘導用ブロック（点字ブロック）の上に自転車が置かれていて、自転車をよけるために車道に出てしまったり、横断歩道をまっすぐに渡れず植え込みの中に入ってしまったりします。駅のプラットホームや階段は最も危険で、私たちから「一緒に行きましょうか」と声をかけることで安全に歩くことができます。

e. 見え方に合わせて支援する[ii]

　弱視の子どもへ絵本や工作の作り方を見せるときには、見やすい席に座らせたり、それぞれの見え方に合わせて絵を拡大したり、文字の大きさや太さ、図と地のコントラストに注意することが必要になります。

　以下は、著者が言語聴覚士としての関わりの中で出会った先生と子どもから学んだ事例です。

---

[i] 子どもは手で保育者の手首やひじを軽くつかみ、保育者は子どもの半歩前に立って歩き、安全に配慮したことばがけをしながら誘導します。手引き実施前に手引きの考慮点を学ぶことが必要です（芝田，2007）。

[ii] 文字や絵が際立つように輪郭線を入れる、背景と図のコントラストを明確にする、地を黒くし文字を白くするといった白黒反転、文字の拡大・太さ・書体への配慮といった補助を考えます。また、学習では書見台（ブックスタンド）、照明器具、拡大鏡（ルーペ）を使用する場合もあります（大川原・香川・瀬尾・鈴木・千田，1999）。

✱ 事例 2-6

視覚障害の子ども「自転車を触る」

担任の先生は、視覚障害の子どもが興味をもったものは、時間をかけて触らせ、部分をつなげて全体が分かるようにしていた。4本脚の椅子、3本脚の椅子をその子が納得するまで触らせ、いろいろな椅子があることを教えていた。「先生、どうして〜？」と質問されたら、すぐにそのものを持って来て、どういう仕組みになっているかを子どもが「分かった」と言うまで触らせていた。

自転車に興味をもった子どもが、ペダルをずっと触っているので、サドルや車輪も触らせたほうが自転車の全体が分かってよいのではないかと思ったが、先生はペダルがクルクル動くことを面白がって触っている子どもをじっと黙って見つめていた。後で先生にその場面について聞くと、「子どもの気付いたことを大事にしたかったんです。自分から能動的に触っていることを認めたかったんです。私が手を添えて、ここも触ってと言うより、自分で触りながらほかのところに移っていくことで、立体的なかたちを頭の中でつくりあげていくように思います。子どもは黙々と触って、私が気付かなかったペダルのギザギザに気付いて、それはなぜギザギザかを考えていました」と言った。

自転車のかたちを効率よく教えるのではなく、子どもが興味をもったところを時間をかけて触らせ、そのものから感じる様々なことに気付かせていたのだった。納得するまで触らせる実践は、心を動かし子どもの世界を広げ、子どもに知恵と学ぶ喜びを教えていたのだ。手は、子どもの目となり、私たちが見えていなかった豊かな面を子どもに見せ、子どもに感動を与えていたことが分かった。

子どもと同じように目を閉じて、様々なものを手で触ってみると、そこに広がる豊かな世界を実感した。子どもは私に教えてくれた。世界をいきいきと捉える方法を。目を閉じて、子どものように触ってみよう。

(2) 聴覚障害の子どもたち

①聴覚障害とは

聴覚障害の子どもには、まったく聞こえない子どももいますし、大きな声で話したり補聴器[i]や人工内耳[ii]を使ったりすることで聞こえる難聴の子どももいます。聞き取りづらさは一人一人違い、音がひずんで聞こえるという子どももいます。

耳のつくりは、外耳、中耳、内耳の3つの部分からできています。頭部の左右に付いている耳介から耳の穴（外耳道）、鼓膜までを外耳といい、鼓膜から奥に向かって中耳、内耳があります。私たちは、音をどのように聞いているのでしょうか。音は耳介で集められ、外耳道を通って鼓膜を振動させて中耳に伝わり、その振動が内耳に入り、聴神経を通って脳で音を認識し、何の音かが分かります（図2-3-3）。

外耳から中耳にかけて障害があることを伝音性難聴といい、耳を手でふさ

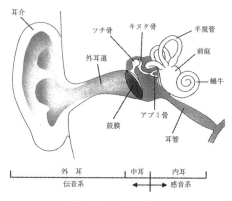

図2-3-3　耳の構造

我妻敏博　2003　聴覚障害児の言語指導：実践のための基礎知識　田研出版　p.6

---

i) 補聴器には、耳に掛ける耳掛け形、耳の穴に挿し込む挿耳形、イヤホンを付けて使う箱形があります。耳に入ってくる全ての音を大きく（増幅）するので、にぎやかな場所では話す人の声が聞き取れなかったり、周囲で一番大きな声や音が耳に入ってきたりして、会話が難しくなることがあります。

ii) 人工内耳は、補聴器の効果が得られない重度の感音難聴に適応されます。手術によって頭部に機器を埋め込みます。子どもの場合は聞こえた音が何の音かを訓練し、音声を理解できるようにします。

いだような聞こえ方になり、音が小さく聞こえるので、補聴器によって音を大きく（増幅(ぞうふく)）すれば音の聞き分けはよくなります。さらに、奥の内耳から聴神経に障害があることを感音(かんおん)性難聴といい、音がほとんど聞こえなかったり、雑音が入るラジオの音のような聞こえ方だったりし、補聴器を使っても音がゆがんで聞こえ、音の聞き分けが難しくなります。また、手術で人工内耳を埋め込み、音を知覚する訓練をして聞き取れるようになることがあります（廣瀬，2000）。そのほかに、感音性難聴と伝音性難聴の特徴をあわせもつ混合(こんごう)性難聴もあります。

ことばは、生後2〜3年のうちに急速に発達するため、聴覚障害の発見が遅れるとことばの獲得が遅れてしまうために、早期診断と療育、治療が重要になります。名前を呼んでも振り向かなかったり、大きな音にびっくりしなかったりという日常の観察からも聴覚障害を見つけることが大切です。

また、聴覚に障害があると「聞く・話す・読む・書く」のどれにも影響を与え、「話す」では自分の声を自分の耳で聞けないために発音が不明瞭になることがあります。「読む」ときにも理解できないことばがあったり、日本語の文法通りに文を「書く」ことにも苦戦したりします。外側から障害が見えないために、周囲の人に大変さが伝わりにくく誤解を受けることもあります。

ダウン症や知的障害の子どもの中にも難聴の子どもがいます。皆と一緒に動いているから聞こえているだろうという思い込みは危険です。聞こえないためにまわりの人を見て懸命に合わせ、緊張しながら生活していたり、指示が分からなくてあきらめやすくなっていたりすることに配慮が必要です。

このような聴覚の障害がある子どもは、皆が楽しく話していたり、笑っていたりする輪の中にいて、どんなことを思うのでしょうか。「何を話しているのかな」「なぜ笑っているのかな」と、話が分からない寂しさを感じていることでしょう。皆の話していることを知りたいと願う子どもの思いを受け止め、保育者が分かりやすく伝えることで、子どもに分かる喜びを与えてあげることができます。

表2-3-1　聴力レベルと聞こえ

聴力レベル[i]		聞こえの状態（個人差があることに注意）
軽度	26～40dB	小さい音が聞き取れないときがある。聞き間違えや聞き返しが多く、テレビの音を大きくすることがある。
中等度 準重度	41～55dB 56～70dB	普通の会話が聞きづらく、大声なら聞き取れることがある。
重度	71～90dB	耳元で大きな声で話しても聞きづらい。
最重度	91dB以上	補聴器を使えば、音があるかないかの判別は可能になることがある。日常音はほとんど聞こえないことが多い。

②聴覚障害の原因と特徴

　聴覚障害になった時期により先天性と後天性に分けられますが、原因が分からない場合も多く、成長してから聴力を失う中途失聴もあります。聴覚障害の原因には、遺伝や、妊娠中の風疹によるウイルス感染、薬の副作用、早産、乳幼児期の髄膜炎やはしかによる高熱、頭部外傷などがあり、中耳炎を繰り返すことで難聴になることもあります。伝音性難聴は、外耳道閉鎖症、中耳炎、中耳奇形などによって起こり、感音性難聴は遺伝や母胎内での感染、出産時の問題などによって起こります。

　聞こえの程度は、デシベル（dB）という単位で表され、その子どもが聞くことができる最も小さい音の大きさで表されます。自動車のクラクションが110dBですが、その音が聞こえない子どももいます。コミュニケーションは聞こえ方に合わせ、手話、指文字（文字を手の形で示す）[ii]、文字（筆談）を活用し、補聴器・人工内耳の装用によって聴覚活用も考えていきます。また、聴覚が活用できる難聴の子どもは、話し手の口のかたちや舌の動きを見て音声言語を理解したり（読話・読唇[iii]）、声を出して話したり（口話）す

---

i) WHOによる聴力障害程度の分類。

ii) 日本語の語順に従って表出する〈日本語対応手話〉と、日本語の文法どおりではなく表情や手の動きを豊かに使う〈日本手話〉などがあり、指文字も使います。指文字は、50音の一つ一つを指のかたちで表現します。また、キュードスピーチは、たとえば日本語の「か行」などの行を手指のかたち（キュー）で示し、〈口の動きを母音〉で「い」と示すと「き」を表現できるという方法です。

iii) 読唇は「唇の構えや動きを見て相手が何と言ったか1音1音の音声を読み取ることである。実際には顎や頬の動きも情報源となる。単音節レベル（ひらがな1文字に相当）では同じ口の形でいくつもの音声が出せるので（これを同口形異音という）、読唇のみで話しことばを正確に受容することは非常に困難である。例えば「ママ」「パパ」「ババ」は同じ口形になる」（我妻, 2003）。

ることができます。状況や相手に応じて、これらのコミュニケーション手段を選んで使うトータルコミュニケーション[iv]という方法もあり、様々な職業に就いて活躍している聴覚障害の人々がいます。

③聴覚障害の子どもへの支援と考え方

聴覚障害の子どもへの支援では、保育者は、眼差しことば、表情ことば、身振りことばを豊かに使いましょう。子どもたちは、保育者の眼差し、表情、身振りをじっと見つめています。

a. 人と関わり合う楽しさの中でやり取りを育む

聴覚障害の子どもへの支援では、まず、「共に」の関係をつくることが重要です。聞こえない、話せない子どもの世界を知るために、子どもが興味をもったものに、いち早く気付くことが大切です。子どもが見たものを保育者も共に見てみましょう。子どもが望むことを察知し実現してくれる大人に、子どもの心は開かれます。そして、思いを伝えたいという気持ちが高まり、表情や声、身振り、身体の動きで表現してきます。子どもの思いや感動、驚きなどを受け止め、共感のことばや表情で「わぁ、〇〇だね」と伝えます。また、保育者とリズムに合わせて一緒に手や身体を動かしたり、踊ったり、触れ合い遊びをしたりして、笑ったり見つめ合ったりして、人と関わる楽しさを教えます。関わりの中で、ことばは育まれます。

子どもがじっと見つめているものに気付いて保育者も見つめ（共同注意）、子どもが「これなに？」と保育者の顔を見て尋ねてきたら、見ているもの、興味をもったものを手話や指文字、文字、音声などの子どもが理解できる方法で伝えます。先回りしてものの名前を教えるのではなく、子どもが感じていることを共に感じようとしなければ、ことばの土壌はつくれません。なぜなら、ことばは分かち合うものだからです。子どもが興味をもったものを、子どもと一緒に写真や絵本、絵と名称が出ている絵辞典で確かめたり、手話や身振りで体験したことを伝え合ったりします。「ことばをもっと知りたい、

---

iv) 聴覚障害児の子どもに、あるコミュニケーション方法を適合させるのではなく、子どもに応じた方法を選択すべきだとする考えが台頭しました（都築, 1998）。

聞きたい」という気持ちを育てると、子どもはきらきらした目で、つぎつぎと「これなに？」と聞いてきます。そして、保護者へ子どもが興味をもっていること、得意なこと、あと少しでできることを伝えましょう。保護者と子どもと共に「できた！」と喜ぶ教育・保育の中で、子どもの自己有能感の花は開いていきます。

b. 聞き取れる・ことばが分かる喜びを育む

　読話や口話ができる子どもには、保育者は下記のような伝え方をすることが大切です。

1) 子どもの正面で目の高さを合わせ、口のかたちと表情を見せながら話しかけます（山田，2011）。
2) 騒がしいところは聞き取りにくいので、なるべく静かなところで、一対一で大きめの声ではっきりと話します。
3) 話すときは口と舌の動きをよく見せ、特に舌が口腔器官のどこに接触するかを見せると理解しやすく、また発音するときの手掛かりになります。
4) ことばはまとまりごとに区切って、意味が伝わるように話します。
5) 話すときは、初めに何の話をするのかを伝えます。
6) 「聞こえる？」「声の大きさはよい？」「速さはよい？」と確認します。
7) 話すと同時に子どもの表情からも理解したかを受け止めます。
8) 子どもに伝わっていないときは、別なことばに言い換えます。
9) 手話や指文字のほかに、身振り、表情、指さしなどもたくさん使って伝えます。身振りを付けるだけでぐんと理解しやすくなります。手話は手で表すことば、目で見ることばで、幼児にとっては理解しやすいことばです。
10) 複数の人が子どもに話しかけるときは、同時に話さないようにします。
11) 人の話を口形と補聴機器で判断するのは難しいことを理解します（中野・吉野，2000）。
12) 聞こえないときは、子ども自身から「もう一度」と依頼できるように促します。
13) 正しく発音できたときには、すぐに評価してあげると自信が付きます。

c. 安全に生活できるように育む

　聴覚に障害があって一番困るのは、危険回避が難しいことです。車が近付いてきても音が聞こえなかったり、災害の避難警報が聞こえなかったりすることです。そのために幼児期から、安全な歩き方や自分の身を守る工夫などを本人に伝えます。音をランプの点滅や振動、文字に換えられる機器を使ったりします。また、周囲の異変に気付いたら、手話や身振りで質問したり、メモや携帯電話を使って文字や絵で人に尋ねたりして、助けを求めることを小さいときから教えていくとよいでしょう。

d. 保護者に聴覚障害の子どもへの配慮について聞く

　保護者から補聴器や人工内耳機器の説明を聞き、電池交換、「ピーピー」という音がするハウリングの対処方法についてなど配慮します。ほかの子どもにも機器について説明し、大事なものだから触らないことなど、分かるように伝えます。

　以下は、著者が言語聴覚士としての関わりの中で出会った先生と子どもから学んだ事例です。

※ 事例 2-7

聴覚障害の子ども「アリを見る」

　聴覚障害の子どもが、庭でしゃがみ、じっとアリを見ていた。そのとき担任の先生は「アリ、アリだよ」と伝えずに、子どもと一緒にじっとアリを見つめていた。アリが巣穴の中に入ると、子どもは驚いたように先生の顔を覗き込んだ後、人差し指で穴をさした。先生も子どもと同じように驚いた顔をして子どもを見た後、人差し指で穴をさした。先生は子どもの鏡のようで、2人の身体は響き合っているように見えた。その後も子どもは、先生にアリはこんなふうに動いていたと身振りで伝えていた。

　そのときのことを先生に聞くと、先生は「すぐにアリと名詞を

教えてしまうと子どもの内面は育っていかないような気がするんです。アリが今どうしようとしているのか、アリは何をしているのかをじっと観察させたかったんです。自分から興味をもって観察することの喜びを感じさせたいなあと思って」と話してくれた。

子どもが自然をじっと見つめて、何かに気付いて感動する。そのとき横で一緒に感動してくれる先生がいる。子どもはさらに自然の不思議を見付け、学ぶ喜びにひたっていく。学ぶことが楽しいと実感した子どもは、自分から豊かなことばの海にも向かうはずだと確信した出来事だった。

演習課題 6

アイマスクを使ったり、目をつぶって指示を聞いたり動いたりする体験をしてみましょう。視覚に障害のある子どもが、どのような感覚を使って生活しているかが分かる貴重な体験になります。ただし、以下の点に気を付けて、疑似体験をしてみましょう。

①視覚障害の子どもにとって、いきいきと感じられるものは何かを探し、その豊かな世界を知ることをまず一番に考えてみましょう。

②子どもが生活する場所（玄関・室内・園庭）で、子どもの聴覚、触覚、嗅覚など感覚の使い方を知ってみましょう。

③園内の環境が危険でなく、部屋の位置や道具の場所が分かりやすく示されているか確認してみましょう（各部屋の入口や非常口が分かるように、人形や印を付けて知らせているかなど）。

④子どもへの課題の説明や話し方、指示の出し方を保育者同士で聞き合い、分かりやすさ、話す長さ・速度、声の強弱について感想を述べ合ってみましょう。また、絵本を読んで、どのような絵本がイメージしやすいかなども話し合ってみましょう。

⑤活動や工作などを保育者同士で手を添えて教え合い、手のどこを、どのように持つと自発的な学習になりにくいかなど、感想を言いながら適切な支援方法を探してみましょう。

この疑似体験は視覚障害の子どもだけでなく、視覚から情報を取り込みに

くい障害のある子どもを理解するためにも有効な体験になります。

ことばの発達に障害のある子どもへの理解と支援

(1) ことばの発達に障害のある子ども

「ことばをなかなか話さなくて」と母親は思いつめた表情で、子どもを見つめながら保育者や療育者に話しかけてきます。療育の場面では、「ことばが遅れている」という相談が最も多く、ことばが遅れていることで家族は初めて子どもの発達に問題があることに気付くことが多いのです。ことばを話さない子どもを前に「障害があるのだろうか」と家族は不安を抱え、思いつめた表情で「この子は話せるようになりますか」と聞いてきます。

ことばは、周囲の人、もの、音など環境から刺激を受けることによって耳や目の機能が発達し、ことばが出るようになり、さらに脳の機能が成熟することで発達していきます。しかし、子どもに周囲からの刺激や働きかけを受け止められない発達上での障害があると、ことばの発達は遅れます。ことばは幼児期に爆発的な勢いで発達するため、その時期にことばの発達に対する適切な支援を受けることが望まれます。

ここでは、ことばの発達の障害全体への理解と支援について述べ、その後に、様々なことばの発達の障害への理解と支援、事例をあげます。

①ことばの発達の障害とは

ことばの発達の障害とは、ことばの理解や表出が、子どもの年齢から見て期待されるレベルまで達していないために、子どもが日常生活や教育や保育の場面で支障(ししょう)をきたしている状態をいいます。通常では、1歳ごろに初めて

ことばが出て、数十語の単語が出た後、2歳ごろに二語文を話すといった言語発達の順序性があるので、こうした発達の指標から言語発達の遅れを考えます。ただし、言語発達は個人差も大きく、2歳を過ぎて発語する定型発達の子どももいるので、子どもの発達全体から観察することも大切です。

　言語が発達するには重要な基盤がいくつもあり、その基盤に問題があると言語の遅れが生じ、それぞれの特性が示されることになります。言語が遅れるのは、聴覚機能の障害（聴覚障害）、口腔機能の障害（発音に問題がある構音障害、脳性マヒ）、認知機能の障害（知的障害）、社会性の障害（自閉症スペクトラム障害）、言語の中枢の障害や言語環境の問題があるときです（石田・大石，2008；藤田，2015）。

　言語の中枢の障害では、明らかに知的な障害がないのに言語のある領域が遅れる子どももいて、その状態像は様々で診断が難しい場合があります。また、言語環境ではことばの刺激が極端に少ない中で養育されると、ことばの発達が遅れます。ことばを獲得するのに適切な時期（臨界期）[i]を過ぎると言語の習得は難しくなるとする仮説や、子どもは爆発的な勢いでことばを獲得する敏感期があるとする仮説もあり、豊かなことばの環境が必要であるかが分かります（岩立・小椋，2005；山田，2011）。

　ことばの遅れは、各障害の特性から見ると同時に、下記の5つの側面からも考えることが必要になります。「りんご」を例に解説します。

1）ことばの理解（言語知識）　…〔りんごは赤くて丸い果物〕と分かる
2）ことばの表出（音声言語）　…「りんご」と言える
3）聴こえ（ヒアリング）　　　…「りんご」と聞こえる
4）コミュニケーション　　　　…「りんごが食べたい」と人に言える
5）摂食、嚥下　　　　　　　　…りんごが食べられる（噛んで飲み込める）

[i ）レネバーグが1967（昭和42）年に、ある国で生まれ育った子どもがその国の言語を獲得するのに、ある年齢を過ぎると難しくなる臨界期があるとした仮説です。

言語獲得では、子どもがりんご（もの）をさして、保育者が一緒に見る〈共同注意〉[ii]といった、子どもと保育者とりんご（もの）の〈三項関係〉[iii]が重要です。

　保育者が子どもに「りんご、どれ」と言ったときに、子どもに聞こえて、子どもはりんごが分かって指をさせますか。りんごがほしいときに子どもが「りんご」と言ったり、指さしや身振りで要求できたりしますか。りんごを食べるときに口を閉じて、よく噛んで飲み込めていますか。

　食事は、舌や口のまわりに筋肉を付け、唇やあごの運動を活発にする発音のトレーニングになります。保育者の「お口を閉じて、もぐもぐ、かみかみ、ごっくん」の声かけが言語発達を促すわけです。

②ことばの発達に障害のある子どもへの支援

　ことばの発達に障害のある子どもへ配慮した指示が、クラス全員にとっても分かりやすい指示になることがあります。たとえば、聴覚障害の子どもがいるクラスで手話や身振りを付けながら指示すると、難聴のダウン症の子どもにとっても、音声言語の理解が不得手な知的障害の子どもにとっても、目で見て理解することが得意な自閉症スペクトラム障害の子どもにとっても、分かりやすくなります。定型発達の子どもも、幼児期は大人のことばを全て分かるわけではありません。音声だけで指示するのではなく、表情や指さし、身振り、絵を十分に使い、分かりやすく伝えることが必要になります。

　ことばの発達に障害のある子どもは、ことばが分からないことで不安になり、クラスに居場所をなくして逃げようとしたり、やる気を失って受け身になったりすることがあります。思いを表現できないつらさを乱暴な行動で現すときも、困った子と見るのではなく困っている子と見ることが大切です。

　また、保育者は、保護者の支援を通して子どもを支援することが重要な課題になります。保護者は子どものことばが遅いことを心配しながらも、障害

ⅱ）共同注意とは、注意を向けて見たものや指さしたものを、他者も同じように注意を向けることをいいます。子どもが注意を向けたものに保育者が気付いて、一緒に関心を共有します。

ⅲ）三項関係とは、「自分と他者ともの」「子どもと保育者ともの」の三者の関係を表します。

と診断されることへの不安や、いつか話せるようになるかもしれないという期待の中で小学校入学まで様子を見ようとすることがあるからです。

　保護者が「ことばが遅いのは私の育て方が悪いから」と自分を責めて、子どもと楽しく関われないことは問題です。「ことばさえ出れば」と思っている保護者に、その子どもの長所や魅力を伝えていく必要があります。言語発達の心構えとして、保護者には、「子どもの見たものに気付く・子どもに伝わるように短く話しかける・子どもとのやり取りを楽しむ」の3つを伝えましょう。朝は「おはよう」、子どもが保護者を見たらすぐに「なあに？」、くすぐり遊びで「キャッキャッ」、雨が降ってきたら「あっ、雨だ」、夕焼けを見て「きれいだねえ」、寝るときに「本を読もう」という心地よい語りかけが、子どもの心に届き、ことばが育まれることを保護者に話します。

　子どもは発語するまでに、大人からあふれるほどことばをかけられ、見えないところで1年以上ことばの根を伸ばし続け、やっと「ママ」「パパ」という小さな芽を出すのです。ことばを育むには、まず「ママ」「パパ」と呼ばれたいと願っている保護者を支えます。ことばに遅れのある子どもにも話しかけをやめない、ことばの根っこづくりの達人は保護者と保育者です。

(2) 様々なことばの発達に障害のある子ども

①聴覚に障害のある子どもの言語発達

a. 聴覚障害の言語とは

　乳児の聴覚では、出生直後から母親とほかの人の声を聞き分け、乳児は3〜4か月ごろ、自分の出した声を自分で聞くこと（聴覚的フィードバック）を楽しむようになります。母親の声に敏感に反応し母親とのやり取りを楽しみ、発語となることからも、聴覚が言語発達に重要な役割を担っていることが分かります（正高, 1993）。聴覚に障害のある子どもは、まったく音や声が聞こえなかったり、軽度から重度までの難聴があったりします。聴覚障害の子どもはコミュニケーションを取るときに、手話、指文字、補聴器・人工内耳の装用、文字（筆談）を使います。また、難聴の子どもは、話し手の口

のかたちや舌の動きを見てことばを理解したり（読話）、声を出して話したり（口話）します。読話によることばの理解は難しく[i]、ことばの獲得が遅れます。目に見える具体的な単語は覚えやすいのですが、抽象的なことばの理解や助詞の使い方が難しく、語彙も増えにくいことがあります。聴覚に障害があると自分の声が聞けず、発話が不明瞭になります。耳の聞こえる聴者との会話が難しいために、消極的になることもあります。

b. 聴覚障害への言語支援

　ことばの発達が遅いと思われる子どもには、まず聴覚に障害がないかを調べることが重要です。子どもの耳元で指をこすったりささやいたり、後ろから話しかけたりすると気付くかを調べ、心配があれば聴力検査を実施します。

　難聴が発見されなかったために、言語発達が遅れる子どももいます。難聴の子どもは補聴器を使っても聞こえにくいことを理解し、子どもの正面に立って、口形を見せ、静かな場所で、明瞭な声で伝えることが必要です。子どもにも、聞こえなかったときには、「もう一度言ってください」「ゆっくり言ってください」「紙に書いてください」と自分から人に頼めるように促します。

　聞こえに困難がある子どもは、見て理解する優れた力があるので、話すときには口のかたちや、舌が口の中のどこに当たっているかを見せることで、ことばを判別する手掛かりになります。また、ことばの意味は絵や文字で示し、語彙を増やすことも大切です。手話を使ってコミュニケーションするほかに、耳の聞こえる聴者には手話を付けながら口話を使うことで、手話と口話から伝えたい内容を判断してもらったり、手話を覚えてもらったりできることを伝えます[ii]。

②口腔機能に障害のある子どもの言語発達

a. 構音障害・脳性マヒの言語とは

　口腔機能の障害には、唇や舌をうまく動かせないために正しい発音ができ

---

[i] 同じ口形で違う意味のことばに同口形異音語（例「たまご」と「たばこ」）があり、読話での難しさになります（第2章3（2）聴覚障害の子どもたち 参照）。
[ii] 第2章3（2）聴覚障害の子どもたち 参照。

ない構音障害や脳性マヒのような障害があります。**構音障害**は話しことばの音に異常がある状態で、声やことばを出す器官が十分に発達していない場合と、生まれつき口腔器官の形態に問題がある場合があります。人は、肺から呼気を吐きだし、喉の声帯を震わせて発声し、その音を口唇、舌、歯、頬などを使って様々な音にして、口から外にことばとして出します。そこで、呼吸・発声器官の形態、または脳から発声器官を動かす指令のどちらかに問題があっても、うまく音声が出せません。

　構音障害は、口の中の形態に異常がある「器質性の障害」、唇や舌を思うように動かせない「運動性の障害」、器質や運動の異常がない「機能性（働き）の障害」に分けられます。器質性の障害には生まれたときから唇の一部に裂け目がある口唇裂、口の中の天井に裂け目がある口蓋裂などがあり、聞き取りにくい話し方になります[ⅰ]。運動性の障害には脳性マヒがあり、運動の障害があるために呼吸が難しかったり、ことばを言うまでに時間がかかったり、不明瞭な発音になったりします。また、聴力に問題があると正しく聞き取れず、構音に影響を与えます。

b．構音障害への言語支援・事例

　幼児は舌を動かすのがゆっくりだったり、口腔器官も完成していなかったりするため上手に発音できませんが、徐々に正確な発音になっていきます。小学校入学ごろまでに正常な構音を獲得する子どもが多いのですが、顕著な遅れがある場合には、まず言語聴覚士と相談して訓練が必要かを相談します。構音障害の子どもに、「えっ、聞こえなかった」「もう1回言って」と何度も聞き返したり話し方を注意したりして、話すのが苦手にならないようにすることが最も重要です。また、話すときに皆でじっと見つめて緊張を高めさせないように配慮します。

　構音障害の支援では、魚を子どもが「チャカナ」と言ったら「サカナね」と正しい音を聞かせて、自分で音の違いに気付けるようにします[ⅱ]。保育者

　ⅰ）器質性の障害には舌の裏側にあるスジ状の舌小帯が短い舌小帯短縮症があり、観察で発見できます。
　ⅱ）発音の誤り方によって以下のように区別されます。〈置換〉はある音をほかの音に置き換え発音（「サカナ」を「タカナ」）、〈省略〉は子音が省略されて発音（「サカナ」の「サ」の子音が抜け落ちて「アカナ」）、〈歪み〉は日本語の音として聞き取れない歪んだ発音になります。

は子どもが音を聞き分けられるように明瞭な声で話すことが大切です。食事でも、唇を閉じてよく噛んで食べるように促すと、唇や舌、あごの動きが活発になり発音を改善することができます。また、ラッパを吹いたり風船をふくらませたりして遊ぶのも効果的です。そして、保育者は子どもにとって話したい人になって、話し好きの子どもにしていきましょう。

以下は、著者が言語聴覚士としての関わりの中で出会った子どもから学んだ事例です。

※ 事例 2-8

構音障害の子どものことば 「話しかけないで」

構音障害のトシくんに挨拶すると下を見たまま顔をあげないので、聞くことも難しいのかなと思って観察していると、友達に声をかけられると短く答えていた。でも、ことばが聞き取りにくいために友達に何度も「もう1回言って」と言われ、途中で言うのをあきらめる様子があった。「本を読むのが好きなんだよ」と言う友達のことばどおり、休み時間になると本を読み、誰も声をかけなかった。でも不思議なことに同じページをじっと見つめているだけで、トシくんは本を広げて、皆と話さなくても済むようにしているようにも見えた。

個室で私と2人になると表情が和らぎ、トシくんはゆっくり大きめの声で話し、明瞭な発話になった。「今の君の話し方でいいよ。ただ、ゆっくり大きな声で話すことはできる？」と私が言うと、トシくんの目から涙がこぼれた。トシくんは「ぼくの話し方ではだめだ」とずっと思っていたのではないかと感じた。

次の日の朝、玄関で大きな声で挨拶するトシくんの声が響いていたと聞いて心が躍った。3か月後、廊下で私にハキハキと話しかけてくれたのはトシくんだった。トシくんのうまく話せないつらさを受

け止め、できないところに目を向けるより、今できることを伝えると涙の顔が笑顔になることを、トシくんは私に教えてくれた。

c. 脳性マヒへの言語支援・事例

　脳性マヒは、脳の病変に基づく運動および姿勢の障害で、その障害の程度や状態が多様なため、子どもの運動機能、知的発達、年齢、環境などを考慮して支援します。自分の才能を生かした仕事をもって社会で活躍している脳性マヒの人もいます。

　脳性マヒの子どもへの支援では、話しかけても反応が弱かったり、答えるまでに時間がかかったりすることで働きかけが少なくならないようにし、また、子どもの表出を先取りせずに待つことが大切です。子どもには2つのうち1つを選択するという表現しやすい機会を与えれば、自分の思い通りになる喜びを与えることができます。表出しにくい子どもにも「どっちにする？」と聞き、選択する表現方法として、「まばたき・目を動かす・指をあげる・フウと呼気を出す・のどの奥を鳴らす」などを使えるようにします。リラックスした姿勢で声が出せるようにし、よく使うことばから教え、正確な構音にこだわらず、人と楽しく話す体験を十分に積み重ねられるようにしていきます。

　発話が困難な子どもには、身振りや絵・マーク（シンボル）をさすことを教えたり、ボタンを押すと声の出るトーキング機器[i]を使ったりして表現できるようにしていきます。人とコミュニケーションできる方法を考えることを支援の第一にします。そして、自由に動けないために活動が制限され、体験が不足して語彙が増やしにくかったり、生理的な発声の弱さと不明瞭さ

---

[i] 音声や筆談によるコミュニケーションが難しい子どもが使うコミュニケーション支援機器です。ボタンを押したり50音のキーを押して文をつくったりして、音声出力や画面表示で相手に自分の考えや思いを伝えます。

[ii] プレスピーチ・アプローチでは、口、舌、あごをよく使って上手に食べる練習（アプローチ）をし、口腔機能を発達させることで、そのまま発音の改善となるので、ことばの訓練より子どもには取り組みやすくなります。

によって文を省略して話したりすることにも支援をしていきます。

　食事を通して呼吸のコントロールや口腔器官の動きを引きだすことをプレスピーチ・アプローチ[ii]）といい、それは明瞭な発音を獲得する手立てにもなります。自分1人で食べられない子どもにとって、上手な食事介助と丁寧な声かけで、食事が保育者との温かい感情交流の時間にもなります。

　以下は、著者が言語聴覚士としての関わりの中で出会った子どもから学んだ事例です。

※ 事例 2-9

脳性マヒの子どものことば　「あっ」がぼくの返事！

　トモくんはアテトーゼ型の脳性マヒで、突然質問をされて応えようとすると全身が突っ張って声が出なかったが、「はい」という返事の代わりに「あっ」という声を出すことができた。トモくんの好きな絵本を目の高さのところに表紙が見えるように並べ、絵本を見ているなと気付いたら「この本？」とさすと、自分が見たい本をさしたときに「あっ」と声を出した。次にページを開けて「これとこれ、どっちが好き？」と聞き、最後に答えをまとめ、「トモくんは動物の中ではライオンと○と○が好きなのね」と言うと声を出して笑った。

　トモくんは聞いてほしいんだと思った。ネコを飼っているからネコ科の動物が好き、音楽はモーツァルトが好きと、内面の豊かさが分かってきた。話せないから思いを聞いてもらえないということがないようにしなければならないと強く思った。「選択できること」と「思いを伝えられること」が、トモくんをどんなに幸福にするか、トモくんのうれしそうな笑顔は饒舌に物語っていた。

③認知機能に障害のある子どもの言語発達

a. 知的障害の言語とは

　知的活動とは、見たり聞いたりした情報を取り入れ、その情報を脳の中で整理し、ことばや運動で現し、表現したことが正しかったかを確かめられるという一連の過程のことをいいます（石田・大石，2008）。知的な障害があると、まわりの人のことば、音、ものなどの刺激を取り入れることが難しかったり、一部だけ取り入れたりするため発達に大きな差が出てしまいます。また、覚えられる量が少なかったり、ずっと覚え続けておくことが難しかったりします。聞いた音と唇、舌、あごの動かし方を関連付けられないために話せなかったり、自分が正しく話せたかを自分の耳で聞くことができなかったりします。

　知的に障害のある子どものことばの発達が遅れる理由は、ことばに注意を向け、正確にことばや音の数を聞き取ること（音韻認知）、聞き取ったことばを頭の中でイメージすること（表象形成）、ことばを記憶して覚えておくこと（記憶）などが難しいからです。また、ことばを正確に言えたかを確認しながら話すこと（聴覚的フィードバック）も不得手です。さらに、ことばを覚えるには、ことばがいくつの音でできているかが分からなければ話せません。「ママ」ということばが2つの音だと分かると、子どもは「あ・あ」と2つの音を出します。保護者や保育者の口の動きが速いために口形や舌が音ごとにかたちを変えることに気付きにくかったり、定型発達の子どものように音声を聞いただけで口や舌を自在に動かして話すことができなかったりするわけです。

b. 知的障害への言語支援・事例

　知的に障害のある子どもにどのように声をかけるかによって、言語発達が促されたり、伸び悩んだりします。その言語発達の重要なポイントを〔S・S・S・R〕（3SR）スリーエスアールで表わすこともできます。余計なことは言わず、子どもの目を見ながら、ゆっくり（slowly）、短く（shortly）、簡単に（simply）、繰り返す（repeat）と、子どもはことばを理解しやすくなったり、表現しやすくなったりします。「先生のことばを分かりたい」と思っている子どもへの

ことばがけを、保育者が少し変えるだけで「ことばが分かる」喜びを与えることができます。また、子どもが興味をもっている話題を、「日常でよく使うことば」から場面の中で教えていくことも効果的です。

ダウン症の子どもは、伝音難聴を合併することが多く、その主な原因は滲出性中耳炎[i]で、治療が終わると言語発達が進む子どもがいます。乳児期に聴力検査をすることが大切になります。また、舌が大きいため口を閉じるのが難しく、聞き取りにくい発音になることがあるので、食事のときに口を閉じてよく噛むことを習慣付けます。それによって口のまわりの筋肉も発達し、発音にもよい影響を与えます。また、保育者が身振りを付けて話しかけると、模倣が得意なダウン症の子どもは身振りを覚え、発話が不明瞭でも身振りを付けながら話すことで相手に理解されやすくなります。

知的に障害のある子どもの言語指導では、生活でよく使う定形文をそのまま教え、場面で使えるようにしていきます。また、絵カードの裏にその絵の名前を仮名で書き、名前を言いながら回転させるフラッシュカードは、絵や仮名、音声を一度に結び付けて教えられる学習方法の1つです。

以下は、著者が子どもとの日々の生活の中でことばを育んだ実践事例です。

※ 事例 2-10

ダウン症の子どものことば 「ママ」と言えた！

ダウン症のヒロくんは発語がなかったが、移動は誰よりも速く、周囲の人から「話せないけれど、ことばは分かっている」といわれていた。ある日、体操服に着替えたヒロくんに私が「体育館に行って」と言うと、元気よく走って行った。けれど、ヒロくんは体育館にはおらず、誰も来ない運動場で怒って待っていた。口頭での指示を理解したのではなく、体育はいつも運動場で行っていたことから判断したことが分かった。ヒロくんは、ことばを理解できず、まわりを見て懸命に動いていたと分かり、胸が痛んだ。

ⅰ）滲出性中耳炎は、鼓膜の奥の中耳に液体がたまり聞こえが悪くなります。子どもが発症しやすく、放置しておくと難聴になることがあるので早めに治療することが必要です。

ヒロくんは、状況から判断するため、間違って行動することが多かったので、私は身振りを付けて指示した。すると指示を理解し、私の身振りを笑顔で真似するようになっていった。私の口形も真似るかなと考え、口を閉じてぱっと口を開き「ま」と声を出すと、ヒロくんも同じように「ま」と発語した。私が「ママ」と言うと、ヒロくんも「ママ」と繰り返したのだ。「一度でもいいから『ママ』と呼ばれたい」と言っていた母親が、「ママって言ってくれた」と涙を流した、その日を忘れることはない。子どもが話せるようになった、その場にいられた幸福な時間だった。

④社会性の発達に障害のある子どもの言語発達

a. 自閉症スペクトラム障害の言語とは

　自閉症スペクトラム障害の子どもは、社会的なコミュニケーションと対人関係の障害があり、感情を共有しにくいために言語発達への支援が重要になります。話すことができない子どもから会話が可能な子どもまで、様々なことばの特徴があります。相手の気持ちを想像したり、表情を読み取ったりすることが難しく、一方的に自分の興味のあることを話したり、相手の感情を害することを言ったりします。見たことや聞いたことをまとめる力（統合）が弱いために一部だけを見て表現したり、前後の文脈から考えられないために字句通りに受け止めたりします。人のことばを理解できず、相手から質問されたことをそのまま繰り返す（エコラリア）[i]子どももいます。

　また、感覚が人より過敏だったり、逆に鈍感だったりします。人に触られ「いや」と言ったり、転んでも痛みを感じにくかったりする子もいます。音

---

[i] 第2章8（1）② 自閉症スペクトラム障害の特徴「行動、興味、または活動の限定された反復的な様式」脚注 参照。

や声にも敏感で乳児の泣き声や大きな音に苦痛を感じ、部屋から飛びだしたりすることもあります。

b. 自閉症スペクトラム障害への言語支援・事例
1) 環境を整理し、これからやることを見て分かるように伝える

室内に展示物が多いと、目から入る刺激が多く、ことばを理解したり考えたりすることができなくなります。話しかけることばを、「頭の中で絵を描きながら聞いて」と伝えると理解できる子どももいます。予測できないことは恐怖になることも理解し、ことばだけでなく身振りや絵、写真で工作の作り方や1日の予定を示します。

2) 手本を見せ、練習させ、取り組ませる

ことばの理解が難しいときは、手本を見せ、練習させてから取り組ませます。友達とおもちゃの取り合いになったら、どのようにやり取りするかを手本で見せ、実際に練習させ、できたときはすぐにほめるようにします。

3) 見る力を使って、ことばを育む

話せない自閉症スペクトラム障害の子どもの中には、文字を手掛かりに話せるようになったり、口や舌の動かし方を見せることで話せるようになったりすることがあります。しかし、見て理解することが得意な自閉症スペクトラム障害の子どもは、一部分だけを見てその名前を覚えてしまうこともあります。たとえば、子どもが木の切り株の年輪を見ているときに「木」と教えると、年輪を「木」と覚え、公園の木を見ても木とは言いません。

4) 感覚の違いを理解して、ことばを教える

自閉症スペクトラム障害の子どもは、私たちが見たり聞いたり感じたりしていることと別の感じ方をしていることを理解します。シャツのタグが身体に突き刺さるようだったり、新しいズボンの生地がとげのように痛くて椅子に座れなかったりするときに、泣き叫ぶより「痛い」と言えば解決することを教えます。

5) 人と共に生きていくためのことばを育む

自閉症スペクトラム障害の子どもの支援では、友達の行動や気持ちに気

付かせていく関わりが重要です。ゲームや遊びを通して「○番め」という順番や「○ちゃんの次」と待つことを教えます。一番になれなくても「がんばる子が一番」と気持ちをおさめたり、友達が勝ったときにも一緒に喜べるようにします。友達が好きなものと自分が好きなものが違うことに気付かせ、人は自分とは違う気持ちをもっていることを幼児期に教えることは、最大の自閉症スペクトラム障害の支援になります。怒らず丁寧に教える保育者を支えにし、先が予測できない不安なときには、きっと保育者の腕を取って寄り添ってくるはずです。そのときの子どもから伝わる体温の温かさを受け止めてください。

　以下は、著者が子どもとの日々の生活の中でことばを育んだ実践事例です。

✻ 事例 2-11

自閉症スペクトラム障害の子どものことば 「ダー」と言える！

バスから降りてくると、毎日「ダー」と寝転ぶルイくん。「ヤダ」の「ダー」が彼のたった1つの発語だった。あるとき、「ダーしか言えないのではなく、ダーと言える」と、はっと気付いた。バスから降りたら、車が好きなルイくんにホンダの車を指さして私が「ホン」と言うと、ルイくんは「ダー」と言って自分から立ちあがり、一緒に車のところまでかけて行った。次に私がマツダの車を指さして「マツ」と言うとルイ君が「ダー」、次々と車を探しながら教室へ向かった。車が見えなくなったら、私の名前の「イシ」と言うと「ダー」と言いながら笑った。クラスに入ったらルイくんの大好きな『大きなかぶ』の本を見せ、私が「おばあさんをよんできまし」と読むと、ルイくんは「だー」と言った。次の日も同じようにすると、寝転ぶこ

となくクラスに向かうことができた。ルイくんの小さな手を握りながら、「ダーしか言えないのではなく、ダーって言える。興味をもっていること、今できることから始めよう」と心に刻んだ。
　一年後、クラスでは『おおきなかぶ』を1人で読むルイくんの声が響いていた。

演習課題 7

① ことばの発達に障害のある子どもの4つの事例を読み、その対応から学んだことや、子どもは保育者をどのように受け止めたかをグループで話し合ってみましょう。

② 子どものことばの発達の遅れは、それぞれの障害特性を見るだけでなく言語発達を5つの側面から見ることが大切です。5つの側面をあげ、言語発達の様子をどのように評価するかを具体的に考えてみましょう。

③ 保護者に言語発達の心構えとして3つのポイントをあげて説明するとき、保育者として保護者に実際にどのように伝えるかを考えてみましょう。

④ 聴覚障害、構音障害、脳性マヒ、知的障害、自閉症スペクトラム障害のある子どもは、ことばの発達が遅れていることで、どのような思いをもちやすいかを考えてみましょう。

⑤ ことばが分からないつらさを「疑似体験」してみましょう。
　2人組みになり、保育者役と子ども役になります。「ぺらぺらぺら〜」ということばだけを使って、相手に目の前の品物を動かすように身振りも付けずに指示をします。たとえば、保育者役は「えんぴつを持って」と言わずに、子ども役の目をじっと見つめながら「ぺらぺらぺら〜」と言います。次に役を交代します。
　ことばが伝わらない子どもの苦しみ、ことばがわからない苦しみを体験し、子どもの苦しみに視点を当て、学んだことをお互いに話し合ってみましょう。

5 重症心身障害児・医療的ケア児の理解と支援

(1) 重症心身障害児・医療的ケア児の理解

①重症心身障害児・医療的ケア児とは

a. 重症心身障害と呼ばれる子どもたち

重症心身障害児の定義として、大島の分類があります（大島，1971：図2-5-1）。この分類の1〜4を重症心身障害児と定義しています。さらに5〜9についても、たえず医療管理下に置くべき者や、障害の状況が進行的、合併症のある者のいずれかに該当する者についても、重症心身障害児といわれています。

つまり、身体障害、知的障害が共に重度で重複しており、高度な医学的管理を必要とすることが多い子どもたちが、重症心身障害児といえます。

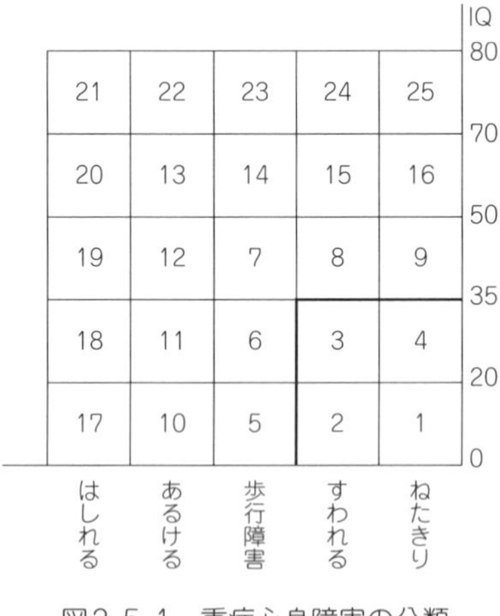

					IQ
21	22	23	24	25	80
					70
20	13	14	15	16	
					50
19	12	7	8	9	
					35
18	11	6	3	4	
					20
17	10	5	2	1	
					0
はしれる	あるける	歩行障害	すわれる	ねたきり	

図2-5-1 重症心身障害の分類

大島良一　1971　重症心身障害の基本的問題　公衆衛生35　医学書院　p.650

b. 重症心身障害の原因疾患

　重症心身障害児の原因疾患としては、脳性マヒや重度知的障害、脳脊髄膜炎後遺症、てんかんなどがあげられます。

②重症心身障害児・医療的ケア児の特徴

a. 自分で動くことができない

　重症心身障害の子どもたちは、自分で動くことが難しく、移動するときには介助を必要とします。ほとんどの子どもたちは首が座っておらず、お座り姿勢を取ることもできません。ハイハイやいざりなども難しいため、常時寝たままの姿勢でいることが多いです。自分で動ける場合でも、寝返りや背這いなどでわずかな距離を這う程度です。

　動くことのできない理由の1つに、筋肉の緊張状態いわゆる筋緊張が極端に高いか低いということがあります。私たちの筋緊張は、動こうと思ったときにいつでも動くことができるように準備されている状態にあります。しかし、筋緊張が極端に高いとストレッチに対する抵抗が高く、すぐに動くことはできません。そうすると、同じ姿勢を取り続けることになります。反対に、筋緊張が低いとストレッチに対する抵抗もなく、身体を支えるために力を持続させられず、姿勢を保つことが困難になります。

　さらに、全般的に運動量が少なく日光に当たる機会も少ないため、骨粗鬆症になりやすく、少しの外力でも骨折を起こすことがあります。

b. 拘縮や変形

　筋緊張が極端に高い子どもたちが常時同じ姿勢を取ったままでいると、その姿勢で身体が固まってしまうことがあります。固まったまま動けなくなった場合を拘縮、本来の身体構造とは違う形になって元に戻すことが難しい場合を変形といいます。重症心身障害児に多い変形として、胸郭変形や側弯、wind blow変形などがあります。胸郭変形は、胸部が窪んだかたちに歪みます。側弯は、本来左右対称である背骨がどちらかに弯曲してしまいます。重度な側弯は、内臓への圧迫や胸郭の運動を妨げるなど生命維持にも影響を与えることになります。wind blow変形は、股関節が風に吹かれたように（wind

図2-5-2　wind blow変形

blow）どちらかに傾いたままでいる姿勢のことです（図2-5-2）。

c.　内部障害

　消化器系、呼吸器系などの疾患のある場合を内部障害といいます。これらの障害があると、高度な医学的管理を必要とすることが多くなります。消化器系の疾患で代表的なものは、胃食道逆流症です。口から食べたものは食道から胃へ入ると戻ることなく消化しますが、胃の入口が完全に塞がれていないことなどが原因で、いったん胃に入った食物が食道へ逆流します。症状は頻回な嘔吐や誤嚥性肺炎、喘鳴などです。

　食べ物を口から摂取することが難しい嚥下障害（誤嚥）がある場合もあります。食べたものが食道ではなく気道に入ってしまうので、むせたり、むせずに常に胸がゼエゼエしていたり、無症状の場合もあります。誤嚥が多く経口摂取が難しくなると、経管栄養や胃瘻[i]を増設することがあります。

　消化器系のそのほかの疾患では、イレウスや便秘などがあります。イレウスとは運動が制限されていることで、腸管の動きが悪くなることです。便秘は運動の制限に加え、水分不足や腹圧がかけられないことなどから起こります。

　呼吸器系の疾患では、呼吸障害があります。主なものに、気道が狭くなる（閉塞）ために空気を肺から吐ききることが困難になる閉塞性換気障害と、肺や胸郭のふくらみが制限されるために空気が入らない拘束性換気障害があります。症状は、呼吸が浅くなる、呼吸回数が増加する、呼吸リズムが乱れ

---

　i ）胃瘻とは、重篤な嚥下障害があり、恒久的に経口摂取が困難な人の胃に穴を開け、直接チューブから栄養を取れるようにすることをいいます。

る、咳や痰が絡み苦しそう、などがあります。呼吸障害が重篤化すると、気管切開[ii]や気管内挿管(そうかん)[iii]を行う場合があります。

d. 歯科的な問題

乱ぐい、開口などの歯列的な問題や、う歯、歯肉炎などの口腔内の衛生状態から生じる問題もあります。

e. 感覚障害

視力障害、聴力障害[iv]、触覚過敏など、様々なものがあります。触覚過敏とは、身体に触られたときに不快に感じたり、拒否反応を示すことです。特に、口のまわりや顔、背中、手のひらに対して過敏のある子どもが多いようです。口の中にものを入れることを嫌がる子どももいます。そうなると、食事を摂ることも大変になります。

f. コミュニケーション障害

コミュニケーションは、理解が難しい場合と、表出が難しい場合があります[v]。重症心身障害の子どもたちはことばでのコミュニケーションが取りづらいので、目の動き、表情、発声、身体での反応(身体を反らせる、手を動かす、手を握るなど)で意思を表出しています。

相手を理解するときも、ことばの意味よりは、におい、触り心地、声かけの音やトーンなどで判断することが多くなります。

g. 行動障害

軽度の習慣的なものでは指しゃぶり、髪抜きなどがあり、常同行動といわれるものとしては頭振り、多動などがあります。常同行動が自分に有害になってもやめられないことを**自傷行為**といい、頭突き、指噛み、目叩きなどがあります。不潔行為としては、便捏(こ)ね、異食があります。異食とは、髪の毛や床に落ちているゴミ、ティッシュなど食べ物ではないものを口に入れてし

---

ii) 気管切開とは、空気の通り道である気道が狭くなったりすることで重度の呼吸障害が起こり、それが長期間続くことが見込まれるため、気管を切開し、そこから呼吸を確保することをいいます。
iii) 気管内挿管とは、呼吸障害が重篤化したときに、一時的に口から気道までチューブを通し、呼吸を確保することをいいます。
iv) 2章3 視覚障害児・聴覚障害児の理解と支援 参照。
v) 2章4 ことばの発達に障害のある子どもへの理解と支援 参照。

まうことです。

対人関連行動では、他者に攻撃的反抗的態度を取ったり、拒絶、奇声、嚙み付きなどの他傷があることがあります。

h. その他の特徴

重症心身障害児の多くは、脳に病変があることから起こる症候性てんかん発作をもっています[i]。また、呼吸や消化など生命を維持する機能が不安定なため、基礎体力や皮膚の抵抗力は低く、体温調節も難しいので外気温の影響を受けやすくなります。そのため、感染症にかかりやすく、治りにくかったり、栄養があまり摂れず体重が増えないという現状があります。

(2) 重症心身障害児・医療的ケア児への支援

①重症心身障害児・医療的ケア児の生活と介助

a. 良姿勢保持と姿勢変換

重症心身障害児は、首が安定していないだけではなく、体もねじれていることが多く、さらに身体も筋緊張の高まりによって固くなっています。痺れたからや痛いからといって、自分から動くことは難しいのです。しかし、その姿勢が必ずしもリラックスできているとは限らず、不快に感じているかもしれません。日常的にベッドや床上で体がねじれたままの臥位でいることが多い子どもは、枕やクッションを利用するとよいでしょう。膝など屈曲したまま固まっている場合は、むりに引き延ばさず、下に枕を入れます。股関節が開きにくいことがあるので、骨盤を身体の左右中心の位置になるようにし、股関節を屈曲しながら開くようにすると開いてくることがあります。

身体が反っているときは、身体全体に力が入っていることが多いので、まず真っすぐにするようにします。骨ばっているところは傷が付きやすいので、タオルやクッションを置きましょう。

身体をリラックスさせるために、ゆっくりとストレッチしながら筋肉の走

---

[i] 2章1 (1) ②d てんかん 参照。

行に従って動かすと関節を伸ばすことができます。本人が安全に安心して取れる姿勢はどんなものか、少しずつ体位変換しながら、リラックスしている表情や声を探していきましょう。ただし、むりは禁物です。苦しそうな声や表情をしたらやめましょう。1つのよい姿勢ではなく、いくつかの姿勢で変化を付けることも大切です。1つの姿勢ばかりを取り続けていると、褥瘡[ii]や変形、拘縮の原因にもなりかねません。姿勢保持や姿勢変換によって変形や拘縮の予防になるばかりでなく、他者に声をかけられたり触れられることが刺激になって、他者との交流の機会にもなります。

　さらに、姿勢保持や姿勢変換によって呼吸障害、胃食道逆流症などの内部障害の予防にもつながります。寝たままでいる姿勢より、起きた姿勢の方が内臓の働きはよくなるからです。

　姿勢を保持するものとして姿勢保持装置を使います。姿勢保持装置は身体をしっかり保持し、頭が真っすぐになるようにサポートできるものがよいでしょう。身体が安定しないと不快であるばかりでなく、安心感もなくなります。身体が前傾姿勢になるときはベルトを装着します。頭が不安定なときは首の後ろと左右にクッションを置きます。

　よい姿勢を保持することは、日常生活での活動性を向上させたり、生活の質を高めることに大きな意味をもちます。これらのことをポジショニングといいます。ポジショニングは、日常生活の中で一番多く取っている良姿勢ともいえます。ねじれたままの姿勢でずっと過ごしていると側弯などの変形にもつながる恐れがあるため、良姿勢でのポジショニングを取ることが日中活動を有意義に過ごすための第一歩でしょう。ポジショニングに関しては、人体の構造やボディメカニクスを知る理学療法士や作業療法士からの情報を得て、子どもたちが正しくよりよい姿勢で過ごすことができるように支援しましょう。

b. 排泄

　重症心身障害児の多くは、排尿、排便とも自立しておらず、オムツで全介

---

ii）褥瘡とは、同じ姿勢を取り続けたことによって血行障害が起こり、その部分やまわりの皮膚がただれることをいい、「床ずれ」ともいわれます。

助です。排尿前後で機嫌が悪くなったりすることもありますが、尿意やオムツが湿ったことで不快を感じたサインでもあるので、それだけ意識できているともいえます。いつもの様子と違ったり、急に機嫌が悪くなったらオムツが濡れているか確認しましょう。常時オムツを使用していると、感受性も低下します。濡れたことに気付いたら、すぐに新しいものと交換します。乾いた状態を保つことで清潔になり、濡れたときが不快であることにも気付きやすくなります。便秘に対しては、水分補給をこまめに行うこと、繊維質の多い食物を取ることのほか、オムツ交換のときに腹筋を使うように股関節の屈伸運動も効果的です。股関節の開きが悪いときは全身をリラックスさせ、股関節を十分に曲げてから行いましょう。

c. 着替え

　汗をかいたり、水遊びをするときなど、着替える機会は多いものです。着替えのときには、どの姿勢で行うのが本人も介助者も楽なのか、知る必要があります。着替えは身体に触れ、動かしてもらうことが多くなるので、どういう動きならできるのか、むりに伸ばしてはいけない部分はあるかなど、子どもの身体の状況を十分に把握しておきましょう。

　座っていられる子どもならば、かぶりものタイプの洋服は座位保持装置やクッションを置いて、座らせた方が脱ぎ着しやすくなります。介助者が袖を通すと自分から手を伸ばしてくるような自分でやろうとする様子があれば、やってもらいましょう。着替えという行為を通して、どの姿勢が取れるのか、どの姿勢が安定するのか、最大限に子どもの可能性を導きだせる機会にもなるでしょう。

d. 食事

　食事は姿勢とも関係があり、食事のときのポジショニングは重要です。覚醒状態が下がっていても、食事はしづらくなります。日中覚醒が低い子どもも食事前には覚醒をあげ、姿勢を整えておくことが食事の準備になります。

　首の安定していない子どもの食事介助をするときは、しっかり首を安定させることが大切です。食事を摂るには、口の中に食べ物を入れた後、しっかり食道へ送り飲み込むこと（嚥下）が必要です。首の安定がないと、食べ物

図2-5-3　重症心身障害児の食べやすい姿勢

を摂り込む、噛む、嚥下することが難しくなってしまいます。嚥下には首の筋肉を使います。首が真っすぐになり、身体の上に頭が乗っているような左右対称の姿勢を心がけましょう。あごがあがっていると、首の前の筋肉が緊張し、食べ物も重力で落ちていってしまい、誤嚥の危険性があります。

　肩・腰・膝・足首が反り返っていると、全身が突っ張ってしまい、嚥下が困難になります。頭・体・腰はできるかぎり真っすぐになるような姿勢にするとより食べやすくなります（図2-5-3）。ポイントは、頭をしっかり立てる、背中と腰を伸ばす、股関節を曲げる、介助者は後頭部をしっかり支えることです。

　重症心身障害児の中には、口のまわりが過敏な子どももいます。その場合、食事前に口腔マッサージをします。看護師や作業療法士、言語聴覚士などの医療スタッフから方法を聞いて行いましょう。リラックスして食べられるように配慮します。

　嚥下障害のある子どもは、誤嚥しないように細心の注意を払います。全身の緊張が高い場合、スプーンを噛んで放せなくなることがあります。スプーンが金属で冷たく感じると、それ自体が緊張を高める誘因にもなります。噛んでいるスプーンをむりに引っ張るとますます緊張するので、身体を十分に曲げ、まずはリラックスすることを優先します。シリコン製の刺激の少ないスプーンもあるので、緊張しにくい材質のもの選び、1回に口に入れる量を

飲み込める量に調整します。口の奥へ送ることが難しい場合もあるので、舌の奥へ食べ物を置くようにするとスプーンを噛みにくくなります。

②重症心身障害児・医療的ケア児の遊び

a. 感覚遊び

　重症心身障害児の覚醒度と感情は、外気温や湿度、明暗、痛み、痺れ、空腹などに左右されています。覚醒度が低い割には睡眠は浅く、少しの刺激でも目覚め、機嫌はよくないことが多いです。人が呼びかけても反応は乏しく、触られると抵抗したり、機嫌が悪くなります。しかし、じっくりと関わっていくと、快刺激として受け入れられていくものもあります。自分の身体を動かされ揺らされたときにじっと身体を止めているのは、その揺れる感覚を感じ取ろうとしているからです。感覚刺激に気付き受け入れることができれば、リラックスし表情も和んできます。それ以外にも、回ったり、バイブレーターなどの振動も感じやすい感覚です。触るときは、初めは体温に近いものを圧をかけるように触り、少しずつ広い範囲にしながら種々のものを取り入れていくとよいでしょう。いろいろなものを感じ取り、受け入れ、表情が柔らかく変化することが楽しみを表現していることになり、感覚遊びといえます。

　目は眼振（がんしん）[i]や斜視（しゃし）があったり、視覚的にものを見ることが苦手な子どもが多いです。まずは子どものまわりのものが見えやすいように頭を真っすぐにし、首が安定していない子どもであれば首の後ろにクッションを置くなどして安定するようにするとよいでしょう。

　光るものやコントラストの強いもの、ゆっくり動くものなどは、比較的、子どもが視覚的に注意を向けやすいといわれています。ものをじっと見ること、動くものを目で追うことが目を使った遊びといえます。

　音という点では、日常はたくさんの音にあふれているので、まずは静かな場所で気持ちが落ち着くような優しい音を感じ、耳を傾けて聞こうとすることが遊びになっていきます。音や人の声を聞くということは、外からの音刺

　ⅰ) 眼振とは、脳の障害が原因で眼球が静止せず、痙攣したようにピクピク動いた状態にあることをいいます。

激を耳で感じるということです。聞いた音や声と触ったり揺れたりした感覚の心地よさとが本人の中で一致すると、それがお気に入りの遊びになっていきます。

b. 運動遊び

　重症心身障害児は、自分から背中を伸ばして姿勢を保つ経験がほとんどありません。

　支えられて座ったとしても、不安定であり、そのことで機嫌を悪くしたり反り返ったりします。丸くなっている背中や腕を伸ばそうとすると、手も一緒に開いてしまい、手でものを持ったり離したりすることを自分の意思で行うことができません。そのような子どもには、まず人に触られ、動かされることを受け入れることから始めます。触覚過敏がある子どもは触られることを嫌がりますが、感覚遊びで行ったように、子どもにとって触っても嫌がらない身体の部分を探しながら、少しずつ圧をかけるように触れる範囲を広げていきましょう。慣れてきたら、寝返りや抱っこなど少しずついろいろな姿勢を経験していきましょう。そのことが子どもにとっての遊びになります。

　抱っこされても不機嫌にならず、介助者に身体を預けるようになってきたら、慣れてきたといえます。ゆっくり揺らしたり、回ったりして、身体が動くことを楽しみましょう。

c. 関わり遊び

1) 人

　重症心身障害児の機嫌は、前述したように、まわりの環境や覚醒度により左右されるので、機嫌がよいと思ったら急に悪くなったり、感情は安定していないことが多く、人に向けての感情表現にはなりにくいようです。身体全体を心地よい肌触りの毛布やタオルで包んで抱っこし、ゆっくり揺らすと表情が和んでくることもあります。表情が和んでくると、一緒にいる人も気持ちが和み、お互いに感情を共有できた気持ちになります。

　さらに、気持ちよさそうな声を出したり、声のある方にじっと聞き入ったり、顔を向けてみたりというような仕草が、人との関わりを楽しめる基礎になります。そして、抱かれ心地や触られ心地など、心地よい感触と人の声や

においなどの感覚が結び付いて、心地よくさせてくれる人、そして好きな人へという、人への感情が芽生えてきます。好きな人ができると、その人が声をかけただけで表情が和んだり笑ったりという快の反応が出てきます。その人が近くにいることが分かると、自分から声を出し、関わりを求めるようになります。介助者はそのサインを見逃すことなく、応えてあげられるように気を配ることも大切です。

2）もの

　重症心身障害児は、「触られ」たり「揺れ」たりという自分の身体の中で感じる刺激は比較的受け入れやすいですが、動くものを見たり、音を聞いてその方向を見たりということはなかなか難しく、ものへ興味を示すことは少ないです。しかし、光刺激のような子どもが注意を向けやすいものに近づいて、じっと見るようになったら、それが受け入れているということです。さらに、ものを見たときに見たものに手を伸ばすようになると、遊びとして広がったものになります。なかなか手を出せない子どもには、子どもの手を持って一緒に触るようにします。見たものに触り、触ったものを見るという経験が増えることで、自分の好きなものが増えていくきっかけになっていきます。

　わずかに動く身体を使って楽しめるおもちゃには、押すだけで音の出るスイッチ（図2-5-4）や、触れるだけで音の鳴るツリーチャイムのような楽器（図2-5-5）があります。子どもの手を動かしたときに触れられるような距離におもちゃを置いて、触れたらものが反応したということに気付き、次の段階でものを反応させるために触れる、という自分から行動を起こす遊びへと発展させます。

　重症心身障害児は、どうしても人からやってもらうという受け身の生活になりがちです。しかし、ものをじっと見つめたり、ものに手を伸ばそうとしたり、触られたときにその方向に顔を向けるなど、わずかながらもその子どもの反応が見られたら、そのことがその子どものよい面にもなります。よい面をたくさん見つけ、反応を引きだし、できることをやってもらうことが、重症心身障害児には大切な支援といえるでしょう。

図2-5-4　押すだけで音の出るスイッチ

図2-5-5　ツリーチャイム

✻ 事例 2-12

重症心身障害児への集団保育での支援

　センターに登園してくるアキは、睡眠と覚醒のサイクルが不安定で、登園して来てもいつも眠っていた。ときどき目を覚ますが、不機嫌にぐずっていることが多く、あやしてもなかなか泣きやまなかった。抱っこしても反り返ったり、無造作に身体を動かし、落ち着くことは少なかった。集団保育の場面でも眠っていることが多く、覚醒したときはすぐに他児と同じ遊びに誘い、同じ活動に参加してもらっていたが、活動を楽しんでいるようには見えなかった。保育士もどうやって接したらよいかを悩んでいた。

　そのセンターでは、作業療法士が個別対応の時間を設けており、その時間は母親と作業療法士との3人で静かな部屋でゆっくりと過ごしていた。まわ

りに音がなく母親か作業療法士の声しか聞こえない場所だと、アキは声かけによって目の動きを止め、聞き入っているような様子が見られていた。

　保育の場でも、覚醒後しばらくは触られることに気付いたり、音だけを聞くなどのような1つの感覚を受け入れるところから意識して行うようにした。しばらく続けていくうちに、集団保育の場面で目を開ける時間が出てくるようになり、そのときに目線を動かさず他児の声を聴こうとしているような様子を見せるようになった。集団保育で1つの活動場面を展開していたとしても、同じ集団内の子ども皆が同じようにその活動を行う必要はなく、その子どもの受け入れられること、できることを1つずつ丁寧に行っていくことが、結果的に保育活動の参加につながることになった。

6　病弱児の理解と支援

(1) 病弱とは

　慢性疾患のために継続して治療を受けたり、生活上で何らかの規制を必要とする状態があることを**病弱**といいます。学校に通うべき年齢の子どもが、病気などの理由によって入院もしくは継続的な治療や管理が必要になった場合、その子どもは義務教育を受ける機会を失うことになってしまいます。その問題に対応するために、現在の日本では特別支援教育の一環として病弱教

育という制度が存在しています。

　慢性疾患は基本的に病気の治療に長い期間を要するため、病気を患っている子ども自身にとって精神的にも身体的にも大きな負担となります。

　また、家族にとっては金銭的および時間的な負担も過重になる傾向があります。小児慢性特定疾病にかかっている子どもについては、医療費の自己負担分が一部補助される制度があり、2018（平成30）年7月の時点では16の群に対して補助が行われています（表2-6-1）。

表2-6-1　小児慢性特定疾病16群とそれに分類される疾病の大分類および細分類の例

1. 悪性新生物	白血病、固形腫瘍*（腎細胞癌、骨肉腫ほか）など	9. 血液疾患	自己免疫性溶血性貧血、先天性血液凝固因子異常など
2. 慢性腎疾患	ネフローゼ症候群、慢性腎不全など	10. 免疫疾患	複合免疫不全症、後天性免疫不全症など
3. 慢性呼吸器疾患	気管支喘息、慢性肺疾患など	11. 神経・筋疾患	レット症候群、もやもや病、筋ジストロフィーなど
4. 慢性心疾患	虚血性心疾患、心臓弁膜症など	12. 慢性消化器疾患	先天性吸収不全症（乳糖不耐症ほか）、周期性嘔吐症候群など
5. 内分泌疾患	成長ホルモン分泌不全性低身長症、甲状腺機能亢進症（バセドウ病ほか）など	13. 染色体または遺伝子に変化を伴う症候群	染色体または遺伝子に変化を伴う症候群（ダウン症、色素失調症ほか）
6. 膠原病	膠原病疾患（若年性突発性関節炎ほか）、血管炎症候群	14. 皮膚疾患	眼皮膚白皮症（先天性白皮症）、表皮水疱症など
7. 糖尿病	糖尿病（1型糖尿病、2型糖尿病ほか）	15. 骨系統疾患	胸郭不全症候群、骨系統疾患（軟骨低形成症ほか）
8. 先天性代謝異常	アミノ酸代謝異常症（フェニルケトン尿症ほか）、糖質代謝異常症（遺伝性フルクトース不耐症ほか）など	16. 脈管系疾患	脈管奇形（青色ゴムまり様母斑症候群、リンパ管腫ほか）

*固形腫瘍（中枢神経系腫瘍を除く）、（　）内は細分類
小児慢性特定疾病情報センター　2018　小児慢性特定疾病の対象疾病リスト（2018年7月17日版）より小湊作成

(2) 身体虚弱とは

　表2-6-1の小児慢性特定疾患以外で、通常よりも病気にかかりやすいために生活上で何らかの規制を続けていく必要があったり、継続して治療を受けているような状態を**身体虚弱**といいます。たとえば、重度の食物アレルギーや精神疾患のほか、骨折や怪我などで長期入院を強いられたり、被虐待や被災などにより医療的ケアが必要とされるケースなど、医療や生活規制の必要から、通常の学校教育が受けられない子どもが存在します。身体虚弱も病弱と同様に病弱教育の対象となるため、病弱教育を受けることができます。

(3) 病弱児への支援が行われる場所

　病弱児に対する支援は、その病気の種類や重さによって、様々な場所で行われる必要があり、またその形態も様々であることが特徴です。たとえば、入院中の病弱児でも医療機関に隣接している特別支援学校（病弱）に通学するケース、病院内に設置されている病弱・身体虚弱特別支援学級に通うケース、病棟や病室に教師や支援員が出向いて授業を行うケースなどが考えられます。入院していない病弱の子どもは、通常の学級に在籍することが多いものの、特別支援教育の対象であると認識されづらかったり、心身の状態に即した支援が受けにくかったりといった問題も生じています。

(4) 病弱児の学びと経験の支援

　義務教育期間にある病弱の子どもに対しては、教育的支援体制が整えられつつありますが、病弱によって学びや経験の機会がせばめられてしまうのは、乳幼児期の子どもにおいても同様です。たとえば、幼児期の終わりまでに育ってほしい姿の中にある「自立心」では、身近な環境に主体的に関わり様々な活動を楽しむ中で自立心を育て、達成感を味わい自信をもって行動できるようになることが求められていますが、長く入院していて外出が制限されて

いる子どもや特定の疾患を抱える子どもの中には、ほかの子どもと同じように自然などに触れる体験をすることができない場合もあります。また、様々な食材に触れ、食べる楽しみを味わうといった園での目標も、病状によっては達成が難しいことがあります。そのため、その子どもの抱える病状や状態に合わせて主治医や保護者と相談しながら、代わりとなるような別の体験や経験を提供し、その子どもの育ちや学びを支えていく必要があります。

(5) 病弱児支援の実際

病弱児の支援は、病院内の院内学級や保健室、家庭内など様々な場所で、様々な人が関わりながら行われていきます。したがって、それぞれの場所でどのような支援が行われ、その場所で子どもがどのような学びをし、どのような様子であったか、情報を共有して次の支援の場に生かしていくことが大切です。

①病気の存在が明らかになっている場合

病弱児の支援にあたっては、その子ども特有の病状やニーズに加え、その子どもの背景や特性を理解した上で、保護者や医療機関と連携して対応していく必要があります。たとえば、トゥレット症[i]では複雑性チックの1つとして汚言が出るケースがありますが、こうした症状に対応するためにも、本人、家族、友人、支援者の十分な理解が不可欠な要素となります。

また、子どもが継続的に服薬をしている場合、どのような薬をいつどのように服用するのかについて学校に届けを出すことがほとんどですが、支援者側も必要最低限の薬に関する知識は身に付けておく必要があるといえるでしょう。

ⅰ）トゥレット症候群（TS）（本文中では「トゥレット症」と表記）は、音声チックを伴い複数の運動チックが、一年以上持続する精神疾患である。（以下、省略。難病情報センターHPより）

※ 事例 2-13

トゥレット症のチカ

　チカは小学4年の女児で、重度のトゥレット症だ。全体的に幼い印象で、肩くらいの長さの髪をツインテールにしている。体が締め付けられる服を嫌い、半袖のワンピースを常に着ていて、真冬でもコートやジャンパーを着たがらない。サラリーマンの父、専業主婦の母、高校2年の姉との4人家族で一戸建て住宅に住んでおり、家は経済的に恵まれている。チック症状としては、まばたきのほか、全身を反り返らせたり、叫び声をあげたり、汚言が出たりする。症状が出て、周囲の人からジロジロ見られることを本人も気にしていた。

　チカは小学3年のときに睡眠障害を併発して長期入院し、院内学級に通っていた。しかし、わがままな振る舞いをしたり、「疲れた」「できない」などのネガティブな発言を繰り返したり、自分よりも立場の弱い子どもに対して嫌味を言ったりしていたため院内学級で仲間外れにされ、それから気持ちが学習に向かわなくなっていた。

　チカの姉はとても成績が優秀だったためチカも両親から期待されて育ち、小学1年から学習塾に通っていたが、退院後は発作を理由に退塾してしまった。学校に復帰してからは、女性教師に対してのみ「くそババア！」「黙れ！」など大声で暴言を吐いたり、興味・関心がない授業になると保健室に行きたがったりした。チカのチック症状についてクラス内での理解はあったが、チカ自身がクラスメイトに対して思いやりのある行動ができなかったため、次第に子どもたちもチカと距離を置くようになってきた。家庭内でも汚言や暴力、家具の破壊などが頻繁に起こり、家族も対応に困っていた。

　チカはその後、保健室登校になり、1日中保健室で過ごすことが多くなった。調子がよいときは保健室を訪ねて来た子どもと話をしたり、保健室内で学習に取り組めることもあったが、調子が悪くなると急に怒りだすなど態度が変わることもあった。

〈チカのその後〉

　その後、チカはチック症状の悪化のため、主治医と入院の日取りを決めましたが、直前になって本人からの強い希望で入院は取りやめになりました。また、主治医や担任、保護者が集まって話し合いをし、毎日1時間の登校で支援員と静かに過ごすことを決めても、「ちゃんとできているので、もうクラスで勉強させてください」と保護者が伝えてくることもありました。主治医を交えて治療方針を固めても、保護者が独断で治療や薬をやめてしまうことなどが頻繁に起こったため、治療に向けて周囲と力を合わせることの重要性や、皆で決めたルールを守ることの大切さに気付いてもらうことが必要であることが明らかになりました。今後は本人に対する支援と並行して、これまで以上に保護者との連絡を密に取り、そのつど本人や保護者の不安や不満、要望を聞いて、支援する側としてできることやできないこと、家庭の中でしてほしいことやできないことを話し合い、今後にとって望ましい支援のあり方について話し合う機会を増やすことになりました。

②病気の存在が明らかになっていない場合

　病気は、いつそれが発症するか分からないものです。入学時点から特定の病気のあることが明らかである場合もあれば、通常学級で過ごしている中で急に病気が発症したり、途中から具合が悪くなったりすることもあります。

　途中で病気が発症した場合、始めのうちはそれが病気なのか否かが本人にもまわりにも分からない場合もあります。それが感染性であるか否か、治療や手術はいつどのように行われるか、回復の見込みはあるのかなど、現場は情報収集とその対応に追われることになりますが、どのようなときでも一番不安を感じ一番混乱しているのは子ども本人であるということを忘れずに、医療機関や保護者との連携を取りながら対応のあり方を考えていくようにしましょう。

　また、どんなに元気な子どもであっても、常に病気を発症したり怪我をしたりするリスクがあるということは、常に心に留めておき、いざというときの対応について、事前にある程度職員全体で共有していくことが望ましいと

いえます。

　病気の発症が疑われる子どもが病院での診断を受けたり、通院もしくは入院することになった場合、園や学校ではできるだけ速やかにその情報を入手し、計画を立てる必要があります。しかし、本人や家族は突然の出来事に混乱し、不安を抱えていることを十分理解した上で、時期を見ながら保護者や本人と話し合いをしたり、むりのない範囲で詳細を聞くなど、十分な配慮が必要とされることは忘れないようにします。

※ 事例 2-14

頻繁に嘔吐するようになったケンジ

　ケンジは小学3年の男児だ。父、母との3人暮らしで、体は細く、色が白い。クラス内に友達はいるが、はしゃぐタイプではなく、物静かでクラスではあまり目立たない。面談や行事、電話連絡の際はいつも父親が対応に出ており、母親はあまり学校に出てこなかった。教師と話す際に相手の顔色を伺うような仕草を見せたり、目が泳いだりすることがあるなど、特に大人と話す際に緊張している様子があった。

　食べ物の好き嫌いはなく、低学年のうちは特に問題なく食事を摂っていたが、小学3年の1学期から給食中に度々嘔吐するようになり、次第に2日に1回のペースで嘔吐するようになった。本人に体調が悪いのか確認すると、「慌てて食べました」「口に入れ過ぎました」といつも同じ答えをする。これからは少しずつ食べることを担任と約束したが、今度はパン1枚を食べるのにもとても時間がかかるようになった。このころから嘔吐の回数は減ってきたが、食べ物を皿の上でひたすら細かくしたり、小さなかけらを口に入れていつまでも飲み込まずに口を動かしていたり、決まった順番どおりでないと食べられなかったりと気になる行動が増え、食べる量も減り、食事するのに時間がかかり過ぎて給食の時間内に食べ終わることができなくなってきた。

　担任もその様子を見て心配になり、保護者へ連絡したところ、家でもまったく食べようとしなかったり、ほんの少量の食事に何時間もかけたりするなど、異様な行動を取るようになってきたという話があったため、スクールカウンセラーにつなげることになった。スクールカウンセラーとの面談でケン

ジは、「食べているところを見られているのが嫌」「また嘔吐したらどうしよう」「そしたらまた怒られる」などと話し、本人が不安を抱えていることが分かったため、保護者とも相談した上で、一度本人の栄養状態のチェックもかねて心療内科がある病院を受診することになった。

7 発達障害児（ADHD、SLD）の理解と支援

(1) 発達障害とは

　近年、新聞やテレビなどのメディアでも、**発達障害**ということばがしばしばキーワードとして取りあげられるようになってきました。しかし、「発達」の「障害」とは、どういうことなのでしょうか。

　発達障害は、中枢神経系の不全によって心身の機能や働きが阻害される障害です。生まれながらの機能不全が原因のため、その症状は幼少期から見られますが、周囲のサポートや本人の努力によって適応的になる可能性もあります。ですから、発達障害のある子どもが入園して来た際、教育や保育の現場で求められるのは「適切に対応する」ことです。そして、適切に対応するためには、障害の内容をよく理解することが必要不可欠です。

　発達障害のある子どもは、特徴的な行動や言動が「困った行動」「奇異な行動」として保育者や保護者、友達の目に映ることも考えられます。彼らの示す行動の理由が分からないうちは、保育者も保護者もクラスメイトも、対応にとまどいを感じることもあるでしょう。しかし、彼らがそうした行動を取らざるをえない理由を理解すれば、彼らとの接し方が見えてきます。

　発達障害のある子どもが集団活動中に急に大声をあげたり、1人で走り回るなど問題とされるような行動を示した際は、それを非難したり、むりに押

さえ付けようとするのではなく、そうした行動や言動が起きる原因を正しく理解し、一人一人のニーズに合った環境を整えていくことが大切です。発達障害児が示す行動は、保育者や友達を困らせようとして生じているのではありません。問題とされるような行動は、彼ら自身が置かれている環境や状況に対して不自由さやストレスを感じ、そのつらさをうまく処理しきれなくなった際に生じていることがほとんどなのです。

中には、発達障害のある子どもだけ特別扱いするのは不公平だ、と考える人もいるでしょう。しかし、発達障害のある人は、肢体に障害のある人と同じように、専用のサポートがない中では日々の生活において多くの不便さや困難さに直面しやすい傾向があります。発達障害のある子どもに対して特別な配慮をすることは、視覚に障害のある子どものために点字ブロックを設置するのと同様にあってしかるべきサポートであり、決して甘やかしや特別扱いではありません。そのことをまず保育者が理解した上で、必要に応じて保護者やほかの子どもたちに伝えていくことが必要です。

また、発達障害児と関わる際には、自分自身の迷いや悩みを1人で抱え込まないようにすることが、その子どもを長くサポートしていくためには必要です。子どもは1人で教育・保育するのではなく、園全体で教育や保育をしていくべき存在です。障害の特性についてなどの必要な情報は保育者全体で共有し、担当の保育者が不在になった場合でもシフト制で対応できるようにしておくことが、子どもの安定した園生活のために必要であり、それが保護者の安心感や信頼感にもつながっていきます。

(2) 注意欠如・多動症／注意欠如・多動性障害の理解と支援
　　　（Attention-Deficit/Hyperactivity Disorder）

発達障害の1つである**注意欠如・多動症／注意欠如・多動性障害**（以下、注意欠如・多動性障害）の特徴は、**不注意**と**多動性-衝動性**です。

注意欠如・多動性障害と聞くと、せわしなく動き回る子どもを想像するかもしれません。しかし、注意欠如・多動性障害における2つの特徴の現れ方

には個人差があります。

　注意欠如・多動性障害の特徴のうち、不注意の側面が強く出ている子どもは、皆と何か活動をするときもぼんやりしていたり、保育者の話をまるで聞いていない様子だったり、忘れものが多かったりと、クラスの中で皆に付いていけず、取り残されてしまうことがあります。一方、注意欠如・多動性障害のうち、多動性－衝動性の側面が強く出ている子どもは、じっと椅子に座っていられずクラスを飛びだして行ってしまったり、人の話を聞かずにしゃべり続けてしまったり、クラスの中で皆を振り回す存在になってしまうことがあります。

　このように、注意欠如・多動性障害には、大きく分けて2つのタイプが存在します。

①注意欠如・多動性障害の特徴「不注意」

　日常生活の中では、どんなにしっかりした人であっても、たまにはぼんやりしたり、うっかり忘れものをしたりします。特に小さな子どもであれば、長時間集中していられずぼんやりしたり、言われたことを忘れてしまったりすることもあるでしょう。このように、どのような人にも多かれ少なかれ不注意な面はありますが、注意欠如・多動性障害の人はその程度が日常生活や社会生活に支障が出るほどで、またそれが一時的なものでなく長期間続くところにも特徴があります。

　注意欠如・多動性障害のうち不注意の側面が強い子どもは、家庭や園で様々な困難に直面しています。園での不注意の現れ方としては、以下のようなものが代表としてあげられます。

a. 集中が続きにくい

　　何かに長時間集中していることができないことがあります。人の話を最後まで聞くことができにくかったり、絵本を読み聞かせていても、途中で集中が切れてしまったりすることがあります。自分が話しているときでも集中力が途切れてしまい、会話がうまく続けられないこともあります。何か指示をしても、集中が続かず途中でやめてしまったり、何かを頼んでも

忘れてしまうことがあります。物音や人の話し声など、外からの刺激で集中が切れてしまうこともあります。
b. 注意深く作業することがしばしば困難

工作などをしても、見逃しや見落としがあったり、細かいところに気付かなかったりします。丁寧に注意深く作業を最後までやりとげることができず、集中して取り組まなくてはいけない課題を嫌がったりすることもあります。
c. 忘れっぽく、段取りよく作業することがしばしば困難

忘れものが多かったり、大事なものであってもなくしてしまったりすることがあります。次の活動に必要な道具を前もって準備したり、時間を気にしながら行動することが苦手です。
d. 人の話を聞いていないように見えることがある

こちらが話しかけても、特に何かに気を取られているわけでもないのにぼーっとしていたり、話しかけられていること自体に気付いていないように見えたりすることもあります。

②注意欠如・多動性障害の特徴「多動性-衝動性」

　子どもは好奇心に満ちた存在であるため、じっとしていなくてはならない場面でもそわそわしてしまったり、後先を考えずに行動してしまったり、はしゃいでしまうこともあります。しかし、注意欠如・多動性障害における多動性-衝動性は、それによって周囲や本人が苦痛を感じている場合があることが特徴です。また、そうした多動性や衝動性は一時的に見られるのではなく、長期間続くのも特徴です。

　注意欠如・多動性障害のうち多動性-衝動性の側面が強い子どもも、日々の生活の中で様々な苦労に直面しています。幼稚園や保育所などでの多動性-衝動性の現れ方としては、以下のようなものが代表としてあげられます。
a. しばしばじっとしていられない

手や足をそわそわ動かし、椅子に座っていても、もじもじと身体を動かしてしまったりすることがあります。座っていてほしいときでも立ちあが

ってどこかへ行ってしまったり、走ってはいけないところでも走り回ったりしてしまうことがあります。静かに遊んだり、のんびり過ごしたりが苦手だったり、何かに突き動かされるかのように動いてしまったりすることがあります。おとなしく順番を待つのも苦手な場合があります。

b. しばしば好きなようにしゃべってしまう

　　話し始めると、度を超してしゃべり過ぎてしまうことがあります。人の話を最後まで聞くことができず、こちらが何か質問しているときでも、その質問を最後まで聞かずに答え始めたりすることがあります。また、人の話に割り込んでいってしまうこともあります。

③注意欠如・多動性障害の性差と有病率

　注意欠如・多動性障害は約2：1の割合で、女性よりも男性に多く現れます。女性は不注意を示す傾向があるのに対して、男性は比較的多動性-衝動性を示す傾向があります。DSM-5によると、ほとんどの文化において、子どもの約5％に注意欠如・多動性障害が生じることが示されています。

④注意欠如・多動性障害を引き起こす原因

　DSM-Ⅳ-TRでは、注意欠如・多動性障害は「破壊的行動障害の一種」とされていましたが、DSM-5からは「脳の機能障害を前提とする発達障害の一種」として認定されるようになりました。DSM-5によると、1,500g未満の極低出生体重の場合、注意欠如・多動性障害の危険性が2～3倍になることが報告されていますが、低出生体重児の大多数は注意欠如・多動性障害を発症しないとされています。遺伝子的な要因が注意欠如・多動性障害に関連しているという報告もありますが、まだ明確な原因は特定されていません。また、子どもが生まれてからの周囲の関わり方が原因で、その子どもが注意欠如・多動性障害になることはありません。

事例 2-15

クラスの中でいつもぼんやりしているケンタロウ

4歳児クラスのケンタロウは、両親と活発な妹との4人家族だ。ケンタロウは、いつもクラスのなかでぼんやりしていて、人の話をまったく聞いていないような様子でいることがある。保育者の話や指示を聞いていないため、皆で何かするときも、次の場面にスムーズに移ることができない。まわりの子どもが何をしていても無頓着なため、ほかの子どもたちが外に遊びに行く準備をし始めても、それに従って動くことができず、1人取り残されてしまうこともある。園庭に出るときなどは、保育者が声をかけて促さないと行こうとせず、園庭に出ても何もしないでぼんやりしている姿も見かけられた。

始めのうちは、「ケンタロウくん、一緒にやろうよ」と声をかけていた子どもたちも、次第にケンタロウとの関わりをおっくうがるようになった。ケンタロウは次第にクラスの中で孤立し、友達にからかわれたり噛まれたりしても、それが嫌だということをきちんと訴えることができなくなった。

ケンタロウのそうした態度や行動は、卒園するまで続いた。

〈保育者の対応とその後〉

ケンタロウの家庭での様子を知るため、保育者はケンタロウの家庭訪問を行いました。家の中は、小さな子どもがいる家だとは思えないほどきれいに整理整頓されていて、おもちゃ1つ落ちていませんでした。玄関の外には水道があり、ケンタロウと妹は外から帰ったらまずその水道で手を洗い、靴を脱いで足を洗ってから家の中に入るようしつけられていました。家でお菓子を食べる際も、食べかすを床に落とすことは許されず、ケンタロウと妹が出されたお菓子をペーパーナプキンの上で注意深く食べる様子が見受けられました。

保育者はケンタロウの両親と丁寧な関わり合いを続けました。そうしているうちに、両親とも仕事で忙しく、妹が活発だったこともあって、おとなしいケンタロウにはあまり手をかけていなかったことなどが母親の口から語られるようになりました。また、母親は極度に潔癖(けっぺき)で、少しでも家の中を汚すと厳しく叱(しか)っていたため、ケンタロウは家でずっと緊張し、気を使っているのだということが分かりました。

〈支援のポイント〉

　教育や保育の現場において、2～3歳の段階で発達障害の見分けは難しいのが現状です。不注意な子どもがクラスにいた場合、その子どもがどのような場面で不注意を起こしやすいかをまず観察します。そして、どのようなサポートがその子どもの不注意をカバーすることができるのかを、個別に考えていくことが必要です。子どもの不注意に対応する際は、必要に応じて家庭訪問をしたり、保護者と話し合いをするなど、きめ細かな情報収集が必要となってきます。

※ 事例 2-16

落ち着きのないコウキ

　4歳児クラスのコウキは、両親と兄との4人家族だ。両親は共働きで、特に母親は仕事が忙しく、保育園の迎えの時間までにお迎えに来られないこともよくあった。

　コウキは、園では自分のクラスにじっとしていられず、好きなところに勝手に出て行ってしまう。昼寝の時間や準備など、決められたルールに従うことを嫌がったり、みんなでおもちゃを片付ける時間になっても、気に入ったおもちゃを手離そうとせずに、奇声を発するなどの行動が見られた。

〈保育者の対応とその後〉

　園では、コウキに対して特別にもう1人保育者を当て、コウキがいつクラスを出て行ってしまったか、誰とどんなやり取りをしていたか、いつどんなときに奇声を発したかなどの情報を細かく記録していくことにしました。観察を続ける中で、コウキは園でのルールそのものを理解していないわけではなく、ルールは理解した上で、それに従うことを嫌がっていたことが分かりました。コウキのために保育者を確保できないときは、勝手に教室を抜けだして行ってしまうのを防ぐため、クラスの中で保育者がずっと手をつないでいてあげることもありました。コウキの行動の全てを否定して押さえ付けるのではなく、ある程度自由にさせていく中で、ルールを守ることの大切さを教えていったところ、保育者との間に信頼関係が築かれ、5歳になるころには衝動的な行動も徐々に落ち着いていきました。

〈支援のポイント〉

　子どもの問題行動が明らかになった際は、どのようなときにどのような問題行動が起こるのかを、できるだけ正確に把握することが必要です。また、そのような問題行動によって「誰が困っているのか」を明らかにすることも、問題の対応において有効な手段といえるでしょう。「この子は困った子だ」という視点から子どもを見てしまうと、その子どもの問題行動ばかりに目がいき、ほかの場面で違う行動をしていても、「あの子にしては珍しいことをしている」とその状況を過小評価してしまったり、もしくはよい面に気付けなくなってしまうこともあります。できるだけ客観的な目で子どもを注意深く観察しながら、その後の対応を考えていくことと、仮に障害があったとしてもなかったとしても、その子どもの行動をむりに抑え付けて直そうとするのではなく、その子ども自身が自分の意思で、周囲から問題だと捉えられてしまうことがある行動の出現を控えられるよう、サポートをしていくことが大切です。

※ 事例 2-17

衝動性が高く、危険につながりかねなかったケース

　　ユカコは小学2年の女児だ。クラスや集団でのルールを理解することが難しく、1年のときから授業中に席を立ってしまったり、いきなり机の上に乗って「魚つりー！」などと言ってごっこ遊びを始めてしまったりすることがあった。そのため、教室では教師にしょっちゅう「ちゃんと椅子に座っていなさい！」と注意を受けていた。ユカコは笑顔で職員室に来たり、教師に対して大きな声で挨拶したりはできるが、クラスの友達とグループ学習を行うことはまだ難しい。何でも一番にやることにこだわりがあり、人に邪魔されたと思うと我慢できなくなって「もうやらない！」と言って暴れたり、1時間くらい大声で泣き叫んだりする。自分の失敗や他人の間違いにすぐ反応して、怒ったり怒鳴ったりするため、友達とのけんかも絶えない。衝動性が高く、けんかになると力加減ができずに、相手に怪我をさせるほど引っ掻いてしまったり、殴る蹴るを繰り返してしまったりすることもあった。

　　衝動的な行為を教師やまわりの大人にたしなめられたり、抑えられそうだと感じると全速力で逃げだすが、逃げながら階段の手すりによじ登って反対側の手すりに飛び移ろうとするなど、事故につながりかねない危険な行為もしばしば見受けられた。逃げたユカコを心配して大人が追いかけると、逃げながら笑いだし、追いかけっこで遊んでいるような状況になってしまった。

〈教師の対応とその後〉

　その後、ユカコは担任の教師と話し合い、イライラしたときには教室の端の特定の場所に入って、そこでしばらくクールダウンする約束をしました。また、その後の関わりにより、ユカコは泣き続けているときでも鼻をかむと落ち着く傾向があることも明らかになったため、衝動的に泣いたり大声をあげてしまった際は、教師が「落ち着くまでいつもの場所にいていいよ」と声をかけるようにし、そこで備え付けのティッシュで鼻をかんで気持ちを落ち着けられるようになっていきました。そうすることで、教師や支援員もユカコを心配して追いかけたり、探しに行かずに済むようになり、ある程度落ち着いて様子を見守れるようになりました。そして、ユカコが落ち着いた後で

ゆっくりと声をかけ、叱るのではなく教師や支援員と何が悪かったかを振り返り、今から、これからどうしたらいいか、次に何をしたらいいかを一緒に考え、それを実行に移せるよう励ましていく取り組みを続けていきました。また、アンガーマネジメントの方法についてホームルームで紹介し、クラス皆でカウントバック（5、4、3……と数字を数えて怒りを抑える）の練習をするなど、クラス全体の中で怒りの感情が連鎖していかないようにするための取り組みも行っていきました。そうした支援を続けるうち、ユカコはまだときおり失敗に反応して泣きそうになったり不機嫌になることはあるものの、支援員が隣に付いてサポートしてあげれば、衝動的に大声を出さずに黙っていられることも増えてきました。

　一番へのこだわりの対応としては、ユカコが不機嫌になるのを恐れて何でも無条件に一番にやらせるのではなく、粘り強く適切な行動や態度を身に付けてもらうように関わりました。今までユカコの衝動性や一番へのこだわりに振り回されていたクラスメイトも、次第にユカコのことを気にかけることができるようになり、「この課題のやり方だとユカコちゃんはきっと怒っちゃうんじゃないかな」などとお互いに話したり、やり方を工夫したりできるようになっていきました。担任としてはまだ様々な課題は残っているものの、クラスの中でお互いを思いやる気持ちが大きく成長したと感じています。

(3) 限局性学習症／限局性学習障害（げんきょくせい）の理解と支援
（Specific Learning Disorder）

①限局性学習障害の特徴

　限局性学習症／限局性学習障害（以下、限局性学習障害）は、文字を読んだり書いたり、計算したりといった、学校教育において必要とされる技能の修得が困難になる障害です。

　限局性学習障害のある子どもは、そうした学習の機会を与えられても、技能を身に付けるのに周囲の子どもより多くの努力を要してしまうことが特徴です。

限局性学習障害は、小学校入学後に明らかになる障害であるため、未就学児の段階でそれを判断するのは困難な場合があります。しかし、そうした障害のきざしは小学校入学前の幼稚園や保育所などの生活の中でも、以下のようなかたちで見受けられることがあります。

a．文字を理解するのが苦手

　　文字を文字として認識することができなかったり、名前が並んでいる中から自分の名前を示す文字がどれだか分からなかったりすることがあります。文字とその読み方を結び付けられなかったり（たとえば、「て」を「te」と発音することが分からない）、書かれた文字を口に出して読めたとしても、それが何を示しているのか分からなかったりすることがあります（たとえば、「て」を「te」と発音できても、それが「手」を示していることは分からない）。

b．ことばを理解するのが苦手

　　歌の歌詞を覚えるのに苦労したり、しりとりや、ことばをつかった遊びをやりたがらなかったりすることがあります。曜日などを覚えるのも苦手なことがあります。

c．文字を書くのが苦手

　　自分の名前を書くことができなかったり、必要のない文字が入ってしまったりすることがあります。また、文字を書こうとしても、その線が文字としてのかたちに整わないことがあります。

d．数が苦手

　　数を数えることができなかったり、数字を覚えるのに苦労することがあります。書かれた数字や耳で聞いた数字が示す意味が分からないこともあります。

　ことばの発達には個人差が大きく、また未就学児は読み書き計算の技能を完璧に身に付けることはまだ難しい発達段階にあります。しかし、ほかの子どもたちが好むようなことば遊びを嫌がったり、数を数えることが極端に難しかったり、鉛筆やクレヨンで意味のあるかたちを描きにくいといった気になる様子は、小学校入学前の段階でも見られることがあるため、気を付けて

見守っていくことが必要です。

②限局性学習障害の性差と有病率

　DSM-5によると、限局性学習障害は女性よりも男性に多く、その割合は約2：1〜3：1の範囲とされています。就学後に診断が可能になりますが、学齢期の子どもにおける有病率は5〜15％であるとされています。

✳︎ 事例 2-18

学校での学習に困難が見られたケース

　タマキは小学1年の女児で、母親はタマキが4歳のときに離婚して家を出たため、現在は父親と2人暮らしだ。現在、父親はうつ病で失業しており、生活保護を受けて生活している。父親は学校行事には参加するが、家庭学習には協力的でない。父親が朝起きられないときはタマキも学校を休んでしまうため、週に2日程度しか学校に来ないなど不登校気味である。基本的な生活習慣が身に付いていないため、学校でも身の回りの整理ができないが、就学時健診では特に問題は指摘されなかった。

　タマキはひらがなを読むことも書くことも難しく、書字に関しては自分の名前らしきもの3文字をかろうじて書ける程度、読字に関してはひらがなで書かれた自分の名前をかろうじて読める程度であった。そのため、音読でもしばしば「これ、何て書いてあるの？」と支援員に尋ねてくる。単語の想起が困難で順序立てて話すことは苦手であるが、人と話をすることはできる。教師や支援員の話を聞いたり、言われたことに反応したりすることはできるが、指示内容の理解は難しいことがあり、教師が何を言っているか分からなくなってしまったり、複数の指示がされた際にはしばしば聞き漏らしが生じていた。数字に関しては「いち、にい、さん、しい、ごお……」と連続して「じゅう」まで唱えることはできるが、特定の数字を1つだけ示されると「これ何？」と返す。

　運筆もぎこちなく、文字の形態も整わない。連絡帳に何を書いていいか分からず、ただぼんやりとしていることも多い。タマキの様子を見て、学習ボ

ランティアが週3日午前中に付くようになった。タマキは個別学習には意欲を見せるものの、学校を休みがちであるため学習がなかなか進まず、家で勉強する習慣も付いていないことから復習も進まない。個別の支援が付いていない場面では、授業中ほぼずっと机に突っ伏して寝ていることもある。教師から声をかけられて目を覚ましても、課題に取り組む意欲を示せないことも多かった。友人との意思疎通がうまく取れないため、クラスの中では孤立する傾向にある。

〈教師の対応とその後〉

　タマキは個別であれば学習に対して前向きな姿勢を示せていたことから、文字の読み書きに関しては、「よし、いくよ。まず、『そ』。『そ』はこれね」といったふうに、支援員が1文字ずつ、一つ一つサポートして読み書きの練習を続けていきました。また、その後の関わりの中で、タマキはリンゴ、バナナ、イチゴなど基本的な果物の名前は分かるものの、キウイなどの名前を知らなかったことから、生活経験そのものが少ない可能性が指摘されました。経験不足からくる遅れに関しては絵本や図鑑などで知識の充足を図るとともに、体験学習や行事などで様々な経験を積めるようにプログラムを工夫していきました。

　学校はサポートを積極的に進めていきたいと考えていましたが、タマキの授業中の様子を父親に伝えても、「授業がつまらないからじゃないですか」「時計なんて読めなくてもデジタルで十分です」と言われるなど、保護者の理解や協力がなかなか得られないのに加え、タマキも相変わらず学校を休みがちで支援が滞りがちになるもどかしさがありました。

　その後、タマキは小学2年で知能検査を受け、通級が妥当だと判断されました。初め父親は通級に通わせることに抵抗を示していましたが、担任の教師からのアドバイスと検査結果の説明により、渋々ながら通級に通わせることに同意しました。支援員としては、タマキが生活習慣を身に付けることで、体調の悪い父親に身の回りの世話を頼りきっている現状から、自力で身の回りのことをして自分で継続的な登校ができるようになることを期待し、それ

に向けて支援やサポートを行っていく計画を立てています。

> **コラム**
>
> ### 情報機器を使用した支援について
>
> 　最近では、障害のある子どもにタブレットを利用させることで授業や日常生活を円滑にできるようにするといった取り組みなども注目され始めており、保護者からタブレットの利用について許可を求められるケースも増えています。しかし、タブレットなどの情報機器は高価であるため、学校に持っていくと汚損や紛失のなどの恐れがあり、現場での導入に課題が多いのも現状です。
>
> 　どのような場合においても、その子どもに必要な支援だということを当該の教師と保護者だけでなく、学校にいるほかの子どもやその保護者も含め、まわりが話し合って納得できるかどうかが鍵となります。障害のある子どもに対しては「合理的配慮」が必要であるといわれていますが、特に現場では保護者の熱意がないと続けていくのは難しい場合も多いといわれています。

演習課題 8

① 「発達障害」と最初に聞いたとき、あなたはどんな症状を思い浮かべましたか。それに対して、あなたはどのような印象をもっていましたか。

② なぜ①のような印象をもっていたのか、自分自身で考え、グループで話し合ってみましょう。

③ 「発達障害」が誤解されてしまうのは、どのようなことが原因だと思いますか。自分の考えをまとめ、グループで話し合ってみましょう。

> **演習課題 ⑨**
>
> ①未就学児のクラスにおいては、どのような「不注意」な行動が見受けられることが予想されるでしょうか。子どもの発達段階を考慮しながら皆で話し合い、その対応について考えてみましょう。
> ②未就学児のクラスにおいては、どのような「多動性−衝動性」が見受けられることが予想されるでしょうか。子どもの発達段階を考慮しながら皆で話し合い、その対応について考えてみましょう。

8 発達障害児（ASD）の理解と支援

(1) 自閉スペクトラム症／自閉症スペクトラム障害の理解 (Autism Spectrum Disorder)

　発達障害には様々な種類がありますが、そのうち**自閉スペクトラム症／自閉症スペクトラム障害**（以下、自閉症スペクトラム障害）は、主に人とのコミュニケーションに困難が現れることが指摘されている障害です。「スペクトラム」というのは「連続体」という意味で、そのことばが示すように、この障害には様々なタイプがあり、障害の程度や現れ方にも個人差[i]や性差が見られます[ii]。発達障害の中には、ことばの発達や知的な側面で遅れが見られるものもありますが、自閉症スペクトラム障害のある人の中には、知的な障害がなく、むしろ通常の発達水準よりも高い知能指数を示す人もいます。そのため、本人も周囲の人も障害の存在に気付きにくく、まわりからの理解やサポートが得られにくくなってしまっている場合もあります。

①自閉症スペクトラム障害の特徴「社会的コミュニケーションの困難さ」

自閉症スペクトラム障害の基本的な特徴の1つは、人とのやり取りやコミュニケーションがうまくできない場合があることです。

人は誰しも、見知らぬ人と初対面時から仲よくしたり、打ちとけたりするのは難しいものです。また、小さい子どもであれば、人見知りが生じるのは当然であり、相手に合わせて話し方や態度を変えたり、礼儀正しく振る舞ったりすることは難しいでしょう。引っ込み思案や恥ずかしがりといった個人の特性によって、人とのコミュニケーションに苦手意識がある場合もあります。

しかし、自閉症スペクトラム障害の症状は幼児早期から認められ、それによって日々の活動が制限されたり、障害されたりする点に特徴があります。幼稚園や保育所などでの社会的コミュニケーションの困難さの現れ方としては、以下のようなものが代表としてあげられます。

a. 会話で気持ちのやり取りをすることが難しい

自分の考えや感情を人と共有することが難しいことがあるため、「おいしいね」「楽しいね」など、自分が思ったり感じたりしたことを人に話して、それを共有しようとすることが少ないとされています。気持ちの共有が難しいため、幼少期は共同注意が成立しにくいこともあります。たとえば、「あれなあに？」と自分の興味のあるものを他者に指さして示したり、「これみて！」と何かを人に見せに来たりする行動が現れにくいことがあります。また、保育者や保護者が「あそこに面白いものがあるよ」と言って指さしたりしても、そちらを見ない場合もあります。人と会話をする際は、楽しむためにおしゃべりをするというよりも、人に何かを要求したり、物事を分類するなど、目的を達成するための手段としてことばを発する傾向

ⅰ）自閉スペクトラム症／自閉症スペクトラム障害は、英語の「Autism Spectrum Disorder」の日本語訳です。「Autism」は「自閉症」、「Spectrum」は「連続体」という意味で、「Disorder」は以前は「障害」と訳されていましたが、最近では「〇〇症」と訳されるようになってきました。この頭文字を取って「ASD」とも表記されます。かつてこの症状を表すことばとしては、「自閉症」という名称が広く使用されていましたが、この症状の程度は、ある一定の基準をもとに割り切れるものではなく連続体として存在していて、重いものもあれば軽いものもあるということから「スペクトラム」ということばが使われるようになりました。

ⅱ）自閉症スペクトラム障害は、約4：1の割合で女性よりも男性に多く現れます。

があります。会話をしながらコミュニケーションをするのが難しいことがあるため、人との会話にいつ、どんなふうに参加していけばいいのか、人との会話の中では何を言ってはいけないのか、という判断が付きにくいこともあります。「空気を読む」ことができにくかったり、面と向かって相手に言うのは失礼だとされるようなことであっても、それが分からず口に出してしまったりする場合があるため、意図せずに相手の気分を害してしまうこともあります。

b. 非言語的コミュニケーションが難しい

非言語的コミュニケーションとは、表情や身振り・手振り、声のトーンなど、ことば以外のものを用いたコミュニケーションのことです。自閉症スペクトラム障害のある人は、表情をつくったり、身振り・手振りで何かを説明したり表現したりするのが苦手な傾向があり、他者のジェスチャーや表情から相手の感情を読み取ることが苦手な場合があります。たとえば、「いやだ」と言う場合、顔をしかめて眉をひそめ身体を遠ざけながら言う場合と、笑顔でおなかを抱えて笑いながら言う場合とでは、発言者の気持ちは違います。しかし、そうした違いを読み取るのが難しいことがあるため、「いやだ」と言うのであれば嫌なのだろうと、ことばの意味だけをストレートに捉えてしまったりすることがあります。

②自閉症スペクトラム障害の特徴「行動、興味、または活動の限定された反復的な様式」

基本的な特徴の2つめは、行動、興味、または活動の限定された反復的な様式で、この現れ方はその子どもの年齢や能力、治療的な介入や現在受けている支援によって幅があります。

行動、興味、または活動の限定された反復的な様式の現れ方としては、同じ行動を繰り返す、決まりにこだわる、興味があるものに対して没頭する、感覚のかたよりなどが代表としてあげられます。

a. 同じ行動の繰り返し

単純な**常同運動**をしたり（手を叩いたり、手や指をひらひらさせたり、身体を揺すったり、その場で飛び跳ねたり、頭を前後に揺らしたりする）、

同じものを何度も繰り返し同じように扱ったり（コインを回し続ける、おもちゃを一列に並べる）、相手が言った言葉をそのまま繰り返したり[i]、自分のことを言うときに「あなた」と言うなどといったものがあります。そのほか、何度も質問をし続けたり、同じ場所を行ったり来たりするような行動が見られることもあります。こうした行動は、特にストレスが高まった際や、自分の中で処理しきれないようなことに直面した際に、子ども自身が自分を落ち着けようとして行う場合があります。

　反復的な行動はよく見られる症状ですが、適切なサポートや介入（かいにゅう）があれば重度の知的障害を伴っていないかぎり、公共の場ではそうした反復的な行動を抑えられるようになるといわれています。

b. 決まりへのこだわり

　習慣や日々の活動の仕方への強いこだわりが現れることもあります。決まった時間に、決まった場所で、決まったものを、決まったやり方で行うことで安心感を得る傾向があるため、何らかのアクシデントでその様式が乱されたり、邪魔されたりすることに強い苦痛を感じることがあります。挨拶などもそこに感情を込めるというよりも、決まりとして儀式のようなかたちで習慣にすることがあります。毎日同じ道順をたどったり、同じものを食べるなど、変化よりも同一性を好む傾向が見られます。規則を守ることにこだわりがある場合もあるため、柔軟に臨機応変（りんきおうへん）にルールを変えることが難しい傾向があります。

c. 興味があるものに対しての没頭

　興味があるものに対して強い愛着を示したり、何時間でも没頭したりすることがあります。没頭している間は、まわりが声をかけてもそれに気付かないほど集中することもあります。

d. 感覚のかたより

　痛みや寒暖（かんだん）に無頓着（むとんちゃく）なことがある一方で、柔らかいものに触れて痛がるなど、特定の音や触感に対して、特殊な反応をすることがあります。クラ

---

i）反響言語（エコラリア）ともいいます。

スの子どもたちの声を苦痛に感じて耳をふさいだり、ペースト状の糊(のり)の触感を嫌がって触ることができなかったりする場合があります。肌に触れられることに対して過敏さをもつ子どもの場合は、人になでられたり、抱っこされたりすることに対して苦痛を感じることもあります。

　また、もののにおいを嗅ぎ続けたり、過度にものに触れたり、光や回転するものに強い興味を抱いて飽きることなくそれを見つめ続けたりすることもあります。

③自閉症スペクトラム障害のある子どもの考え方・感じ方の特徴

　自閉症スペクトラム障害の特徴や障害の現れ方、それに対する望ましい対応について考える際には、こうした障害のある子どもが何をどのように捉え、感じているのかを理解する必要があります。

a. 視覚的な情報は理解しやすい

　これは、目の前にないものについて想像することが難しい場合があることと関係しています。何か行動を促す際にも、視覚的に示せるよう工夫することが求められます。特に数字など、具体的な事象は理解しやすい傾向があります。

b. 一度に複数のことは処理しにくい

　1つのことに強く集中する傾向があるため、何かをしながら何かを同時に行うということは難しいことがあります。話を聞きながらメモを取ったり、2つの物事に同時に気を配ったりすることが苦手なことがあります。視覚や聴覚など、一つ一つの情報に対して集中し過ぎるあまり、本人の中でそれらが処理しきれず飽和状態になってしまうことがあるため、できるだけ1つの物事に集中できるような環境を整える工夫をすることが効果的な支援につながる場合があります。

c. 先の見通しが立ちにくい

　目の前にないものを想像するのが難しいということは、まだ起きていない先の出来事について予測を立てるのも難しいということです。そのため、これから先に何が起こるのかを明確に示されていない状況で、真暗闇のお

化け屋敷を進んでいるかのような強い不安を感じる場合があります。また、予定が突然変更になった場合なども、それに対してどのように対応していいかが分からずパニックになることがあります。「あげる予定だったお菓子がなくなってしまったから、別のものを選んでもいいよ」といったような、障害のない子どもにとってはほんの些細な変更に思えることでも、それによって強いとまどいと不安を感じることがあります。決まっている予定は前もって伝え、一度伝えた予定は極力そのとおりに行うことで、未来の出来事に対する不安感を軽減するなどの工夫が効果的な支援につながる場合があります。

d. 的確で正確な表現は理解しやすい

　ことばは字義どおりに解釈して理解する傾向があるため、遠回しな表現や比喩、慣用句、ことわざなどは理解しにくいことがあります。人から嫌味や冗談を言われたとき、相手の表情や声の調子から相手の気持ちを読み取ることが難しいために、発せられたことばの内容のみに注目し、その意味をストレートに解釈してしまうことがあったりします。

　また、「〇〇してはいけません」「〇〇しないようにしましょう」といった否定形のことばは何をしたらいいのかを示していないため、とまどいの原因になることがあります。ある行動を禁止したり抑制したりすることが必要な場合は、「〇〇する代わりに、△△をしましょう」などのように、肯定系のことばを用いて望ましい行動を示していくことが効果的な支援につながる場合があります。

④自閉症スペクトラム障害の多様性

　自閉症スペクトラム障害には、中心的な特徴はあるものの、それらの特徴がどのような現れ方をするかは、人によって様々です。

　したがって、中心的な特性や自閉症スペクトラム障害に特有のものの見え方、考え方を把握した上で、個人個人に合った対応やサポートをしていくことが必要です。

(2) 自閉スペクトラム症／自閉症スペクトラム障害の支援

①遊び方と友達関係について

　遊び方や友達との関わり方については、その子どもの発達段階のほか、年齢や性別、その子どもを取り巻く環境や状況を考慮に入れながら考えていくことが求められます。

　遊び方に関しては、「目の前にないもの」について想像することが難しい場合があるため、実際にはここにないけれど、「あることにして」何かを行うといったようなことは苦手な場合があります。たとえば幼少期であれば、ごっこ遊びなど想像力が必要とされる遊びに参加することが難しい場合があります。

　逆に、パズルや積み木など目の前にある道具を操作しながら行う遊びは得意な傾向があります。また、固定化されたルールの中で遊ぶことも得意な場合があります。

　他者との関わり方にもいろいろなバリエーションがあります。1人でいることを好むタイプもいれば、相手の気持ちや迷惑を考えずに一方的に親しくしようとして近付き過ぎてしまうタイプもいます。また、「来るもの拒まず去るもの追わず」なタイプの子どももいます。他者と関わりをもつことを重視しないタイプの子どもがいる一方で、積極的に他者と関わりをもとうとするタイプの子どももいるということを理解しておくことが必要です。

②ことばについて

　自閉症スペクトラム障害には、ことばの使用において困難さが見受けられることがありますが、その現れ方は様々です。一言もことばを発しようとしない子どももいれば、過度に字義どおりに格式張った難しいことばで話をする子どもがいたり、知っている知識について延々と話し続けてしまうような子どももいたりします。障害名に「自閉」という日本語訳が付いているため、そのことばのイメージから、人と関わりをもたず、話さず目も合わせず、自分の殻に閉じこもる子どもを思い浮かべる人もいますが、全ての子どもが他

者との接触を拒むわけではありません。「スペクトラム」という単語が象徴するように、その障害の現れ方は子どもによって様々です。障害名から来る固定的なイメージに捉われることなく、正しい知識をもって接していくことが必要です。

※ 事例 2-19

典型的な自閉症スペクトラム障害の症状を見せるケイスケ

ケイスケは4歳児クラスの男児で、会社勤めの父親、パートタイマーで働く母親、小頭症(しょうとうしょう)を患(わずら)う兄との4人暮らし だ。

クラスの中では音に反応しやすく、特にクラスメイトの子どもたちの声に対しては強い苦痛を感じる様子で、自分で自分の耳をふさぐなどの行動がよく見られた。人から話しかけられたり、ストレスを感じることがあると、その場でぴょんぴょんと飛び跳ねながら、手を叩くといった行動が見られた。お昼寝の時間になると嫌がり、外に飛びだして行ってしまう。しかし、母親が保育園にお迎えにくると、うれしそうに母親のもとに飛んで行くといった行動が見られた。

〈保育者の対応とその後〉

ケイスケに対しては、できるだけ特定の保育者が専門的に関わるようにして、保育者との間に信頼関係を築くことを第一に考えました。担当になった保育士は、お昼寝の時間に飛びだして行ってしまう後に付いて園庭に出て、お気に入りの場所で時間を過ごそうとするケイスケに寄り添うよう心がけました。ケイスケが環境にストレスを感じて行っているであろう行動に関しては、それを否定したり、むりにやめさせたりするのではなく、その状況を取り除くことによって、行動の出現を抑えるよう工夫しました。その結果、その特定の保育者が名前を読んだり声をかけたりすると、目は合わさないもの

の手をあげて反応を返してくれるようになりました。しかし、その保育者以外の保育者が声をかけても、まるで聞こえていない素振りを見せていました。ケイスケはその後、自閉症スペクトラム障害と診断され、施設に通いながら発達支援を受けています。

✷ 事例 2-20

人とのコミュニケーションおよび感覚の過敏さに困難があったケース

マサキは小学4年の男児で、父と母との3人家族でおっとりとしていてマイペースだ。幼児期から身体が細めで、幼いキャラクターや電車を好み、細かい絵を書くことが得意だ。洋服の素材にこだわりがあり、学校ではいつも自分の好きなジャージ素材の服を着ている。食べ物の好みが激しく、給食でも色の付いていないご飯に卵ふりかけをかけたものや透き通ったスープ、食パンにマーガリンとイチゴジャムを塗ったものしか口にしたがらない。毎年、年度初めに学校を休みがちになり、母親はその度に心配して学校に電話をかけてきて、担任との面談も繰り返してきた。

入学当初から友達との距離が近くなり過ぎる傾向があり、相手からしつこいと言われたり、異性のクラスメイトから嫌がられることがあったが、低学年の間は特に問題なく過ごしていた。しかし、小学3年になったあたりから、相手の気持ちを考えずにことばを発してしまったり、不適切な場面で笑ってしまったりすることが増え、友達とのトラブルも多くなってきた。特に、最近はクラスメイトから本人のそうした特性について、からかいなどいじめに発展しかねないちょっかいをかけられることがあるが、本人はなぜそんなことを言われるのか理解できないため、そうしたからかいに対処することができないでいた。クラスメイトからのそうしたちょっかいに対し、父親から学校に対して強い調子でクレームの電話がかかってくることもあった。

4年になってから鼓笛の練習が始まったが、しばしば練習中に腹痛を訴え、見学する回数が増えてきた。今後は宿泊行事が控えているが、それに向けてマサキ自身も保護者も不安を感じている様子である。

〈教師の対応とその後〉

　その後の関わりの中で、マサキは触覚のほかに音に対しても過敏さがあり、特に鼓笛の練習では笛や大太鼓、小太鼓などいろいろな楽器の洗練されていない音が不規則に重なり合う状況が堪えがたい雑音となっていたことが判明しました。少し離れた場所で練習する、個別練習のときは使っていない部屋を使って1人で練習し、音を合わせるときだけ教室で合流するなど、様々な案をマサキと共に考えましたが、耳栓をして聞こえてくる音のボリュームを下げればその場で皆と一緒に練習できることが分かったため、しばらくは耳栓を装着して鼓笛の練習に参加することになりました。また、新しい場所や環境の変化に弱く、ストレスを感じたり緊張したりすると腹痛を起こしてしまう傾向があることも判明しました。年度当初に学校を休みがちになるのも、新しい対人関係に疲れてしまうことが原因だったようです。

　クラスメイトとの適切な距離の取り方については、マサキに対してだけでなくクラス全体に対して、友達との適切な距離の取り方や会話のマナーおよびルールをまとめたパンフレットを配布し、他者に対して依頼や拒否を伝える際は適切なやり方を用いてそれを行うよう指導しました。

　宿泊行事に関しては、マサキも保護者も不安を感じていたため、スクールカウンセラーや担任と面談を重ね、事前準備や段取りを一つ一つ確認して不安要素を減らす工夫を続け、最終的には無事に行事を終えることができました。今後学年があがるにつれ、乗り越えなくてはいけないハードルが高くなっていくことが予想されるため、学校としてはその度に保護者や本人との面談を重ね、不安や心配を軽減していく方向です。また、マサキは放課後等デイサービスにも通い始めたことから、関係機関との連携も強化していく予定です。

演習課題 10

①クラスの子どもの中に自閉症スペクトラム障害の特徴を示す子どもがいました。それに気付いたとき、担当保育者として、最初に確認するべきこと

は何でしょう。その理由を含めて考え、皆で話し合ってみましょう。
②また、その子に望ましくない関わりはどのようなものでしょう。その理由も含めて考え、皆で話し合ってみましょう。

コラム

二次障害について

　発達障害のある子どもが直面する大きな困難の1つに、「周囲からの理解が得られにくいこと」があげられます。知能に重度の遅れがある子どもや身体に何らかの不自由がある子どもは、本人の様子や身体の状態から、障害のある子どもであると周囲から理解されやすいのに対して、発達障害のある子どもは少し見ただけでは障害があると分かりにくいために、誤解を受けやすいといわれています。

　そのために「やる気がない子ども」「やればできるはずなのにやろうとしない子ども」「こちらの言うことを聞いてくれない子ども」「反抗的な子ども」というレッテルを貼られ、周囲の大人から反感をかったり、ほかの子どもたちからいじめの対象とされてしまうこともあります。周囲の人からの無理解や配慮のない対応によって、他人や社会に対して怒りや不信感を募らせた結果、非行などの反社会的行動に走ってしまったり、引きこもりなどの非社会的行動に走ってしまうというケースも見られます。このような反社会的行動や非社会的行動は、もともとの障害から発生したものではなく、その障害が周囲に理解されず、適切なサポートが受けられなかったことによって生じるものであることから、「二次障害」と呼ばれます。このような二次障害を防ぐためにも、保育者や保護者は発達障害についてきちんと理解しておくことが必要です。

　注意欠如・多動性障害や限局性学習障害の子どもは、何かを最後までやりとげることが難しいために達成感を得にくく、また失敗の繰り返しによって挫折感を味わいやすい傾向にあります。また、そのために自己評価が低くな

演習課題10の解答例：気になる行動がいつごろから現れだしたのかを確認し、障害かどうかの判断は慎重にする。やってはいけないことは、障害と決めつけて保護者に伝えること。

ったり、無気力になったりする子どももいます。そうした子どもの困り感や心のうちを理解した上で、こうした障害のある子どもたちをきめ細かくサポートしていくことが大切なのです。

9 その他の特別な配慮を要する子どもの理解と支援

ここまで、主に障害がある子どもの理解と支援について見てきましたが、特別な配慮や支援を必要としているのは、特定の障害があり、特定の病名が付いている子どもに限ったことではありません。特に医師からの診断などが下されていなくても、特別な配慮や支援を要するようなケースについて見ていきましょう。

(1) 情緒障害 (Emotional Disorders)

教育・保育現場で子どもに接していると、発達障害の診断基準には当てはまらないものの、気になる行動を示す子どもを目にすることがあります。このように、気持ちの乱れによって生活に支障が出ている状態を**情緒障害**といいます。本人や友達、保護者や保育者が困り感を抱えているようであれば、その特定の行動について対応の仕方を考えていく必要あります。

かつて、情緒障害は自閉症スペクトラム障害のほか、不登校やチックなどの総称として用いられていましたが、学校教育法施行規則の改正により、2006（平成18）年度からは独立した1つの障害として位置付けられるようになりました。しかし、情緒障害には明確な医学的定義がなく、人によって様々な解釈をされているのが現状です。

情緒障害の背景に発達障害が潜んでいることもありますが、特にその背景に虐待やいじめなどが潜んでいる場合には、早急にその対策を考えていく必

要があります。

　情緒障害には様々な現れ方がありますが、幼稚園や保育所などでは特に食事場面や対人場面、生活場面において、以下のような症状が見られた際には注意深くその子どもを見守っていく必要があります。

・食事場面
　　情緒障害の背景に虐待がある場合、おやつや給食をむさぼるように食べたり、ほかの子どもの給食や残したものを食べ、落ちているものでも食べてしまったり、食べ物以外のものでも口にしてしまうなど、食べ物に対して過度な執着が見られることがあります。過食のほか、極端に食べ物を口にしたがらない拒食の症状が見られる場合もありますが、いつまでも体重が増えず極端に瘦せているような場合もあります。
・対人場面
　　気持ちが不安定でイライラしていることが多かったり、気分にムラがあったりすることがあります。引っ込み思案でビクビクしているかと思えば、急に友達を叩いたり蹴ったりするなど、衝動的で攻撃的な行動が現れることがあります。他者を警戒し恐れる気持ちと、接近して甘えたい気持ちが両存し、保育者にべったりと甘え、膝の上に乗りたがったり、抱っこされたがったりする一方、急に大人に嚙み付いたり乱暴な言動をするなど、気持ちのコントロールができないことがあります。
・生活場面
　　動植物に対して残酷な行為を行うことがあります。加減が分からず生き物を乱暴に扱って死なせてしまったり、意識して殺そうとしたり、花壇の花を抜いたりする行動が見られることもあります。破壊的な行動では、ものを壊したり、友達に当たり散らすといったかたちで現れる場合もあります。また、すぐ発覚するような嘘をついたり、友達や保育者、園のものなどを盗んだりといった単独での反社会的な行動が見られることもあります。
・その他
　　髪の毛を絶え間なくいじったりねじったりする、髪の毛や眉毛などを引

っ張って抜いてしまう、爪を嚙む、指にできたささくれや皮を食べたり剥いたりする、目をパチパチさせる、頬のあたりを引きつらせる、貧乏ゆすりをする、登園しぶりをする、おしっこやうんちを漏らすなどの症状や行動が見られることがあります。

　こうしたような行動が見られた場合、特に自分や他人に危害を加える危険性がある場合は、早急にその行動を止める必要がありますが、そうした場合でも強く叱ったり、怒ったり、責めたりしないようにしましょう。望ましくない行動の頻度を減らしたい場合、叱責や罰は長期的に見て悪影響であることが指摘されており、たとえ一時的にその行動の生起率が下がったとしても、罰を与える人がいなくなった途端にその行動がぶり返したり、罰を与える人がいないところでその行動が繰り返されたりする危険があります。
　望ましくない行動をしてしまったことを責めるのではなく、その代わりにどうしたらよかったのかを伝えて教え、適切な行動ができた際にすかさずほめるなどの強化を行うことで、望ましくない行動の頻度を減らし、適応的な行動の頻度をあげることができると考えられています。特に、チックや吃音はまわりから指摘されることで本人が余計に緊張し、症状が悪化してしまうこともあるため、保育者はそうした行動の生起に注意を払いつつ、できるだけ自然な態度で見守り、本人がその症状に意識を向け過ぎないように配慮していくのが望ましいといえます。
　こうした対応は時間や労力を要するため、保育者1人だけで行えるものではありません。園の職員と保護者が協力しながら、指導方法やことばがけに対するスタンスを共有し、園でも家庭でも同じような関わりができるように連携していくことが望ましいでしょう。情緒障害は、その背景に別の障害が存在している場合もあれば、そうではない場合もあります。保育者としてはその両方の可能性を視野に入れつつ、そのときどきに応じて適切な対応や援助ができるようにしておく必要があります。

(2) 場面緘黙（選択性緘黙）

　場面緘黙（選択性緘黙）は、ほかの状況では話しているのにも関わらず、特定の場面においてことばが出なくなってしまう状態のことをさします。家庭ではおしゃべりができるのに、幼稚園や保育所などに来ると一言もことばを発しなくなってしまう子どもと接すると、保育者は「自分の関わり方が悪いのかな」「クラスのことが嫌いなのかな」などと考え、傷付いたり悩んだりしがちです。

　しかし、場面緘黙の子どもは、過度に緊張することが指摘されているため、保育者はその子どもにむりに声を出させようと躍起になるのではなく、自然でさりげないことばがけを続け、ことばが自然と出てくるように環境を整えて成長を待つことが大切です。また、何かのはずみでその子どもが声を発することができたら、大げさに驚いたりせず、自然な雰囲気で受け止め、次のことばがまた自然に出てくるのを待つようにしましょう。

(3) 感覚過敏

　感覚過敏とは、五感の一部または複数の感覚が非常に敏感であることです。川崎ら（2003）は、高機能自閉症と知的障害を伴う自閉症（DSM-5では自閉症スペクトラム障害）の人を対象とした調査の結果、大多数の人が聴覚過敏や触覚過敏などの問題を有していたことを明らかにし、自閉症に生じるパニックなどの原因の1つに感覚過敏が関与している可能性を指摘しています。

　感覚過敏の子どもはほかの人たちよりも感覚が過敏であるがゆえに、日常生活の様々な場面で大きなストレスや苦痛を感じている可能性があります。また、その苦痛はまわりの人からは理解されにくい点にも配慮が必要です。

　感覚過敏の出方には個人差がありますが、視覚、聴覚、嗅覚、触覚、味覚、痛覚など様々な感覚で生じうることが指摘されていて、たとえば以下のことがあげられます。

- 視覚過敏：光を非常に強く感じ目を開けていられなくなる、特定の色や色の組み合わせが非常に苦手、パソコンのモニターやテレビの光が眩しくて見続けることができない、など。
- 聴覚過敏：エアコンなどから生じる機械音や人の話し声が耐えがたいほどの騒音に聞こえる、突然の大きな音に非常に驚く、など。
- 嗅覚過敏：かすかなにおいでも呼吸ができないほどの強烈なにおいに感じる、特定のにおいに対して強い苦痛を覚える、など。
- 触覚過敏：べたべたした触り心地が耐えられない、水に濡れるのが苦痛、歯磨きや髪のブラッシングで強い苦痛を覚える、など。
- 味覚過敏：特定の味や食感のものを口に入れると強い苦痛を感じる、味の混ざりが耐えられない、など。
- 痛覚過敏：柔らかな素材の布やかすかな接触でも堪えがたいほどの苦痛を感じる、注射などの痛みを強く感じる、など。
- その他　：乗り物酔いが激しい、エレベーターやブランコなどの感覚が苦手、など。

　感覚過敏の子どもに対しては、たとえば聴覚に過敏さがあれば耳栓や耳当てを付けたり、大きな音がなる前にはそれを予告したり、どうしても耐えられなくなったら別室に移動できるようにしておくなど、その刺激を避けたり和らげたり、もしくは刺激の始めと終わりを予告して心構えと見通しを立てられるようにしたり、何か気を紛らわせられるものを用意するなど、個別の対応や工夫をしていくことが効果的な支援につながる場合があります。

　また、感覚過敏の逆で、特定の刺激に対して鈍感さがあることは感覚鈍麻といいますが、その出方にも個人差があります。たとえば、暑さや寒さ、痛みを感じにくかったり、空腹感や喉の渇きを感じにくかったりすることがあるため、その子どもの症状に合わせて体温調整や怪我の有無、食事や給水のタイミングなどに注意を払い、声かけをしたり、自分でチェックができるように支援していく必要があります。

(4) 虐待

　児童福祉法第25条の規定に基づき、**児童虐待**を受けたと思われる児童を発見した場合、全ての国民に対してそれを通告する義務が定められています。特に、保育者など児童虐待を発見しやすい立場にある人や団体には、より積極的に児童虐待を早期発見することと、発見した場合の速やかな通告が義務付けられています。

　児童虐待は、①身体的虐待（殴る、蹴る、投げ落とす、激しく揺さぶる、やけどを負わせる、溺れさせる、首を絞める、縄などにより一室に拘束する、など）、②性的虐待（子どもへの性的行為、性的行為を見せる、性器を触るまたは触らせる、ポルノグラフィの被写体にする、など）、③ネグレクト（家に閉じ込める、食事を与えない、ひどく不潔にする、車の中に放置する、重い病気になっても病院に連れていかない、など）、④心理的虐待（ことばによる脅し、無視、きょうだい間での差別的扱い、子どもの目の前で家族に対して暴力を振るう、など）の4種類に分類されています。虐待の相談対応件数は、児童虐待防止法施行前の1999（平成11）年には11,631件でしたが、2014（平成26）年には88,931件、2017（平成29年）には133,778件（速報値）と、年々増加しています。虐待の内容に関しては、**児童相談所**での児童虐待相談対応件数の内訳を見てみると、心理的虐待が54.0%でもっとも多く、次に身体的虐待（24.8%）、ネグレクト（20.0%）、性的虐待（1.2%）の順になっています（厚生労働省，2018）。さらに虐待者としては、2014年度のデータによると実母が最も多く（57.3%）で、ついで実父（29.9%）という報告がされています。虐待を受けた子どもの年齢構成としては、3歳から学齢前児童が24.7%、0歳から3歳未満が18.8%であり、小学校入学前の子どもが43.5%と全体の中でも高い割合を占めている現状があります（厚生労働省，2015）。児童虐待によって子どもが死亡した件数も高い水準で推移していることから、虐待の早期発見と早期対応によって、子どもの心身と命を守ることは教育・保育に携わる者として非常に大切な役割の1つであるといえるでしょう。

　たとえば、ネグレクトの場合は週明けに園に来るとオムツかぶれがひどく

なっている、朝オムツがパンパンになった状態で来る、体や頭を洗ってもらっていない、虫歯が多い、爪などが異常に伸びている、などがサインになることがあります。また、着替えやオムツ変えの際は子どもの体にあざや傷、やけどなどがないかをチェックすることができる貴重な機会でもあります。2004（平成16）年の児童虐待防止法改正法により、児童虐待の通告の対象は「児童虐待を受けた児童」から「児童虐待を受けたと思われる児童」に拡大されました。これにより、虐待の事実が明らかでなくても、主観的に児童虐待があったと思うような場合であれば通告義務が生じることになりました。子どもの様子にもし少しでもおかしいと感じることがあれば、「でもこれは虐待ではないかもしれない」「もう少し様子を見よう」「もし違ったら保護者から訴えられるかもしれない」などと先延ばしの判断をしてしまうのではなく、ただちに園内で報告・連絡・相談を行い、適切な処置を速やかに取ることができるよう、常日頃から心がけておくことが子どもの生命と安全を守るために非常に大切です。

　なお、児童虐待の通報は市区町村や都道府県が設置する福祉事務所または児童相談所に対して行うこととされていますが、2015（平成27）年7月から児童相談所全国共通ダイヤル（189番イチハヤク）が設置されており、ここへ電話をかけることで近くの児童相談所に電話がつながるようになりました。通報があった場合、児童相談所は48時間以内に虐待の有無を確認し、その子どもに生命の危険がないかを確認しなくてはならないことになっています。

　虐待などの理由により家庭で適切に養育されなかった子どもに対しては、できるかぎり家庭的な環境と小規模な生活単位の中で愛着関係を形成しつつ、きめ細かいケアを行っていくことが必要だといわれています。虐待を受けた子どもの中には情緒障害を示す子どもも多いことから、その対応には細心の注意と配慮が求められます。

事例 2-21

虐待による情緒障害が見受けられたケース

　ミカは小学4年の女児で、髪が長く、すらっとしていて人目を引く容姿をしている。学用品は全てお下がりで、寒い日にも薄着で登校することがある。4人きょうだい（19歳の姉、10歳の本児、6歳の妹、1歳の弟）の上から2番めで、一番上の姉はシングルマザーで3歳の子どもがおり、その子どもときょうだい、母親、母親の内縁の夫との7人で、母親の実家に暮らしている。きょうだいは全員父親が違い、母親は前の夫とは死別した。2年前までは母親の祖母と同居していたが、祖母が亡くなってからは一番上の姉がきょうだいたちの世話をしている。母親は飲食店でパートをしており、母親の内縁の夫は現在無職でアルコール中毒。母親はたまに学校行事に参加するが、時間を守れず、面接などには顔を出さない。

　就学前は近所の保育園に通っていたが、いつも登園する際はオムツはパンパンで、着ている服も同じだった。保育士が保護者とコンタクトを取ろうとしても、母親は多忙や体調不良を理由に避け続け、意味のある話し合いを行うことができなかった。

　ミカは入学直後から、クラス内での落ち着きのなさが指摘されており、友達の輪の中にも入って行こうとしなかった。遅刻が多く授業中もそわそわしていたりぼーっとしていたりしていて、学習も遅れがちである。

　保護者による暴言（「産むんじゃなかった」「お前なんか捨てる」など）や暴力があったことから、近所の人が警察に通報し、一時は児童相談所に保護されていたが、その後、不登校になった。心配して教師が電話をかけると、保護者からは「誰か迎えをよこしてください」と言われたり、昼ごろになって保護者から学校に「誰か家まで来て、連れて行ってください」という電話がかかってくることもあった。

　その後、ミカは保健室登校をすることになったが、感情の起伏（きふく）が激しく、怒りだすと目付きが変わってしまい、「殺す！殺す！」と言いながら保健室

> のハサミを持ちだして人に詰め寄ったり、トイレの個室にこもったり、突然帰ると言いだして玄関で教師ともみ合うこともあった。暴力や暴言もひどくなり、保健室でずっとものや壁などを蹴っていたりする。傷のかさぶたを剥がしてしまう自傷行為も見られ、両手指にはいつも血がにじんでいた。

〈教師の対応とその後〉

　その後、支援員や担任は、保護者との話し合いの機会を模索するとともに、本人からもむりのない範囲で家庭での状況を尋ねることにしました。ミカは支援員との面接形式での話し合いになると態度が硬くなる傾向がありましたが、数人でゲームをしたり、絵を描きながらであれば会話が続きやすかったため、そうした場面でミカが自分の心境を表現できるよう工夫していきました。そうした取り組みを続けていったところ、ミカは親や長女たちと一緒に毎晩日付が変わる時間まで起きており、そのため朝の起床が困難になっていること、家での食事は菓子パンのみであることが多く、朝食も食べてこないため午前中はだるかったりぼんやりすることが多いと話してくれました。また、姉が最近家でリストカットを繰り返していて心配であること、親から見捨てられるのではないかという不安が強く学校に来られなくなっていることも分かってきました。

　そこで、子ども食堂[i]や学習支援のためのボランティア団体など、本人やきょうだい、家族が利用できる施設や制度について伝えるとともに、家庭訪問の回数を増やして保護者の支援を行い、学校でも引き続き個別の支援を行っていくことになりました。ミカにはついイライラして人やものを叩いたり暴言をはいたりする傾向があったため、感情のコントロールの仕方を指導するとともに、優しい性格の女児が多いクラスに入れるよう配慮しました。

　学習の遅れに関しては個別の対応を行っていったところ、ミカは学習内容をよく理解でき、テストの成績も悪くないことが判明し、しばらくするとク

---

[i] 子ども食堂とは、地域のボランティアが子どもに対して、無料または安価で栄養のある食事や温かな団らんを提供する取り組みのことをいいます。

ラスで勉強ができるようになりました。栄養状態がよくなり、またクラス内での人間関係や勉強に対する不安が少なくなってからは不登校傾向も改善され、暴言や暴力の頻度も減っていきました。その後も体調が悪くなると保健室に来たり、首が切断されている絵を描いたりすることはありましたが、数週間単位で欠席してしまうようなことはなくなり、無事に小学校を卒業することができました。

(5) 母国語が外国語の場合

　文部科学省は、外国籍の子どもについて、小・中学校への就学を希望する場合はこれを受け入れ、日本の児童生徒と同様に取り扱うとしています。その場合、日本語指導や生活面・学習面での指導において特別な配慮が必要であるとし、その教育施策として特別な配慮を要する児童生徒に対応した教師の配置と日本語指導などの実施などをあげています。しかし、この施策の実施における具体的な対応の仕方は自治体の裁量(さいりょう)に任されているため、地域によってその内容にかなりの違いが見られるのが現状です。

　これらの教育施策では、母国語が外国語である子どもの日本語能力の不十分さを補うことに力点が置かれていますが、母国語が日本語以外である子どもに対する教育の問題として、日本の環境に適応させることを重視するあまり、その子どもや家族がもつ母語や母文化を尊重せず、日本語や日本文化の習得のみに特化してしまう可能性が指摘されています。日本語の習得や日本文化の習得を支援することで、その子どもが友達と楽しく遊んだり、安心して生活できるようにすることはもちろんとても大切ですが、その子どもや家族の背景やルーツについて尊重する姿勢も忘れずにいることが大切です。

　母国語が外国語の子どもや外国籍の子どもは、名前や容姿、ことばや文化などによって周囲の目を引きやすいため、クラスメイトや保護者から異質な存在として見られたり、敬遠されたりすることが少なくないという問題もあります。孤独感や孤立感から不適応を起こしたり、行為障害や情緒障害が現れる場合もあるため、クラス全体で受け入れる体制をつくっていくことがと

ても大切です。母国語が外国語の子どもだけに一方的に日本語や日本文化習得の努力を強いるのではなく、たとえばクラス全体でその子どもの母国語や文化もしくは人種や文化の多様性について学ぶ機会をつくるなど、お互いに歩み寄る姿勢で支援を行っていくことが重要です。

　現場での援助がスムーズに進むか否かは、その子どもの個性や家庭の雰囲気に拠るところも大きく、家庭でずっと母国語をしゃべっていてもすくすく伸びて、どんどんまわりに馴染んでいく子どももいれば、そうならないケースもあります。しかし、いずれにしてもその子どもを理解しようとし、共に考え、見本を示すような大人と温かな雰囲気の中で受け入れる友達がいないと、適応的な態度は身に付いていきません。

　また、保護者が日本語での読み書きやコミュニケーションに困難がある場合、保護者との面接において子どもが通訳に入ることもありますが、そうした場合、子どもが自分に都合の悪いことを伝えなかったり、保育者や支援員としても保護者に話がしづらくなることがあります。子どもや保護者に対し日本語習得に向けて支援をすると同時に、支援者側としてもコミュニケーションを成立させるための手段や方法を考え、必要に応じて言語を学んだり、通訳を助けてくれるような科学技術を導入するなど、できるだけ正確な意思疎通を行うための取り組みをしていくことが、子どもの安全と成長を支える上で大切なことだといえます。

✳ 事例 2-22

ことばが理解できずに不適応を起こしたケース

　シュウは小学4年の男児だ。背が高く体格もよく、両親とも外国籍で生まれも育ちも海外であり、5年前に来日した。両親は日本で飲食店を複数経営しており、週末も多忙で家族で夕食を食べるのは毎晩22時を過ぎる。家では両親とずっと母国語で会話をしている。

　シュウは小学1年から社会性の低さが指摘されていた。授業にも集中できず、居眠りや手遊びをしたり、鉛筆や筆箱をかじったり、飽きた様子で教室

内を立ち歩くこともあった。教室ではルールを守ることができず、授業中も落ち着きがなく、衝動的な行動を取ることも多かったが、この時点では日本語の指導はされなかった。小学2年のときに担任から日本語での指導が難しいとの相談があり、保護者の希望を確認した上で特別支援教育支援員が学習の個別指導をすることになった。シュウは同級生に対する興味はあるものの日本語の理解力が低いため、クラスメイトからのサポートやアドバイスに対して反発してしまうことも多かった。自分の意図が伝わらずに怒ったり、衝動的に相手を叩いたり殴ったりするほか、悪口には過剰に反応し思い込みや勘違いで激しく怒ることもあったため、まわりの子は次第にシュウを敬遠するようになっていった。

　本人の自己肯定感を高め、まわりの友達や環境と馴染むことを目標として指導を行っていたが、小学3年になっても周囲との関係性はあまり変わらなかった。1、2年の時点でノートを取るなどの基本的な学習態度が身に付かなかったため、4年になった現在でもノートは取らず、連絡帳も言われないと書かない、宿題も提出しないなど、学習態度に問題が見受けられる。成績は下降の一途をたどっているが、母親はとても教育熱心で、宿題ができないと叩く、引っ掻くなど身体的な暴行を加えるため、体にはしばしばあざや傷ができている。成績が悪いことについて、家では日常的に両親から責められている。

〈教師の対応とその後〉

　シュウに対しては、個別指導で日本語の読み書きや会話がどの程度できているかを確認し直し、その上で計画を立てることになりました。一つ一つ日本語の単語の語彙力を確認していったところ、シュウは「知らない」と答える頻度が高く、小学2年の国語の教科書の物語文のレベルも理解できていないことが明らかになりました。

　日常的な会話はほぼ不自由なく行えていたものの、語彙力の不足から自分の気持ちをうまくことばにして伝えることができず、悪いことば遣いの方がよく身に付いてしまっており、ことばや説明に窮すると何と言っていいか分からなくなり、「うるせえんだよ」「クソが」「黙れ」などの暴言が出てしま

う傾向がありました。また、算数は比較的理解できるものの、理科や社会の用語、国語のことわざや聞きなれない言いまわし、熟語などの理解は難しく、理解できなくなると飽きてしまうという悪循環が生じていました。ノートを取る習慣が身に付かないのも、そもそも日本語の書き方やノートの上手な取り方が分からないためであることが明らかになったため、日本語を教えてくれるボランティア団体などを紹介しましたが、両親が興味を示さなかったため、支援員コーディネーターの方から保護者に対して国語の個別指導を行うことを提案しました。

保護者に対しては、親子の触れ合いを大切にしてほしいと伝えていますが、保護者は「厳しくしつけないと駄目だ」と、暴力も辞さない独自の教育観を繰り返すばかりで聞き入れてもらえません。多忙を理由に保護者となかなかコンタクトを取ることもできないため、今後も根気強く学校からの関わりを継続していく予定です。祖母がたまに来日してシュウの世話をすることもあることが分かったため、祖母へのコンタクトも視野に入れつつ、引き続き学校としてできるサポートを行っていく予定です。

(6) 貧困

子どもの貧困の問題の深刻化を受け、2013（平成25）年に「子どもの貧困対策に関する法律」が成立し、2014（平成26）年には「子供の貧困対策に関する大綱」が閣議決定されました。その中では、「子供の将来がその生まれ育った環境によって左右されることのないよう、また、貧困が世代を超えて連鎖することがないよう、必要な環境整備と教育の機会均等を図」り、「全ての子供たちが夢と希望を持って成長していける社会の実現を目指し、子供の貧困対策を総合的に推進する」という理念が述べられています。

子どもの貧困とは、子どもが経済的困窮の状態に置かれ、発達の諸段階における様々な機会が奪われた結果、人生全体に影響をもたらすほどの深刻な不利を負ってしまうことです。貧困について考える際、指標になるのは相対的貧困率ですが、国民生活基礎調査によると相対的貧困率とは、経済協力開

発機構（OECD）による一定基準（貧困線）を下回る等価可処分所得（世帯の可処分所得（収入から税金・社会保険料などを除いた手取り収入）しか得ていない者の割合をいいます。2015（平成27）年の貧困線は122万円となっており、日本の子どもの貧困率は2015年では13.9%です。つまり、人数にすると300万人以上、子どもの約6～7人に1人がこの金額以下で暮らしているということになります。また、2015年の時点で子どもがいる現役世帯の相対的貧困率は12.9%ですが、そのうち1人親家庭を含む「大人が1人」の世帯の相対的貧困率は50.8%と、大人が2人以上いる世帯の貧困率である10.7%と比べて非常に高い水準になっており、子育て中の1人親世帯が苦しい状況に置かれやすくなっていることがうかがえます（厚生労働省, 2017）。

　貧困の中心にあるのは経済的困難ですが、この経済的困難は社会生活における様々な不利と連鎖して子どもの能力の伸長をはばみ、子ども自身の自己評価を下げ、人や社会との関係を阻害する可能性をもつことが指摘されています（子どもの貧困白書編集委員会, 2009）。また、欧米の調査研究によって、乳幼児期に貧困であるということはほかの発達時期における貧困よりも最も深刻にその後のライフチャンスを脅かし、その子どもが大人になったときにも貧困に陥ってしまう可能性が高いことが指摘されています（Duncan, G.J. & Brooks-Gunn, J., 1997；小西祐馬, 2008）。貧困には地域差があることも指摘されており、また一見、貧困の状態に置かれているようには見えないものの、実は貧困状態に陥っていたというケースも多々存在していることから、保育者は子どもや保護者の様子に気を配り、貧困の可能性に敏感になっておく必要があるといえるでしょう。貧困の状況に置かれている子どもは、時として食べ物に対して強い執着を見せたり、むさぼり食べをしたり、園のおもちゃを独り占めしたがったり、降園をしぶったり、うつろな表情をしていたり、突然カッとして攻撃的な行動をしたり、気分のムラが激しかったりなど、気になる行動や特徴を示すこともあります。しかし、その現れ方には個人差が大きいため、これらの行動の存在だけで貧困の状況を判断することはできません。また、いつも同じ服やサイズの合わない服を着ている、髪の毛が伸び放題になっている、園生活に必要なものを持って来なかった、オムツやお

手拭きの補充が滞るなど身だしなみや持ち物に特徴が現れることもありますが、貧困であってもものをたくさん所持している場合もあるため、やはり見た目や持ち物だけで判断することはできません。

ただ、ほかの子どもたちと同じように、貧困という苦しい家庭環境の中に置かれている子どもにとって、心と体をくつろがせ、栄養や睡眠を規則正しくとり、多様な活動に参加して経験を積み、多くの友達と楽しく遊ぶことができる園生活は、育ちにおいて重要な意味をもちます。また、園は送り迎えの際に保護者と接触できる機会があることから、子どもだけでなく、厳しい生活や労働に直面している保護者の支えとなることも期待されています。

事例 2-23

生活経験の少なさからうまく遊べないハル

ハルは保育園に通う5歳の女児で、都市住宅に母親と3人のきょうだい（12歳の兄、8歳の姉、3歳の弟）の5人で住んでいる。母親は夫の家庭内暴力により離婚し、パートで生計を支えている。ハルは同年齢の女児が好むままごと遊びなどには加わろうとせず、絵本や積み木、パズルで遊ぶ様子も見せなかった。園では落ち着きなくうろうろしていたり、一か所に座り込んでじっとしていたりなど、あまり自分から友達と交流しようとはしない。保育士が関わろうとすると、何も言わずにいきなり膝に乗ろうとしてきたり、保育士の頬や耳を触ったり、保育士の服の中に手を入れようとすることもあれば、つなごうとした手を振り払って逃げることもあった。歯ブラシセットや靴下の替えなど必要な持ち物が揃わないことが続いたため、保護者と話をしようとしても送り迎えにきょうだいが来ることも多く、連絡帳に保護者からのコメントもない。休み明けに週末の過ごし方を聞くと、家族でゲームセンターに行ったり、フードコートで食事をしたと話した。

ある日、ハルは日中に熱を出し、保護者に連絡をすることになった。保護者はなかなか電話に出なかったが、ようやく出た母親は「仕事を抜けるとクビになってしまう。クビになったらもう家を出ていかなくてはならない」と話した。そこで保育士は母親の力になりたいということを伝え、園で話し合

いの場をもつことになった。母親の話によると、子どもが多いために母親の収入だけでは足りず、水道代や電気代も滞りがちであるため、週末や平日は遅くまで皆で近所のショッピングモールで過ごしているのだという。以前、生活苦から職業訓練や生活保護の制度などについて役所に話を聞きにいったこともあったのだが、窓口の人から心ないことばをかけられたと言い、2度と役所には頼りたくないのだと話した。保育士は母親との面会をその後も定期的に続け、話を聞いたり、利用できそうな制度や施設を一緒に調べたりしていった。すると、母親は一番上の兄だけは私立学校へ通わせてサッカークラブに入れ、クラブ活動に必要な道具を買い与えるなどしていたが、そのほかの子どもには手をかけておらず、学用品などもお下がりで済ますなど、極端なお金の使い方をしていることも明らかになった。家では母親はほとんど家事をせず、長女がコンビニでパンなどを買って来て、きょうだいたちに食べさせている状況であった。

　園としては、ハルの園生活を安定させることと、家庭でできない様々な経験を園で積んでいくことを目指して、援助や計画を作っていくことにした。園で野菜を育てて収穫したり、それらを使って料理をしたり、収穫した野菜を子どもたちで料理してスープを作り、ご飯を炊いて皆で食べる機会も積極的に増やしていった。また、皆で近くの八百屋に買い物に行ったり、園でお店屋さんごっこをしたりなど、皆で楽しんで経験を積めるような工夫をしていった。園に来てからずっと女児たちのままごとには加わらず、砂場で山を崩したり、友達が作った砂団子を踏み潰したりしていたハルも、最近は園で行った調理実習を真似てままごとでスープを作ったり、おにぎりを作ったりして遊ぶようになった。ある日、ハルはうれしそうな様子で、次の休みに姉と一緒に園で作り方を覚えた料理を作る約束をしたのだと話してくれた。

(7) 組織的な対応の必要性

　特別な配慮を要する子どもの理解と援助にあたっては、組織的な対応やチーム学校での対応が必要不可欠です。

　日々、グローバル化が進み、社会情勢が変化し、また自然災害などが頻繁

に起こるこの社会において、特別な配慮を必要とする子どもを支えていくためには、保育者や教師一人一人が専門性を向上させ、職員間での連携を強めていくことが不可欠であると同時に、他園や地域の学校ともネットワークをつくり、子ども同士や職員同士が交流できるような機会をつくっておくことも大切です。また、専門家や関係機関ともつながっておくことで、必要なときにアドバイスをもらったり、協力を要請することが可能になります。組織的な対応を行うための基盤を整えておくことは、一人一人の子どもを理解し、個別のニーズに合った支援を行い、また保護者を支えていくために欠かせないことでもあるのです。

幼稚園及び保育所等における障害児その他の特別な配慮を要する子どもの教育・保育の実際

　幼稚園や保育所および認定こども園に入園する子どもの中には、入園時点で障害の診断がされている子どももいれば、診断はされていないものの特別の支援が必要とされる子どももいます。診断の付いている子どもには「個別の支援計画」が作成されています。この章では「個別の支援計画」の作成の意義と活用について理解し、幼稚園や保育所などで作成される園独自の全体的な計画や指導計画との関係についても理解しましょう。また、外国籍の子どもやアレルギーのある子どもなどのように、障害ではないものの特別な配慮や支援が必要な子どもへの計画の立て方についても理解しましょう。

1 全体的な計画及び指導計画、個別の支援計画の作成

　幼稚園や保育所および認定こども園では、教育や保育の目標を達成するため、教育課程や各園の方針および目標に基づき、教育や保育の内容が総合的・計画的に構成され総合的に展開されるよう、「全体的な計画」を作成することが求められています。園ごとに作られる「全体的な計画」に基づいて「長期的な指導計画」や「短期的な指導計画」が作成されますが、障害のある子どもや特別な配慮を要する子どもに対してはそれぞれに「個別の教育支援計画」や「個別の支援計画」が作成されており、それらを踏まえながら「個別の指導計画」を作成することが求められます。

(1) 幼稚園における「全体的な計画」

　幼稚園教育要領の第1章では、一体的な教育活動を展開するために、それぞれの幼稚園が教育課程を中心として**全体的な計画**を作成することが定められています。

　幼稚園における「全体的な計画」は、1日標準4時間の教育時間を中心にした「教育課程」を中心として、登園から降園までの子どもの生活全体を捉える計画です。1日標準4時間の教育時間が終了した後に行われている教育活動や学校保健、学校安全の計画なども含めた計画とすることで、これらの活動を関連させ、子どもの生活を見通しをもって把握し、カリキュラム・マネジメントを充実させることが求められています。

　「全体的な計画」を作成する際の基盤となる「教育課程」は、それぞれの園において全教職員の協力のもと、園長の責任で編成されます。「教育課程」は教育基本法および学校教育法などの法令と幼稚園教育要領が示すところに従い、子どもの心身の発達と園や地域の実態および「幼児期の終わりまでに育ってほしい姿」を踏まえて編成されるもので、入園から修了までの期間に

おいて、どの時期にどのようなねらいをもってどのような指導を行うかが全体として明らかになるように、具体的なねらいと内容が組織されます。

　また、「教育課程」においてはその実施状況を評価し、実施に必要な体制（人や物や環境）を確保することで改善を図り、組織的かつ計画的に教育活動の質が向上していくようにする、実施・評価・改善のプロセス（カリキュラム・マネジメント）が重視されます。カリキュラム・マネジメントを行うにあたっては、たとえば①教科書のような教材を用いず環境を通して行う教育を基本としていること、②家庭との関係の緊密度が高いこと、③預かり保育や子育て支援などの教育課程以外の活動が実施されていること、などが評価のポイントとなります。

(2) 保育所における「全体的な計画」

　保育所における「全体的な計画」は、児童福祉法および関係法令や保育所保育指針、子どもの権利条約などと各保育所の保育の方針や保育理念が示すところに従い、子どもの入園から卒園もしくは就学にいたるまでの全体にわたって、保育の目標を達成するために、どの時期にどのようなねらいをもって何を行うのか、どのような道筋で保育を進めていくのかを示すものです。また、「全体的な計画」は保育所保育の全体像を包括的に示すために、指導計画のほか、保健計画、食育計画、近隣の老人施設への訪問やお祭りへの参加など、地域の生活条件や環境、文化を生かし、地域に根ざした保育所としての創意工夫が反映されることが求められます。

　「全体的な計画」における保育のねらいと内容は、乳幼児期の発達過程に沿って、それぞれの年齢や時期でどのような体験をし、どのような援助が必要となるのかを明らかにすることを目的として構成されます。

　保育所の「全体的な計画」を作成する際は、幼稚園における「教育課程」を作成する際に求められるのと同様に、子どもの心身の発達の過程や実態を理解していることや、家庭との連携を視野に入れている必要があります。そして、この「全体的な計画」を基盤として、長期・短期の指導計画などより

具体的な指導計画が作成されます。

(3) 認定こども園における「全体的な計画」

認定こども園では、教育課程に係る教育時間および保育時間が異なる子どもや在園期間が異なる子どもがいることを前提に、「幼児期の終わりまでに育ってほしい姿」を踏まえながら、教育および保育の「全体的な計画」が作成されます。認定こども園における「全体的な計画」は、子育て支援と有機的に連携し、子どもの園生活全体を捉えた計画であることや、一時預かりにおける計画など、園における様々な活動を関連付けた計画であることが求められています。

(4)「全体的な計画」の例

表3-1-1に示したのは、乳幼児保育を行っている企業内保育所の「全体的な計画」です。「全体的な計画」は、各園が園の理念や実態に合わせて創意工夫して作成することが求められているため、全国で統一されたフォーマットがあるわけではありませんが、自治体によってはホームページなどで独自のフォーマットを用意し、ダウンロードできるようにしているところもあります。

計画の書式や形式は園によって様々ですが、基本的には表3-1-1のように、表の上部に行くほど大きな理念や目標が掲げられており、表の下部に行くほど細かく具体的な目標が示されることが多いです。たとえば、多くの場合「全体的な計画」の一番上部には「保育理念」が示され、「保育目標」や「目指す子ども像」などがそれに続きます。その下には「社会的責任」「人権尊重」など、園が重点的に取り組む柱が掲げられることもあります。ここでの表現は「～を提供する」「～を育む」「～を目指す」「～に努める」「～を図る」など、園や保育者を主語にした表現を用いられるのが一般的です。

その下に、保育所であれば「養護（生命の保持・情緒の安定）」と「教育（健

康・人間関係・環境・言葉・表現)」それぞれの項目について、在園する子どもの年齢ごとの「ねらい」「内容」が示されます。一番左に低年齢児の列が配置され、右に行くほど高年齢児の姿が描かれることが多いです。「幼児教育で育みたい資質・能力」や「幼児期の終わりまでに育ってほしい姿」が就学前までに育まれることを目指し、保育所保育指針における各領域の「内容の取扱い」を参照しながら、各発達段階におけるねらいや内容が定められていきます。

　具体的な内容としてはまず、養護の部分で「〜ができるようにする」「〜に過ごせるようにする」など、保育者の具体的な援助の内容を示し、「教育」の部分で「〜を楽しむ」「〜表現しようとする」「〜に気付く」など、目指すべき子どもの姿が表現されることが多いです。たとえば、「安心して過ごすことができる」という内容であれば、安心して過ごすことができる子どもの姿を目指す、子どもが安心して過ごすことができるように支援する、ということになります。

　その下に、「食育」「環境・衛生管理」「安全対策・事故防止」「保護者・地域などへの支援（子育て支援）」「職員の研修計画（職員の資質向上）」など、計画に盛り込むことが求められている項目のほか、園独自の取り組みとして「小学校との連携」「地域行事への参加」などがまとめられます。これらの項目は、各年齢ごとに目標が定められるものもあれば、全ての発達段階を通しての取り組みとしてまとめられる場合もあります。

(5) 様々な「指導計画」のかたち

　「全体的な計画」が立てられたら、それに基づいて教育や保育を実施するための、より具体的な方向性を定める「指導計画」が作成されます。「指導計画」には、年や月単位で長期的な見通しを示すものや、さらに細かく週や日単位で短期的な予測を示すものなどがあり、幼稚園や保育所ごとにそれらを組み合わせて用いられるのが一般的です。認定こども園の場合は、一時預かりの子どもの活動と長時間在園する子どもの教育および保育を合同で行う

表3-1-1 ある保育所の全体的な計画

●●年度　全体的な計画

保育理念	保育目標	
・子ども・子育て支援法、その他関連法案令を遵守し、子どもの権利を尊重しつつ、生涯にわたる人間形成の基礎を育む。 ・子どもが安心して毎日楽しく過ごせるよう、一人一人の発達や個性を踏まえ、適切な環境の中での保育を行う。	・心身ともに健康な子ども。 ・心穏やかな優しい子ども。 ・感情豊かで好奇心に満ちた子ども。 ・自信をもって何事にもチャレンジできる子ども。	
社会的責任	人権尊重	説明責任
・児童福祉法、保育所保育指針に基づく児童福祉施設として、児童、保護者、地域に対し保育園の役割を果たす。	・児童・保護者の基本的人権を尊重する。 ・児童の最善の利益を考慮する。	・保護者や地域社会に対して、登園の理念方針や保育活動の目的、計画を多様な方法を用いて説明する。
子どもの保育目標（姿）	0歳児	
	・保健的で安全な環境の中で、健康で快適な生活をする。 ・しっかり食べ、遊び、眠り、園と家庭との一貫した生活リズムの中で、健康な体をつくる。 ・保育者との信頼関係を築き、安心して過ごしながら人や物との関わりを広げる。	

年齢		0歳児
養護	生命の保持	・一人一人の発育・発達状態を的確に把握し、個人差に応じた保育をすることで、生理的欲求が満たされ安心して過ごすことができる。
	情緒の安定	・タッチケアやスキンシップ、優しい語りかけにより、保育者との信頼関係を深めていく。
教育	健康	・伝い歩きから１人歩きができ、保育者の見守る中で探索活動を楽しむ。
	人間関係	・特定の保育者との温かい触れ合い遊びを喜び、安心して過ごす。 ・友達に関心を示し、自分からそばに行ったり少しの間一緒に遊んだりする。
	環境	・四季の自然環境に触れ、季節の行事を楽しむ。
	言葉	・保育者が優しい語りかけをし、発声や喃語に応答することで発語の意欲を育む。 ・興味のある絵本を保育者と一緒に見ながら、簡単な単語の繰り返しや模倣をして遊ぶ。
	表現	・生活や遊びの中での保育者のすることに興味をもったり、模倣したりすることを楽しむ。 ・様々な素材に触れて感触を楽しみ、感性を育む。
食育	食を営む力の基礎	・個人に合わせた授乳を行い、健やかな発育、発達を促す。 ・離乳を進め、様々な食物に慣れ、幼児食へ移行できるようにする。 ・様々な食物を見て、触れて、味わう経験を通して自ら進んで食べるようになる。
健康支援		・健康、発育、発達状態の把握・心身や家庭生活、養育状態の把握・内科検診（5・11月）。 ・歯科検診（年2回）・異常が見られたときの対応・身体測定（毎月）。
環境・衛生管理		・施設内外の整備、用具などの清掃消毒および自主点検・職員全体の検便（毎月1回・11月以降はノロウイルス検査）・遊具の消毒・ポンプ式泡石鹸消毒・ペーパータオル使用。
安全対策・事故防止		・毎月の避難訓練（火災、地震、水害、不審者対応）・防災マニュアル作成・遊具の安全点検（月1回）。 ・ヒヤリハットの作成（週1回）・事項報告書の作成。
保護者・地域などへの支援		・育児相談支援・個人面接、連絡帳による情報交換・園の便りの発行・ライブカメラでの情報公開。 ・保育補助者の受け入れ・保護者会の開催・保育参観の実施。

海の星保育園

保育方針	
1.子どもの発達段階に併せた"体験"を提供する。 2.子どもの生きる力・学ぶ力・社会性の基礎を育む。		

情報保護	苦情処理・解決
・保育にあたり知り得た子どもや保護者に関する情報は、正当な理由なく漏らしてはならない。	・苦情解決に向けて、窓口の設置とともに第三者委員会を設置し、利用者に向けて周知していく。 ・苦情内容に関しては、利用者に周知していく。
1歳児	2歳児
・安心できる保育者との関係の下で、食事・排泄・衣類の着脱などの活動を通して自立心を身に付ける。 ・保育者との関わりの中で簡単な言葉や動作で自分の思いを表現することができる。 ・友達や身の回りの物事に興味をもち、様々な経験を広げながら遊びを楽しむことができる。	・自分の気持ちを、言葉や動作、表情などを使い表現できる。 ・保育者や友達と関わりながら、安心して過ごすことができる。 ・信頼できる保育者のもと、欲求を適切に満たし、食事・排泄・衣類の着脱など簡単な身の回りのことを意欲的に行う。
1歳児	2歳児
・保健的で安全な環境の中で保育者が温かな触れ合いを多くもち、身体の状態を把握することで快適な生活ができる。 ・保育者によるタッチケアやスキンシップにより安定した情緒を育む。 ・自主性を大切にし、できた喜びを保育者と共感する。	・生理的な欲求を満たし、快適・健康に生活することができる。 ・身の回りの清潔を保ち、排泄・食事・衣類の着脱などを意欲的に自分で行う。
・保育者の温かな見守りの下で、食事・睡眠・休息など一定リズムで生活することができる。 ・手洗い・排泄などの習慣を意識することができる。	・信頼できる保育者との関わりの中で、安心して自分の気持ちを表すことができる。 ・活動を通して、自発性や探索意欲を深める。
・保育者との触れ合いを喜び、安心して過ごすことで信頼関係を築く。 ・友達に興味や関心をもち自ら関わろうとし、保育者を仲立ちとして共感し一緒に遊ぶことができる。	・自分の好きな遊びを見付け、安心できる環境のもと、全身を使って遊ぶことを楽しむ。
・自然に触れることで四季や天候を感じ、自然現象を楽しみながら全身で感じ力を養う。	・信頼できる保育者と共に日常生活を安心感をもって伸び伸びと過ごし、食事・睡眠・運動などを自分から進んで行う。 ・様々なものに関わる中で、発見したり考えたりする経験を楽しむ。
・保育者の豊富な言葉がけや手遊びを通して言葉を覚え、簡単な言葉を使った表現を楽しむことができる。	・自分の気持ちを言葉や動作、表情を使って自分なりに表現し、保育者や友達に伝えようとする。
・歌やリズムに合わせて体を動かすことや模倣を楽しむことができる。 ・自分の欲求を簡単な言葉や動作で伝えることができる。	・自分の気持ちを言葉や動作、表情を使って自分なりに表現し、保育者や友達に伝えようとする。
・様々な食物を見て、触れて、味わう経験を通して自ら進んで食べるようになる。 ・様々な食物の調理形態に慣れ、楽しく食事ができる。 ・食生活に必要な基本的な習慣や態度に関心をもつ。	・楽しく食事ができる。 ・様々な食物や料理を味わい、食べたいもの、好きなものを増やし、好き嫌いなく残さず食べられるようになる。 ・食生活に必要な基本的な習慣や態度が自らできるようになる。
職員の研修計画	・園外研修・研修報告会・園内研修(保育内容、ケース会議、英語研修)。
特色ある保育	・英語を用いたタッチケアの導入・感覚運動期の発達に併せたプログラム。
小学校との連携	・石の海保育園との交流およびイベントの合同開催。
地域行事への参加	・地域の老人施設への訪問・地域のお祭りなどへの参加。

場合もあるため、それぞれの子どもたちの生活を前提とした配慮事項を設け、それを踏まえた上での「指導計画」を立てる必要があります。

　子どもの状況に応じて「個別の指導計画」が立てられたり、年齢ごとやクラスごと、グループごとの「指導計画」が立てられる場合もあります。書式や形式などは園によって異なっており、必要なものを工夫して盛り込んでいくことが求められます。「指導計画」は、子どもの実態に基づき、子どもの様々な資質や能力を引きだすために立てられるものであり、保育者側の都合で特定の活動を一方的に押し進めるためのプランではない点には注意が必要です。また、実際に展開される生活に応じて常に改善されるものであることも理解しておきましょう。

(6)「指導計画」の例

　表3-1-2〜3-1-5に示すのは、ある私立保育所2歳児クラスの「年間指導計画」「月間指導計画」「週間指導計画」です。これらの指導計画は、「全体的な計画」の各項目を参照しつつ、年齢ごとに立てられるのが一般的です。

①「年間指導計画」の例

　表3-1-2の「年間指導計画」では、まず一番上に「年間目標」が掲げられていますが、ここには「全体的な計画」における2歳児の「子どもの保育目標（姿）」と同じ内容が入っています。次に、1年を4つの期に分け、その期ごとのねらいや内容を計画していきます。期の分け方は4〜6月、7〜9月、10〜12月、1〜3月と3か月ごとの区切りをする場合もあれば、4〜5月、6〜8月、9〜12月、1〜3月といった分け方をする場合もあり、園がある地域の気候条件などに合わせて作成されていきます。

　その後、期ごとに「ねらい」や「（目指す）子どもの姿」が掲げられ、そのねらいを達成することを目標として、「養護」や「教育」の内容がさらに細かく具体的な形で提示されていきます。表3-1-2のように、「全体的な計画」のフォーマットに合わせて「生命」「情緒」「健康」「人間関係」「環境」「言葉」

「表現」の項目が一つ一つ立てられることもあれば、「養護・安全」と「内容（健康・人間関係・環境・言葉・表現）」のように大きなくくりの中で細かな計画が立てられる場合もあります。

養護と教育に関する指導計画の下には、「食育」「健康・安全」「環境設定」「配慮事項」や「保護者などへの支援」「行事」「職員間の連携」といったそれらを支える項目が立てられていきます。また、これらの計画の評価と見直しのために、「自己評価・反省」の書き込み欄が設けられることもあります。

②「月間指導計画」の例

表3-1-3の「月間指導計画」では、「年間指導計画」の期ごとのねらいをもう少し細かく具体的にした「月のねらい」が掲げられます。そのほか、この月で目指す「子どもの姿」や「行事」「保護者支援」「職員間の連携」「養護と安全」などの項目が立てられることもあります。

「養護」と「教育」の具体的な内容については表3-1-3のように一つ一つ項目が立てられることもあれば、「養護」と「教育」の2つの大きなくくりの中で設定されていく場合もあります。その上で、各項目について「ねらい」「内容」「環境構成」「援助・配慮事項」などが示されるほか、園によっては「予想される子どもの活動」「地域交流」などの項目が立てられることもあります。また、その月の「食育」に関する指導計画や、指導計画を改善するための「自己評価」「反省」欄が設けられることもあります。

③「週間指導計画」の例

「月間指導計画」をもとに、それをさらに細かく具体的にした「週間指導計画」（表3-1-4）が作成されます。週間計画においては、まず初めに「前週の子どもの姿」と月間指導計画における「月のねらい」をさらに細かく具体的にした「今週のねらい」などが示され、「保護者支援」や「行事」「地域交流」なども月間指導計画を参照しながらより具体的に示されていきます。

その上で、1日ごとの教育・保育の具体的な「内容」や「配慮事項・環境構成」の計画が立てられます。また、天候などの関係で計画していた活動を

表3-1-2　ある保育所の年間指導計画

●●年度　2歳児（CHERRY CLASS）　年間指導計画

保育目標
・自分の気持ちを、言葉や動作、表情などを使い、楽しんで表現できる。 ・保育者や友達と関わりながら、安心して過ごすことができる。 ・信頼できる保育者のもと、欲求を適切に満たし、食事・排泄・衣類の着脱など、簡単な身の回りのことを自分で意欲的に行うことができる。

年間区分		Ⅰ期（4月～6月）	Ⅱ期（7月～9月）
ねらい		・保育者に親しみをもち、安定した中で一人一人が伸び伸びと楽しんで遊ぶ。 ・身の回りの様々な事柄に興味や関心をもつ。 ・保育者と一緒に、好きな遊びや玩具を見つけて遊ぶ。	・簡単な決まりや約束を守る。 ・自然に親しみ、季節や環境に興味を示す。 ・いろいろな運動遊びを楽しむ。
養護	生命	・保育者との触れ合いや言葉がけを通して、生理的な欲求を満たし、快適に生活できる。	・保育者と信頼関係を築き、身の回りの活動を自分でしようとする。
	情緒	・生理的な欲求を満たし、安心して過ごせる。	・保育者と信頼関係を築き、安心して活動できる。
教育	健康	・生活経験に配慮し、家庭との適切な連携を取り、子どもが安心して過ごすことができる。	・自分の好きな遊びを見つけ、安心できる環境のもと全身を使って遊ぶことを楽しむ。
	人間関係	・身の回りに興味や関心が高まり、関わりをもつとする。	・園での生活リズムに慣れて、保育者や友達と安定感をもって過ごせる。
	環境	・絵本・玩具・歌などに興味をもち、それらを使った遊びを楽しむ。	・季節を感じながら、戸外活動や行事を楽しむ。
	言葉	・保育者が気持ちを受け止めることで、子どもが安心して自分の気持ちを言葉や表情で表現できる。	・表情や動作、言葉で気持ちを表現しながら、保育者や友達と関わることを楽しむ。
	表現	・保育者と一緒に簡単な歌を歌ったり、リズムに合わせて体を動かして遊ぶことを楽しむ。	・戸外遊びで自然に触れ、様々な感覚を経験し楽しむ。
食育		・楽しい環境や保育者の言葉がけで、自ら口に食べ物を運び、おいしく食べる。	・季節や行事の食材を楽しみながら食べる。
健康・安全		・慣れない環境や初めての玩具でも、危険のないように配慮する。 ・室内や戸外の温度によって、衣類の調整を行う。	
環境設定		・子どもが満足して遊べるように、玩具を設定する。	・戸外活動や行事などで季節を感じられるようにする。
配慮事項		・安心して過ごすことができるように、一人一人の欲求や甘えを十分に受け止める。	・汗をかいたときにはこまめに拭いたり、水分補給を行い、快適に過ごせるようにする。
保護者などへの支援		・送迎時や連絡帳を活用し、園での子どもの様子を伝え、家庭と園で子どもの発達過程を共有する。 ・保育参観などの親子行事を通して、園のことをより知ってもらい、連携を深める。 ・映像や写真を使って、毎日の生活の様子を伝える。 ・体調の変化に留意し、子どもが健康で快適に過ごせるように家庭との連携を図る。	
行事		入園式・子どもの日・Guardian day・親子遠足	Fishing day・七夕・保育参観・Sports Festival
自己評価・反省			

責任者	担当
㊞田中 ㊞荒木	広瀬

Ⅲ期（10月～12月）	Ⅳ期（1月～3月）
・生活や遊びの中で、保育者や友達と言葉のやり取りを楽しみながら、少しずつ語彙が増えていく。 ・簡単な決まりや約束を理解することができる。	・体の機能が発達し、走ったり跳んだりすることを楽しむ。 ・語彙数が増し、まわりの人との言葉のやり取りを楽しむ。 ・生活に必要な言葉が分かり、自分の欲求や意思を言葉で伝えようとする。
・排泄・食事・衣類の着脱などの身の回りのことを意欲的に自ら行うことができる。 ・生活リズムを整え、安心感をもって過ごすことができる。 ・身の回りを清潔に保つ心地よさを感じ、食事・睡眠・衣類の着脱などの習慣が身に付く。 ・生活や遊びの中で真似をしたり、ごっこ遊びを楽しむ。 ・保育者が一人一人の発達に沿った環境づくりを行い、子どもがごっこ遊びや模倣することを楽しむことができる。 ・絵本や歌を楽しみ、言葉を繰り返したり模倣をして遊ぶ。 ・保育者や友達と話したり聞いたりすることを楽しむ。 ・苦手なものでもバランスよく食べる。	・自発的に身の回りの清潔を保とうと活動することができる。 ・保育者が一人一人の発達過程を把握し、子どもが自分に自信をもって活動できる。 ・生活の中で学び、繰り返すことで多様な動きや経験を楽しむ。 ・まわりの人や環境の中で、決まりの大切さに気付く。 ・保育者や友達と関わりながら、思いやりの気持ちを育む。 ・保育者や友達の言葉や話に興味をもって、やり取りを楽しむ。 ・生活や遊びの中での出来事を通して、イメージを豊かにする。 ・お箸やフォーク・スプーンを使って、自ら食べることを楽しむ。
・季節の行事に興味をもち楽しめるように工夫する。 ・快適に生活できるように、室内の温度や湿度に配慮にする。	・インフルエンザなど、感染症が流行しやすい時期なので、換気やおもちゃの消毒をこまめに行う。 ・絵本や音楽などを通し、季節や行事に興味をもてるように工夫する。
Halloween Party・Thanks giving day・Christmas Party	節分・お別れパーティ・おひなさま・修了式

表3-1-3 ある保育所の月間指導計画

●●年度　6月　2歳児（CHERRY CLASS）　月間指導計画

月のねらい		・友達とのやり取りを楽しみ、安心できる保育者のもとで自分の気持ちを言葉で表現することができる。 ・排泄を自分で知らせ、トイレですることができる。
子どもの姿		・子ども同士でものの取り合いをしたり、お互いに真似をしたりと、意識した行動が見られる。 ・排泄や手洗い、うがいなどを嫌がってしようとしない。 ・戸外活動では元気に体を動かして、様々な体の動きを楽しみ、体力が付く。
ねらい		
養護	生命	・排泄を自分で知らせ、トイレですることができる。 ・水分をこまめに摂り、着替えなどで体温調整を行い、快適に過ごせる。
	情緒	・友達の存在に気付き、自分以外の相手の気持ちに共感ができる。 ・安心できる保育者と好きな遊びをして過ごし、落ち着いて過ごせる。
教育	健康	・戸外活動で、散策や公園の遊具などを楽しみながら、様々な体の動きを楽しむ。 ・散歩では自分の力で歩き、体力づくりを行う。
	人間関係	・保育者や友達との関わりの中で、相手の気持ちを考えたり、共感できるようになる。 ・日々の生活の中で、「ありがとう」や「ごめんなさい」が言える。
	環境	・少しずつ自分の力でできることが増え、ほめられることでさらに自信をもってできるようになる。 ・好きな遊びをさらに展開して、想像力が豊かになる。
	言葉	・英語でのActivityを楽しみ、日常生活の中でも覚えた言葉を使うことができる。 ・うれしいことや嫌なことなどの自分の気持ちを言葉で伝えられるようになる。
	表現	・おままごとやごっこ遊びの中で、自分の経験の中で見たことや聞いたことを模倣して遊ぶことを楽しむ。 ・歌や音楽のリズムに合わせて、体を動かすことを楽しむ。
食育		・自分で食べることを楽しみ、苦手なものを少しずつ食べられるようになる。 ・「いただきます」「ごちそうさま」の挨拶ができ、箸やスプーン・フォークを使いながら食べる。
自己評価		天気のよい日が続き、戸外活動で自然を感じたり、公園の遊具でたくさん遊ぶことができた。また、Activityの時間や内容を子どもたちが楽しめるように変えたことで、少しずつ以前よりも楽しんでいる姿が見られるようになってきた。友達との関わりでは、言葉よりも手や口が出てしまうことがあるので、トラブルや怪我につながらないように保育者の援助が必要だ。

		責任者	担当
		田中㊞ 荒木㊞	広瀬

行事	・避難訓練 ・健康診断 ・内科検診 ・歯科検診 ・親子遠足	保護者支援	・排泄や衣類の着脱などの自立を家庭と連携して取り組む。 ・検診や遠足などの行事の詳細をあらかじめ伝え、園への信頼が深まるようにする。 ・体調や気持ちの変化など、子どもの健康状態や成長過程を共有し、子どもが安心して生活できるようにする。

環境構成・配慮事項	予想される子どもの活動
・時間を決めてトイレにいく習慣を付け、トイレットトレーニングを進める。 ・戸外活動では、日焼け止めや帽子などで紫外線や気温に配慮する。 ・汗をかいたらこまめに着替えをし、あせもなどにならないように配慮する。	・遊びに夢中になり、トイレに行きたがらない。 ・外の気温が高くなり汗をかくことが多くなったり、戸外での運動量が増え体力が付いてくる。
・保育者が間に入りながら、玩具の貸し借りなど友達との関わりを楽しめるように見守る。 ・気持ちが不安定で落ち着かないときには、活動を分けて距離を取りながら、自分の好きな遊びに集中できるように環境づくりを行う。	・うまく気持ちを伝えられずに手や口が先に出る姿が見られる。 ・気持ちが不安定なときは、言葉で表現するのが難しく、甘えたり泣いたりして保育者に訴える。
・戸外に出るときは周囲の安全に十分気を付け、交通ルールや遊具での遊び方などの約束を伝える。 ・食事や睡眠をしっかりとり、生活リズムを整えて、元気に活動できるようにする。	・公園でブランコや滑り台を楽しみ、虫や花などの散策をしながら自然の中で元気に遊ぶ。
・玩具の取り合いなどのトラブルが起きないように、保育者が間に入りながら、友達とのやり取りを楽しめるようにする。 ・甘えを受け止めながら、安心して気持ちを表現し、落ち着いて過ごせる環境をつくる。	・保育者の声かけで、玩具の貸し借りが少しずつできるようになってくる。 ・友達の存在が気になり、なかなか眠れなかったり、寂しくなったりと気持ちが不安定になる。
・少し難しいことでも、保育者が援助しながら取り組み、できたことをたくさんほめることで、自分でもやってみようとする気持ちを育てる。 ・興味や関心のあることに夢中になれるように、子ども一人一人に合わせた声かけをしたり、玩具などを用意する。	・気持ちが不安定なときは、自分で身の回りのことをしたがらず、保育者にやってもらおうと甘える。 ・ほめられることで自信をもち、自らやってみようと挑戦する。
・うまく言葉が出てこないときには、保育者が寄り添い、言葉をかけることで、安心して気持ちを表現できるように配慮する。 ・英語でのActivityを楽しみ、日々の生活の中でも発話が増えるように言葉がけをしていく。	・Activityに興味をもち、積極的に参加する。 ・友達との関わりの中ではうまく気持ちを発散できずに、ストレスを感じている様子が見られる。
・ごっこ遊びの中で、子どもの気持ちに共感し、想像力が広がるように声をかけ、遊びを展開する。 ・自由遊びの中でも、曲を流し、音楽に親しめる環境をつくる。	・おままごとで料理を作ったり、お皿を洗ったりと生活ごっこを楽しむ。 ・知っている絵本を自分で読もうとしたり、好きな歌を口ずさんだりする。

反省	友達の存在により気持ちが不安定になり、ストレスを感じている様子が見られる。相手を叩いたりすることがあるので、相手の気持ちを考えられるように声をかけていく。また、気持ちを受け止め信頼関係を深めることで、安心して過ごせるようにしていく。	担当 広瀬	責任者 荒木㊞

表 3-1-4 ある保育所の週間指導計画

2歳児（CHERRY CLASS） 週間指導計画　5月21日（月）～5月26日（土）

責任者		担当
荒木㊞	田中㊞	広瀬

前週の子どもの姿
・園児が増えたことで、不安になったり保育者に甘えたりと気持ちの変化が感じられた。また、赤ちゃんの真似をする姿もあった。

今週のねらい
・トイレでスムーズに排泄ができ、自分でも知らせることができる。
・友達とのやり取りを楽しみながら遊ぶことができる。

予想される子どもの姿
・友達の真似をするなど、意識しながら遊ぶ。
・保育者にやきもちを焼いたり、甘えたりする。

保護者支援
・排泄や衣類の着脱など、身の回りのことの自立を家庭と連携して行う。

行事
なし

反省・評価
・自分の気持ちをうまく表現できずに、叩いたり噛みついたりする姿が見受けられた。また、午睡時にもなかなか寝付けなかったり、泣きながら起きたりと、ストレスが溜まり気持ちが不安定になっている様子。
・友達との関わりの中で保育者がトラブルにならないよう、気持ちが落ち着くまで待つ。活動を分け距離を取りながら徐々に仲良くなれるように声をかけていく。また、保育者が甘えを受け止め、安心できる環境をつくる。

園長印
〈雨天時の活動〉
・粘土
・お絵描き
・ままごと遊び
・折り紙

日付	リーダー	内容	配慮事項・環境構成
21日（月）	広瀬	Morning Circle、Activity、おやつ、戸外活動（散歩）、昼食、午睡、おやつ、Good-bye Circle	・園児同士のトラブルがないように、間に入りながら遊ぶ。 ・挨拶や簡単な約束が守れるように声をかける。
22日（火）	広瀬	Morning Circle、Activity、おやつ、戸外活動（散歩）、昼食、午睡、おやつ、Good-bye Circle	・戸外活動では、励ましながら距離を歩けるようにして、体力づくりを行う。 ・外では手をつないで歩き、交通のルールを意識できるように声かけを行う。
23日（水）	広瀬	Morning Circle、Activity、おやつ、戸外活動（散歩）、昼食、午睡、おやつ、Good-bye Circle	・子どもの気持ちに寄り添いながら、気持ちの切り替えができるように声をかけし、Activityに積極的に参加できるように促す。
24日（木）	広瀬	Morning Circle、Activity、おやつ、戸外活動（散歩）、昼食、午睡、おやつ、Good-bye Circle	・散歩では、少しずつ歩ける距離を伸ばし、体力づくりを行う。 ・水分補給をこまめに行い、排泄を促す。
25日（金）	広瀬	Morning Circle、Activity、おやつ、戸外活動（散歩）、昼食、午睡、おやつ、Good-bye Circle	・友達との関わりの中で、思いやりの気持ちを育み、語彙力の発達ができるように声をかける。
26日（土）	広瀬	Morning Circle、Activity、おやつ、戸外活動（散歩）、昼食、午睡、おやつ、Good-bye Circle	・自分の好きな遊びに夢中になれるように環境づくりをする。 ・友達と玩具の取り合いやトラブルがないようにしっかりと見守る。

行えなくなった場合の代替となる活動内容について、事前に計画されることもあります。そして、次の週の計画を作成するために、「反省・評価」欄が設けられ、週ごとの反省や評価を踏まえて、次の週の計画が立てられていきます。

(7)「個別の支援計画」の意義と活用

①個別の計画の種類

　園では、障害のある子どもを含め、子ども一人一人の実態を個別に把握し、見通しをもってそれぞれの子どもの発達を支援していくため、個別に計画が立てられます。個別の計画には、「個別の支援計画」「個別の教育支援計画」「個別の指導計画」（表3-1-5）などいくつかの種類があります。

②「個別の支援計画」と「個別の教育支援計画」

　個別の支援計画は、もともとは2002（平成14）年の障害者基本計画（新障害者プラン）において、2005（平成17）年度までに盲・聾・養護学校において策定することとされた計画の呼称であり、障害があると分かったときから生涯にわたって子どもの発達段階に応じた適切な支援を行うための計画で、地域と家庭で連携して作成されます。「個別の支援計画」の実施は、初めは盲・聾・養護学校で求められていましたが、2006（平成18）年には小・中学校の特別支援学級や通級に通う児童・生徒が対象に含まれ、2007（平成19）年には通常の学級に通う支援の必要な児童・生徒にまで範囲が広げられました。将来的に子どもが自立し、社会参加するための「生きる力」を育むための長期的な計画である点が特徴で、子どもや保護者のニーズから出発し、子どもを中心として保護者や支援者などが協力しながら子どもの生涯を支援するという視点で作成されます。一方、**個別の教育支援計画**は、小学校入学前から卒業後までの主に学齢期を中心とした支援計画で、学校が中心となり、保護者や関係機関と連携して作成されます[ⅰ]。

ⅰ）第4章2「個別の指導計画」及び「個別の教育支援計画」を作成する意義と方法　参照。

表3-1-5 ある保育所の月間個別指導計画

●●年度 5月 2歳児（CHERRY CLASS）

氏名		指導計画		責任者	荒木㊞ 田中㊞
間田リコ 2歳6か月				担任	広瀬

		指導計画
個々の留意点		・排泄、食事、衣類の着脱など、身の回りのことを自分で意欲的に取り組もうとする。 ・自然に親しみ、元気に体を動かして遊ぶ。 ・相手の気持ちに気付き、必要な場面で「ありがとう」や「ごめんなさい」が言える。
	評価・反省	・トイレに行くことを嫌がったり、オムツに出してから知らせることがあったので、知らせてくれたときはそれをほめるとともに、排泄のタイミングを見て声かけを続け、トイレで排泄をする習慣を付け、家庭とも連携しながらトレーニングを進めていく。 ・食事は自分から意欲的に食べ、苦手なものでも自分で口に入れて食べてみようとする。ご飯とおかずを順番に食べ、トレーニング箸も上手に使うことができる。 ・衣類の着脱について、上着は自分で服を引っ張って袖に腕を通すことはできるが、ズボンについてはかかとやおしりの部分を引っ張るのに援助が必要なので、体勢や持つ部分などをアドバイスしながら、引き続き自分で着脱ができるように声かけを続けていく。 ・見たことがない虫など、新奇なものを怖がる場面があったが、屋外では元気に遊ぶことができていく。 ・友達や先生の気持ちに気付くことはできているときもあるので、適切な場面で適切な言葉を相手に伝えられるように援助していく。
チームワーク		・トイレやうがい、手洗いの声かけを協力して行うことで、抵抗感を示す頻度が減り、嫌がらずにできる回数が増えた。 ・食事などの挨拶を職員全員で行うことで、園の中での挨拶が習慣化し、自ら積極的に挨拶ができるようになった。 ・Morning CircleやGood-bye Circleの進め方をCircleの中でより集中して楽しめる内容を考えたことで、子どもたちが落ち着いて参加する姿が増えてきた。
評価・反省		新しい友達がクラスに来て環境が変化したこと、ストレスを感じている様子を見る場面があった。今までできていたことができなくなったり、我慢できていたことでも我慢できなくなって大きな声を出したり、相手を叩こうとしたり、自分の髪の毛を強く引っ張るなどの他害・自傷につながりかねない行動が見られたため、今後も十分に注意して見守る必要がある。不安やストレスを感じている子どもの気持ちを受け止めて寄り添いつつ、落ち着いて過ごせるような関わりを続けていく。また、「いけないこと」については落ち着いて話をし、繰り返し伝え、様子を見ながら少しずつ友達と一緒に遊ぶことが楽しくなるよう、職員全体で見守りながら、少しずつ促していく。

「個別の支援計画」と「個別の教育支援計画」は、概念としては同じものであり、作成の際に関係機関が連携・協力して策定された場合は「個別の支援計画」、学校や教育委員会などの教育機関などが中心となって作成された場合は「個別の教育支援計画」と呼称されます。「個別の支援計画」は子どもの生活を支援する機関が連携して作成するものですが、学齢期の子どもにとってはたいていの場合、学校が生活の中心となります。したがって、学齢期の「個別の支援計画」を作成する際は、教育機関などが中心となって「個別の教育支援計画」が作成される傾向があります。たとえば、学齢期の子どもであれば子どもを中心として、保護者、担任、指導担当、進路担当、養護教諭、栄養士などが連携した学校教育機関全体での支援が計画され、それに保健、医療、療育、福祉、労働、相談機関などの関係機関と連携しての支援計画へと発展していきます。また、地域住民なども外部資源として計画に組み込まれる場合があります。

　就学前の子どもであれば、たとえば口蓋裂で上顎の骨がない0歳の子どもが保育所に入園してきた場合、水分や離乳食の摂り方について保護者と連携するだけでなく、その子どもが通っている病院の医師と連携し、その子どもに対しては現在どのような食事の提供が望ましいのか、どのように離乳を進めていけばよいのかなど、離乳にあたっての注意事項について情報を得ると同時に、連携のための体制を整えておく必要があります。たとえば、離乳食を開始するにあたって、離乳食の形状がサラサラだと鼻から出てしまうのであれば通常よりも少し固めにしたり、水分もそのままだと鼻から出てしまうのであればとろみを付けてスプーンで1さじずつ口に運ぶことが必要である場合があります。その際は、医師と保護者、保育士の連携だけでなく、給食室の職員や栄養士との連携も必要になります。また、園での離乳の進み具合いについては保護者や医師と情報を共有し、その後の支援の内容や方向性、タイミングについて話し合っていくことも必要になります。

　つまり、関係機関が連携して子どもの育ちを支援していくためには、情報の共有化と、いつどのような支援が必要かということに関する共通の認識が必要であり、また生涯にわたる生活を見据えて支援をしていくためには、地

域住民や地域の関係機関との連携のほか、家庭生活や就労、地域生活、余暇などを総合的に捉える広い視点が必要です（図3-1-1）。そのために「個別の支援計画」が作成され、活用され、改良を加えつつ、引き継がれていくことになるのです。

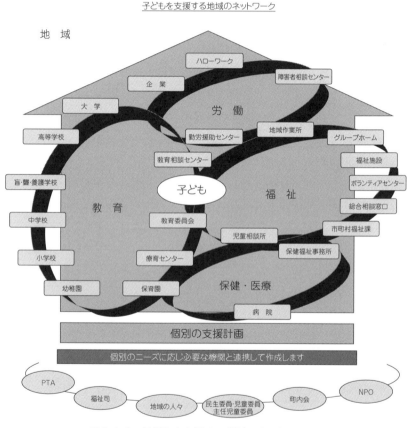

図3-1-1　子どもを支援する地域のネットワーク

神奈川県教育委員会　2006　『支援が必要な子どものための「個別の支援計画」～「支援シート」を活用した「関係者の連携」の推進～（改訂版）』p.18

事例 3-1

支援のための個別計画を立てるまで

　カズヤは、共働きの両親と1歳になる弟と暮らしている4歳の男児で、最近引っ越しをして、この4月から保育園に入園してきた。カズヤは園生活になかなか慣れない様子で、4月の間、園の入り口で毎朝大泣きした。その泣き方は激しく、大声で奇声を発してうずくまり、そこから動こうとしない。保育士がやさしくなだめても遊びに誘っても、まわりの子どもが心配して声をかけても、顔もあげずにずっと泣いていた。

　下の年齢から継続して4歳児クラスにあがってきた子どもたちは、すでに園生活に慣れているためクラスが変わっても泣かなかったが、カズヤと同じように4月から新たにこの園に入ってきた子どもの中には、登園時に涙を見せる子どももいた。しかし、4月の時点では泣いていた子どもたちも5月の連休を過ぎれば落ち着いた園生活が送れるようになってきたのに対し、カズヤは5月を過ぎ、6月になっても朝の大泣きがおさまらず、園での集団生活にもなかなか馴染めなかった。

　カズヤの様子は4月の時点で気になっていたため、園の保育士たちは協力してカズヤの様子に気を配り、情報交換を続け、担任の保育士は気になる行動も含めて日々の言動を記録に残していた。

　カズヤは環境や場所、関わる人の変化が苦手で、それをきっかけによく大泣きした。まわりに友達がいることに関してはそれほど嫌がる様子は見せないものの、こちらの話や指示をきちんと理解できているのか、疑問に感じることがよくあった。絵はあまり描こうとせず、クレヨンを持って画用紙に向かっても、ほかの子どもが描画を終える時間内に、意味のあるかたちを描くことはなかなかできなかった。ことばは出るものの、自分の気持ちをことばで表現することはできない様子だった。

　カズヤは今4歳で、もうじき5歳になるということもあり、今後の就学のことを見据えると、小学校に入ってから集団の中で教師の言うことをきちんと理解して動けるかどうか

心配だった。そこで、職員同士で話し合いをした結果、就学に向けてカズヤには指導計画を立て、個別支援を行った方がよいのではないかということになった。

　個別の指導計画の作成について保護者に了解を得るため、担任の保育士はカズヤの母親と話をした。すると母親は「個別指導が必要ということは……うちの子はどんな障害なんでしょうか……」と心配そうな表情になった。保育士は、今まで記録してきたカズヤの園での様子について改めて具体的に説明しながら、今でも集団の中で個別に伝えないと指示が伝わらず理解できていない様子であること、本人が園の中で困らないようにすることが個別の指導計画作成の目的であることを丁寧に伝えた。「個別の指導計画を立てることで、もっと丁寧にカズヤくんを見てあげられるようにしたいんです」という保育士のことばに母親はホッとした表情になり、個別の指導計画を作成することに同意した。

　来年から年長組になる中で、就学移行支援をするか、それ以外の道もあるかという選択肢も含めて、どのような方向へ支援を進めていくか、保護者の思いを大切にしながら計画を立てていくことになった。

③「個別の支援計画」作成の意義と注意点

　「個別の支援計画」を作成するメリットとしてはまず、関係機関で情報を共有できるようになることです。これまで各機関が所持している情報は、個人情報保護の観点からほかの機関と共有することが困難でした。しかし、「個別の支援計画」は、子どもを支援する関係機関の担当者が誰でも目にすることが事前に了解されているため、子どもに関する情報は支援の検討における早い段階から共有されることが可能になります。

　2つめのメリットしては、「個別の支援計画」が引き継がれていくことで、子どもに対して継続した支援が可能になることです。支援の方針が共有されることで、各機関がそれまでに行われてきた支援や子どもの様子を参考にし

つつ、共通理解と将来的な視野をもって子どもの支援を行うことができるようになります。

3つめのメリットとしては、支援の全体像が見えやすくなることで、子どもを支援する関係機関において、それぞれの役割がより明確になることがあげられます。今この子どもはどのような機関からどのような支援を受けているのか、そして今後その体制がどのように変化する予定であるのかを把握することで、そのときどきにおいて、その機関でその子どもに対し、どのような支援を行うことが最も適切であるのかが把握しやすくなります。

「個別の支援計画」は、関係機関における情報共有を目的として関係機関が本人や保護者と相談しながら作成されるものではありますが、関係機関が計画の写しを保管する必要が生じた場合は、本人や保護者の了解を得て保存期間や破棄する時期、破棄の方法などを明確にして確実にそれを実行するなど、関係機関外への個人情報の流出に注意を払う必要があります。

④「個別の支援計画」作成の実際

「個別の支援計画」は、子どものライフステージに沿って、必要に応じた的確な支援が受けられるようにするために作成されます。特別な配慮を必要とする子どもの個別の指導計画や支援計画を作成する際は、その子どもの現在の課題や、課題となるような問題行動が見られる場合はどのような場面、どのような状況でそれが生じやすいかなどを分析し、それらを踏まえて園の中でどのような個別的援助ができるかを考えて計画を立てていきます。そのため、計画は常に点検され見直されることが必要ですが、園から小学校へ、小学校から中学校へのように、次の機関への移行期を含め、少なくとも3年に1度は評価・再計画を行うことが望ましいとされています。また、支援計画が作成されていなかった子どもについては、支援が必要であると分かった段階で、すぐに「個別の支援計画」を作成することが必要です。その場合の「個別の支援計画」は、その時点で子どもが在籍または主に関与している機関が中心となって策定されますが、「個別の支援計画」の策定にあたっては、保護者の同意と参画が必要です。たとえば、記載した内容が関係機関の間で

共有されることや、就学や転校の際には支援内容に関する情報の引き継ぎが行われることなど、個人情報の管理については保護者によく説明した上で十分な理解を得ておくことが、その後の支援をスムーズに行っていくためには欠かせません。ただし、支援の中心は子どもと保護者であるため、子どもや保護者が公(おおやけ)にしたくないと望む事柄については記入しないなど、情報の扱い方についてあらかじめきちんと決めておくことも大切です。

「個別の支援計画」は、一度作成したらそれで終わりではなく、「計画」と「実践」と「評価」のプロセスを繰り返しながら、常にそのときどきに合ったものに作り変えられていくことを基本としています。

まずは「計画」の段階で、子どもの現在の状態や状況と、本人や保護者の願いや悩みを把握します。たとえば、現在どのような医療・療育・福祉サービスを受けているか、療育などの手帳の有無、現在どのような保育や教育を受けているかといった情報もここで集められます。そして、子ども本人や保護者の願いや悩みをもとに、将来的になりたい姿を見据えつつ、長期・中期・短期的な目標を設定し、その目標を達成するためには具体的にいつ、どこで、誰から、どのような支援をどのくらい受けるのが適当であり、その支援を受けるためには具体的にどうしたらいいのかなどが明確にされていきます。ただし、保護者がまだ将来像をイメージすることが難しいような場合は、いったん「空欄」としておき、その後イメージが定まったときに改めて記入するという方法を取ります。保護者の願いは現実的には難しい内容となることもありますが、そのような場合でもその思いを否定せず、それを受け止めた上でどのような支援が必要かを考えていくことが大切です。

「実践」の段階では、「計画」に基づいた支援が本人と保護者に対して行われます。支援を受ける場所は家庭、園、病院、児童発達支援センター、療育施設、通級、ボランティア団体主催の教室など様々で、支援する人も様々であるため、関係機関や支援者それぞれが「計画」の全体像を把握してそれに基づいた支援を行うことと、お互いに連携を取りそれぞれの支援の場で得られた情報を蓄積してそれを共有することが大切になります。

支援を受けたら「評価」を行い、支援目標と支援内容の見直しや再検討を

行います。支援の度に何らかの結果が得られ、その情報が蓄積されていくため、基本的には毎回の支援に対して振り返りや評価が必要です。しかし、一度の支援で状況が劇的に変わることもあれば、変化までに長い時間を要することもあります。また、支援が適していないようであればその支援内容や支援者を早急に変更することを検討しなくてはならない一方で、初めは少し抵抗があったものの数回通ううちに支援者に慣れ、その後はぐんぐん成長したということもあるため、「評価」に基づいた次の計画策定の時期をいつにするかということも検討課題の1つになります。さらに、関係機関の連携がスムーズに行えていたかも評価の対象となり、もし連携がうまく取れていなかった場合はその原因を見定め、次にどのような行動を起こせばよいかが具体的に検討され、計画されていきます。そして、「評価」をもとに、「計画」の見直しや続行が決定されます。子どもの状況や本人と保護者の願いや悩みは常に変化していくものであるため、「計画」のプロセスでは毎回丁寧に実態やニーズを把握するようにし、目標の方向性や内容が適切に定まっているかをチェックし、また次の「実践」につなげていくというサイクルが繰り返されていきます。

　「個別の支援計画」は、計画の最終的な目標の達成を目安に保護者に返還されます。最終的な目標が「就労」である場合は就労を目安に返還されますが、子どもの状況や状態によっては就労先や地域の福祉課、地域の生活支援センターなどにさらに計画が引き継がれていくこともあります。

(8)「全体的な計画」「指導計画」と「個別の支援計画」

①「全体的な計画」「指導計画」の生かし方

　それぞれの園にはその園独自の「全体的な計画」と、年間計画、月案、週案、日案などの「指導計画」があり、通常はそれに沿って保育や教育が行われていきます。しかし、特別な配慮を要する子どもの場合、その子どもに対する支援のベースとなる「個別の支援計画」や「個別の教育支援計画」を参照しつつ、園の中での具体的な取り組みの方針や具体的支援のあり方を「個

別の指導計画」としてまとめる必要があります。子ども一人一人の「個別の支援計画」をもとに、園の中で「個別の指導計画」を立てる際に参考になるのが、園の「全体的な計画」や全体の「指導計画」で示された、子どもの発達の方向性やその具体的な支援の方法です。また、まだ障害の有無が明らかになっておらず、「個別の支援計画」が作成されていない状態で、園が子どもに対する特別な配慮の必要性に気付いた場合、「個別の支援計画」よりも先に、園の中で全体的な「指導計画」をもとにした「個別の指導計画」が立てられる場合もあります。

　たとえば、2歳の子どもに発達の遅れが見られたり、海外からの移住など環境の大きな変化によって園に馴染むことができずに不適応を起こしているような場合であれば、「全体的な計画」（表3-1-1）の中の「子どもの保育目標（姿）」を2歳児の「自分の気持ちを、言葉や動作、表現などを使い表現できる」とするのではなく、1歳児の「保育者との関わりの中で簡単な言葉や動作で自分の思いを表現することができる」からスタートさせます。また、2歳の1月（Ⅳ期）の時点で、何らかの理由により「食育」に関して「お箸やフォーク・スプーンを使って、自ら食べることを楽しむ」ことがまだ難しいようであれば（表3-1-2）、Ⅲ期の目標である「苦手なものでもバランスよく食べる」を目指し、それでもまだ難しいようであればⅠ期の「楽しい環境や保育者の言葉がけで、自ら口に食べ物を運び、おいしく食べる」を目標とします。このように、子どもの発達の方向性を意識しつつ、その子どもに合った目標と園の中でできる支援のあり方を模索し、その後の子どもの成長の姿を予測しつつ、その後の個別計画を立てていくことになります。

②「個別の支援計画」と園での支援

　実際の教育・保育の場面では、入園してくる時点で障害の有無が明らかになっていることもあれば、障害名は付いていないけれど特別な配慮や支援が必要とされるという場合もあります。

　生まれつき重い障害があることが明らかになっている場合などは、その子どもの支援の中心は医療機関や地域の療育センターなど、教育や保育以外の

場であることが多く、そうした場合、園はそれらの主たる機関と連携して教育・保育を行っていくことになります。たとえば、障害の程度が重く、園で1日を過ごすことが難しいような場合は、地域の総合福祉施設や療育センターで主な支援を受け、そのセンターのプログラムの一環として、保護者と一緒に午前中の30分だけ「交流保育」として地域の保育所の子どもと同じ空間で過ごし、その後、保護者と一緒に降園するといったケースがあります。このように、障害の存在が明らかになっており、すでに「個別の支援計画」が立てられているような場合は、園はその計画に沿うかたちで支援の一端を担い、関係機関と連携を取っていくことができます。

しかし、たとえば外国籍の子どもやアレルギーがある子どもなど、「個別の支援計画」が立てられておらず、主たる支援機関も定まっていないけれども特別な配慮や支援を必要とする子どもがいた場合は、園が主体となってその子どもの育ちを支えていくための計画を立て、実行していく必要が出てきます。たとえば、知的な発達には問題がないものの、日本語が分からなかったり、文化の違いがあるせいで手洗いの仕方やトイレの使い方、食事の仕方や挨拶の仕方、よい悪いの判断で混乱が生じているような場合、その子どもの今の年齢に合わせた指導ではなく、今の状態に合ったレベルに指導を合わせて個別の計画を立てる必要が生じます。その際も、園の「全体的な計画」や「指導計画」を参考にして発達の道筋を把握し、今必要な支援のあり方を模索することが必要です。

③「個別の支援計画」と「特別な配慮や支援」

「個別の支援計画」に沿った教育や保育をすることは大切ですが、「個別の支援計画」が作成されていなくても、特別な配慮や支援を必要としている子どもは園の中に多く存在しています。障害があるから、もしくは「個別の支援計画」があるからこのような教育や保育をしなくてはならない、という意識は確かに必要ではありますが、行き過ぎるとそれ自体が差別につながる可能性もあります。障害の有無に関わらず、子どもや保護者のニーズは一人一人異なっており、必要な支援も一人一人違います。したがって、たとえ関係

機関によって「個別の支援計画」が立てられていなかったとしても、どの子どもに対しても「特別の支援」をする必要があり、障害の有無に関わらず、どの子どもに対しても「個別の指導計画」をもとにその子どもの育ちを支えていかなくてはならないということは、教育や保育を行う際の前提として心に留めておく必要があるといえるでしょう。

　その上で、障害の有無が明らかになっていない状態で「個別の指導計画」を作成する必要があると判断された場合は、保護者に対し、計画を立てることで本人の成長が促されたり、もっとスムーズに園生活を送れるようになるのだという意図を説明する必要があります。計画を立てる際は、「今できていること」「もう少しでできそうなこと」「まだできないこと」を分析し、どのような支援がその子どもの発達にとって一番望ましいかを、保護者を含め職員全体で考え、共有していくことが大切です。また、計画を実践していく過程では、幼稚園や保育所での子どもの様子や保育者の関わりの様子を保護者に見学してもらい、それをもとに次の計画を立てたり、支援内容への理解を得るといった工夫も必要です。園での様子と家庭での様子をお互いに共有し合いながら、それぞれの場所で子どもの成長を捉え、そのつどその場や状況に合った計画を立て、実行していくことが大切です。

(9) 記録の記入

　子どもの様子を保護者に的確に伝えたり、計画の進み具合いを評価して、反省や学びを次に生かしていくために、日々の記録は重要です。支援計画や指導計画のフォーマットは自治体や園ごとに異なっているため、記録する項目や記録の仕方は様々ですが、たとえば保育所における「個別の指導計画」であれば子どもの様子に焦点を当て、生活や遊びのときの様子や具体的なやり取り、発言の内容などを思い返してみる視点と、保育者が自分自身の1日の関わりを思い返し、設定したねらいや内容、環境の構成や声かけなどが適切であったかを見直す視点の2つの側面から記録するとよいでしょう。

　特に気になる行動が見られた場合の記録では、いつ、どこで、どんな状況

で、誰といるときにそれが見られたのか、気になる行動の持続時間や頻度、強さの程度はどうだったか、その行動の前後に何が起こったか、などをできるだけ具体的かつ正確に記録しておくことが大切です。そうした記録の積み重ねは、気になる行動を誘発する要因や気になる行動が続く理由などについて考える際や、関係機関と情報を共有し、その後の計画を立てる際の重要な手掛かりとなります。なお、記録する場合は「じっと座っていられない」「挨拶ができない」などの否定形の表現ではなく、「椅子に後ろ向きにまたがって背もたれに両手を置き、体を左右に揺らす」「目を合わせずに『う』と言うことはできた」など、客観的な事実について具体的かつ端的に、できれば肯定形の表現を用いて記録するようにします。また、「集団に馴染もうとしない」などの漠然とした表現ではなく、「皆で立って手をつなぎ、輪になって新しい歌を練習しようとしたところ、友達の手を振りほどいてその場に寝そべった」など、具体的な記録を残すように心がけておくと、保護者面談の際やカリキュラム・マネジメントを行う際の資料とすることができます。

(10) 計画の評価

　計画の評価を行う際は、「頑張った」「うれしかった」「よかった」といった保育者の主観を書くのではなく、子どもの何がどのように変化したか、もしくは変化しなかったかを具体的に記録し、客観的な評価を行うよう心がけます。たとえば、①身体面の変化（耳たぶの下のアトピー性皮膚炎による血のにじみが見られなくなったなど）、②行動面の変化（先週よりも5分長く椅子に座って話を聞くことができたなど）、③情緒面の変化（かんしゃくを起こす頻度が約半分になったなど）、④認知面の変化（友達からの声かけで振り向くようになったなど）といった点に注目するとよいでしょう。計画の評価を行うことは、その計画を適切に実行することができたかどうかの確認的な意味があるほか、カリキュラム・マネジメントを行う上でも重要です。どこまではできて、どこからはできなかったのか、何をしたら効果が見られ、何をしてもあまり効果が見られなかったのかなど、うまくいった点やうまく

いかなかった点について、反省や改善点を明確にしながら評価を行い、次の計画を立てる際の材料としていきます。

ただし、特に個別指導の場合は、「ねらい」をきちんと捉えられていないと評価・反省の内容も的外れになりがちであるため注意しましょう。また、担任や担当保育者が1人で計画の評価を行うと、その評価の基準に偏りが生じる恐れがあります。担任であっても常にその子ども1人だけを見ていられるとは限らないため、職員全体が計画を理解した上で子どもと関わり、複数人で計画を評価していくことも必要です。

個別の計画は、計画通りに教育や保育を行い、目標を達成していくこともちろん大切ではありますが、それよりも子どもを第一に置き、子どもと保護者のニーズをいかに満たしていくか、最終的にその子どもがいかに社会の中で自立して生きていけるように支援できるかということが最も大切です。そのためにも、計画の評価・反省は常に丁寧に正直に行い、そのつど関係機関と連携しつつ計画を編成し直していくことが、日々成長する子どもを支援する上で欠かせないことです。

✳ 事例 3-2

柔軟な保育の計画で子どもを育む

4歳のヒナコは、家庭の事情により6月からこの保育園に入園してきた。入園してきたばかりのヒナコは、人と関わるのが苦手な様子で、友達や保育士がそばに行ったり声をかけたりすると、大声で「や！」と言って拒絶した。また、何か気に入らないことがあると突然走りだしたり、保育室を飛びだして行ってしまうこともあった。

ヒナコが所属する4歳児クラスにはクラス全体の年間計画があったが、ヒナコに関しては、本人の様子を見ながらクラスの活動に参加していくことが望ましいのではないかと思われた。そこでヒナコの保護者に園での様子を伝え、必要に応じた関わりを行うための個別の指導計画を作成することになった。なかなか集団や担任に慣れないヒナコのために、保育士の1人が常にヒ

ナコのそばに付いて様子を見守ることにした。手をつなごうとしても、カー杯その手を振り払って走って行ってしまうことがあるため、日案の中に散歩が組み込まれている場合でも、安全面を考えるとヒナコを連れて散歩に行くことは難しい状況だった。しかし、担当の保育士が1人ヒナコに付き添うことになってからは、ほかの子どもたちは散歩へ出かけ、その間ヒナコは担当の保育士と2人で落ち着いた環境で過ごすことができるようになった。

　ヒナコの様子を見ていく中で、ヒナコの特徴が明らかになってきた。たとえば、ほかの子どもと一緒に園庭に出ても、友達が歓声をあげながら走り回っていたりすると、遊ぶことなく1人で自分のクラスに帰って行ってしまうが、ほかの子どもがいない状況であれば、いつまでも砂場にいて、砂を手ですくってはサラサラと指の間からこぼす遊びを飽きることなくずっと繰り返していた。そうした関わりを続けるうち、ヒナコは担当の保育士に慣れ、その保育士であればそばにいても安定して遊べるようになり、次第に保育士の横で遊んでいる場面にほかの友達が近付いてきても、逃げだしたりパニックになったりすることが少なくなっていった。

　ヒナコは次第に集団の中でも活動できるようになっていったが、その日の体調や機嫌によっては、計画していた保育ができないこともよくあった。そのため、保育士たちは皆で日頃時間を見付けては、「参加できそうだったら、これをやろう」「参加できなさそうだったら、代わりにこれをやろう」ということを話し合った。そうしたいくつかのプランを選択肢として想定し、作成しておくことにより、担当の保育士が急病で欠勤してしまった際も、代わりに入った保育士はその計画を見て、適切にその日の保育を終えることができた。

　ヒナコは気分のムラが激しかっ

ため、園の保育士は皆で協力し合いながら、月曜に行おうと思っていたものを別の日に回したり、雨の日は予定を変更したりしつつ、1週間全体で、もしくは月ごとのトータルで目標を達成していくことを目指した保育を行っていった。

屋外でどろんこ遊びができそうだったら皆と一緒に参加する、できなさそうだったら室内でパズルをする、といったように計画自体を変更することのほか、筆を使わせるつもりだったけれど、それだと少し難しそうなので、代わりにスポンジを使おうなど、やり方を変えれば達成できそうな場合は、そのつど臨機応変に内容を変更して、日々の保育を行っていった。

4歳児クラスもそろそろ終わりに近づくころ、ヒナコはほかの友達が2人1組で手をつなぎながら歩く列の最後尾を、担当保育士と2人で手をつなぎながらゆっくりと、一緒に公園まで散歩ができるようになっていた。

2 個々の発達を促す生活や遊びの環境

(1) 生活環境の大切さ

①物的環境と安全への配慮

日々の生活の中で、私たちは人と挨拶をしたり、食器を使ってものを食べたり、階段を上ったり、手を洗ったりといった様々な活動を行っていますが、子どもにとってはこうした活動の一つ一つが経験と学びの機会であり、これらの経験を丁寧に積み重ねていくことが、個々の心と身体の発達につながります。したがって、障害児に限らず全ての子どもの発達を促すために、子どもが安心して安全に活動するための物的環境と、活動のための時間を整えます。園内にある危険物や設備の点検と整理のほか、備え付けの遊具や水道ま

わりを毎朝子どもが登園する前に点検したり、ドアや門などの開け閉めの管理を行うなど、子どもの命に関わる安全面の配慮は特に重要です。また、注意集中を可能にする場所や位置を設定したり、下駄箱やロッカーなど個人で使用する場所については高さや位置に注意して、その子どもが不自由なく使える環境を用意します。必要に応じて指示やルールを理解して行動しやすくするための手がかりを設置するといった、子どもが安心して生活を送れるようにするための工夫も大切です。

②人的環境と関わり方の工夫と配慮

　保育者や友達、保護者など、当該児を取り巻く人的環境も工夫します。特に障害児の教育や保育では、保護者との連携を密に取っておくことが大切です。登園時は必要に応じてバイタルチェックを行ったり、昨日帰宅してから今朝までの様子などを確認します。特に休み明けは、家庭での様子をきちんと確認することが必要です。

　日常生活における保育者の工夫としては、話すときは笑顔で話す、指示する際はゆっくりはっきり短く具体的に言う、よいところを探してほめる、注意する際は具体的に言う（「だらしない！」→「背中をぴんとして、おててはおひざ、あんよは床、椅子にまっすぐ座りましょう」）、二重否定のことばは避ける（「帽子をかぶらないと、お外で遊べないよ」→「帽子をかぶったら、お外で遊ぼうね」、一方的な命令のことば（「早くしなさい！」「いけません！」）はできるだけ使わないといった工夫も、子どもが安心して生活するための環境づくりに役立ちます。また、ジェスチャーや指さし、絵や写真の使用、気が散りやすい壁面装飾を避けるといった、視覚的な工夫も必要に応じて取り入れるとよいでしょう。

　園全体の教室・保育体制を整えておくことも大切です。特に障害児の場合は、自分のクラスを出て行ってしまう場合もあるため、そうした行動が生じた際に保育者が慌ててしまわないよう、その対応方法についてあらかじめほかの保育者と連携し話し合っておき、常に落ち着いた対処ができるようにしておくことも、子どもが安心して安定した生活を送る上で必要です。

また、ほかの子どもたちやその保護者にも障害について適切な説明を行い、理解を深めてもらうことも、障害児が幼稚園や保育所の中で安心して安定した生活を送っていくために必要な環境調整の1つといえるでしょう。
　子どもが心身ともに落ち着いて、園での時間を楽しく過ごし、発達していくために、人、もの、場などの生活環境を整えることが大切です。

(2) 遊びの大切さ

　大人は主に自分の気持ちをリフレッシュするための余暇活動として遊びを行いますが、子どもの遊びは学びであり、子どもは遊びを通して身体的にも精神的にも社会的にも発達していきます。したがって、子どもに運動や技能の訓練を行う場合、それらは遊びの一環として提供されることが望ましいといえるでしょう。
　遊んで「楽しい」と思うこと、楽しい経験をすることは、不安や緊張の解消につながり、自発性や創造性を促進します。また、友達と一緒に楽しい体験をすることは、他者を意識するきっかけにもなり、コミュニケーション能力の発達を促します。
　教育や保育の現場で見られる遊びには、子どもが自由時間に好きなもので好きなように遊ぶ自由遊びと、運動能力や技能の訓練を目的として保育者が時間や場所、ものを設定する遊びの2種類があります。そのどちらも子どもの発達において重要ですが、特に障害児の教育や保育において能力や技能の訓練を目的とした遊びを取り入れる際には、事前に綿密な指導目標を設定することが必要です。能力や技能の訓練を目的として行われる遊びには様々なものがありますが、手先の器用さを育てる遊び（ひも通し、切り絵、貼り絵、お絵描きなど）、身体能力を育てる遊び（マット運動、リズム体操、ボール遊びなど）、ことばの力を育てる遊び（歌を歌う、本の読み聞かせ、絵カード遊びなど）、社会性を育む遊び（お店屋さんごっこ、じゃんけんなど）などをバランスよく組み入れて、子どもたちが楽しく遊びながら成長していけるよう心がけるとよいでしょう。

障害のある子どもの場合は特に、その子どもの障害の種類と発達年齢、できることとできないことを見極め、むりのない目標設定を行い、子どもが挫折感を味わうことなく、楽しんで活動に参加できるよう、遊びの種類や道具、場所、活動、まわりの友達との距離などを適切に調整し、臨機応変に対応していくことが必要です。

(3) 障害に応じた生活環境の設定と配慮

　前節で述べたように、障害のある子どももない子どもも、その成長を促す上で必要な生活環境および遊びの環境は基本的に共通しています。しかし、その障害の種類や程度によっては、特別な生活環境の設定や配慮を必要とする場合もあります。

①肢体不自由児への配慮

　重度の肢体不自由児を幼稚園や保育所で受け入れることは稀ですが、受け入れる場合はその程度に応じて特別なトイレ、机、椅子、食器、遊具などを用意します。保護者や専門機関と連携を取り、園の中で怪我をしないよう十分に注意します。肢体不自由はほかの障害と比べて目立ちやすい障害なので、まわりの子どもにきちんとした説明を行い、理解を求めることも大切です。

②視覚障害児への配慮

　主治医の眼科医と連携して、残存視力の程度や教育・保育に関する指示を受けた上で、環境整備を行います。屋外遊びや運動遊具を使用する際は特に注意が必要なため、必ず保育者が付くようにします。

③聴覚障害児への配慮

　軽度の難聴であれば補聴器を付けるだけでほかの子どもと同じような教育・保育が可能ですが、子どもが補聴器をいたずらしないよう注意が必要です。教育・保育の中では指示や説明などが伝わりにくいので、ゆっくりと明

瞭な話し方を心がけ、必要に応じて説明を繰り返したり、当該児が内容をきちんと理解できているかを確認します。

音楽を聴かせる場合は音源に近い場所に座らせたり、絵本や紙芝居などの視覚教材を多めに活用してもよいでしょう。

④知的障害児への配慮

基本的生活習慣を身に付けさせるためには家庭での協力が必要不可欠なので、保護者との連絡を密にします。なかなか集団に馴染めないようなときは、まずは保育者と一対一の遊びから始め、少しずつ集団に慣らしていきます。ただし、集団の中で本人が不自由を感じている場合は、必要に応じて個別指導をします。

⑤ダウン症児への配慮

ダウン症児の場合は、合併症に気を付け、ダウン症に見られる特徴とその子どもなりのクセなどを理解する必要があります。ほかの子どもに比べて身体が小さく体力がない場合は、活動の仕方や用具などの大きさに気を付けます。理解がゆっくりな場合は、説明方法にも配慮が必要です。

⑥言語障害児への配慮

言語障害をきたす原因（口蓋裂、構音障害、吃音など）を把握した上で、必要に応じて医療機関と連携を取り、教育や保育に関するアドバイスを受けます。発音の不明瞭さを周囲の子どもがからかうなどした場合は保育者が介入しますが、集団の中では基本的にほかの子どもと同じように扱います。本人が発言したことに対して保育者が内容を聞き取れないこともありますが、何度も聞き返すと発言しなくなってしまうので、ある程度内容を予測しつつ、質問をするなどの工夫が必要です。

吃音も、その原因が心因性に由来する場合は発音の不明瞭さに対して注意を与えたり、「落ち着いて話してごらん」といったアドバイスをする必要はありません。当該児が安心してリラックスできる状況や環境を設定した上で、

保育者自身も正しい発音で、はっきり、ゆっくり話すことを心がけるようにします。

※ 事例 3-3

必要に応じた配慮のあり方

4歳のアヤコは裂幅が広い口蓋裂があり、諸事情からまだ手術を受けていなかった。本人の発音はやや聞きづらいものの、普段は集団の中で友達と一緒に過ごしていた。アヤコの口蓋裂は重度であったため、食事のとき、どうしても食べたものが鼻から出てきてしまう。幼いうちはほかの子どもの様子にまで目が向かなかったクラスの友達も、4歳ごろになるとアヤコが食事をする様子を気にしだすようになった。アヤコ自身も食事中、まわりの友達の反応を気にするようになったため、保育士は保護者と相談し、アヤコ本人にどうしたいかという希望を聞いた上で、食事のときだけはクラスの友達と離れて、ほかの保育士と一緒に食事を摂ることにした。

「アヤコちゃん、お食事しに行こうか」と声をかけられると、アヤコは「うん」と言って素直に従い、その習慣は次第に普段の何気ないやり取りの1つとしてクラスの中に馴染んでいった。

⑦情緒障害児への配慮

情緒障害の場合でも、家庭での様子の把握が重要です。保育者は徹底した受容的態度をもちながら、時間をかけて、子どもが保育者を信頼してくれるようになるのを待ちましょう。子どもが園で心を開き、リラックスして過ごせるようになってから、次の支援へと進んでいきます。

⑧**発達障害児への配慮**

　発達障害には様々な種類があるため、保護者との面接や当該児の観察などからできるだけ詳しく情報を集めることが必要です。

　クラスや園からの飛びだしが見られる場合は、門の鍵の開け閉めの管理のほか、園内の死角をチェックし、職員全員で情報を共有しておきます。必要に応じて名札に連絡先や血液型などの必要事項を記しておくほか、最寄りの交番や警察署にも事情を話しておくなどの工夫をします。危険物や触れてはいけないものを排除し、できるだけ自由に動き回れる生活空間と遊び空間を確保するとよいでしょう。

3　子ども同士の関わりと育ち合い

　障害児を集団の中で教育・保育することは、障害のある子どもにもない子どもにも、保育者にも、プラスとマイナスの効果をもたらすといわれています（土佐林，1994）。統合保育の中で障害児には、まわりからの豊富な刺激を受けて発達が促進されるといったプラスの効果がある一方、適切な支援がなされないと集団の中で取り残されたり、精神面や肉体面が疲労するといったマイナスの効果が生じる可能性が指摘されています。また、障害のない子どもには障害のある子どもと共に生活することで、自分と違った個性をもつ友達の存在を知り、思いやりや助け合いの心が育つといったプラスの効果がある一方、障害児の言動によって活動の流れが妨げられたり保育者が手を取られたりすると、集中できにくくなったり、不満が出たりするといったマイナスの効果が生じる可能性があることが、アンケート調査によって指摘されています（清水・小松，1987）。

　子ども同士の関わりと育ち合いという視点に立って、こうしたマイナスの側面については、それぞれ配慮や対策を行う必要があるでしょう。マイナス

面を全てなくすことは実際には難しいかもしれませんが、減らす努力をすることと、プラス面をより大きくしていくことが、子どもたちの育ちにとって必要です。

> ※ 事例 3-4
>
> ### 子どもたちの思いやりを育む
>
> もう少しで2歳になるエリナは朗らかで発達も早く、0歳のときからこの保育園で生活しているため、園での環境や保育士にも慣れていた。ある日の給食の時間、同じクラスにいる少し発達が遅い子どもが、椅子に座って食事を前にしたまま、食べさせてもらうのをぼんやり待っているのを目にしたエリナは、その友達のお気に入りのおもちゃを持ってきてあげたり、食事の手伝いをしてあげようとした。その様子を見た保育士は、「エリナちゃん、お手伝いしてくれてありがとう。じゃあ一口だけお手伝いしてあげたら、エリナちゃんもお席に座って食べようね」と声をかけた。エリナは保育士の付き添いのもと、水の入ったコップをその友達の口元に持っていってあげ、それで満足したように自分の席に戻っていって食事をした。
>
>
>
> エリナは自分のことができなくてもほかの子どもの世話を焼こうとすることがあったり、エリナに手伝ってもらうより保育士がやったほうが早いという場面もあった。しかし、保育士はエリナが手伝いをしてくれようとしたときは必ずそれをほめて感謝し、そばで慎重に見守りながら、できるかぎり待つということを心がけた。ほめられることで、エリナは次の機会にも、自分から進んで手伝いをしてくれるようになっていった。そうした関わりを続けていく中で、エリナはどんどん適切な手伝いの仕方を覚えていった。
>
> 初めのうちは、そうしたやり取りの様子をただ見ているだけだったほかの

> 子どもたちも、エリナが手伝う様子を真似して、洋服が裏返しだったら直してあげたり、靴を履くときにかかとを入れるのを手伝ってあげるなど、次第に日常の中でさりげなく友達の手助けをしてあげることが増えていった。
>
> ある日の午睡時、なかなか寝付けないでいる友達の身体をトントンとやさしく叩いて寝かし付けをしてあげているエリナの様子を見たほかのクラスの保育士が、「あの寝かし付け方と声のかけ方、あなたの普段のやり方にそっくり」と目を細めた。

　この事例が示すように、子どもたちは保育者の言動をよく見ています。保育者が障害児に対して普段している支援を真似ようとする子どもも出てきます。ただし、子どもに手伝いをしてもらう場合はそのやり方には当然保育者としての気配りが必要で、特に3歳くらいまでは手伝おうとしている子ども自身、適切な力加減が分からないこともあるので気を付けましょう。

　望ましい関わりだけでなく、保育者が望ましくない関わりをした場合も、それはまわりの子どもたちによって観察学習の対象とされてしまいます。子ども同士の関わりと育ち合いを育むためには、保育者自身が障害のある子どもに関わる仕方についても、常に反省し、振り返りを行っている必要があります。

　障害児と共に生活する中で、子どもたちは多くのことを学んでいきます。障害児も園の生活の中でまわりの子どもたちからの刺激を受けていきますが、本人への影響と同じように重視すべきなのは、障害のある子どもの保護者への影響です。保育者が子ども同士の関わりと育ち合いを大切にしていれば、保護者も子どもを安心して園に預けることができます。保護者が心穏やかにいられれば、保護者と子どもとの絆も深まり、それが障害のある子ども自身の安定にもつながっていきます。

　子ども同士の関わりと育ち合いは、直接的にやり取りを行っている子どもたちの間だけで効果が完結するわけではありません。よい効果であれ悪い効果であれ、影響はその関わりの周辺にいて、やり取りを目にしたり耳にしたりした子どもたちにも及び、その影響はまた彼らの保護者にも及んでいきま

す。そして保護者の気持ちの変化は、園児が家庭で過ごす時間の質にも関係します。

このように、子ども同士の関わりと育ち合いは、大きなサイクルとなって広い範囲に影響を及ぼします。他人同士が長い時間を共に過ごして生活していく以上、常によいことばかりが起きるとは限りません。しかしそれは、障害のない子どものみの集団であっても同じことです。

全園的な協力体制のもとで、子どもが安全に、安心し、安定して過ごせる環境（物的環境／人的環境）を整え、子ども同士の関わりと育ち合いを温かく見守っていくことが大切だといえるでしょう。

演習課題 11

①統合保育を行うことによって生じるプラスとマイナスの効果について、「障害児」「障害のない子ども」「保護者」「保育者」の立場から、それぞれ考えてみましょう。

②①であげたマイナスの効果を減らすために、どのような対策や配慮が可能か、考えてみましょう。

〈考える際のヒント〉
・短期的な効果だけでなく、長期的な効果についても考えてみましょう。
・直接的な効果だけでなく、間接的な効果についても考えてみましょう。

---

4 障害児の教育・保育における子どもの健康と安全

特別な配慮や支援が必要な子どもが、幼稚園や保育所で安心し健やかな生活を送れるようにするのに、保育者は子どもの健康の保持と増進を図り、危険な状態の回避に努めることが大切です。

幼稚園教育要領や保育所保育指針には、子どもが自ら健康で安全な生活をつくりだすようになることが、幼児期の終わりまでに育ってほしい姿の1つとして示されています。これは思い切り体を動かし、必要なときに休息を取り、友達などと楽しく食事を摂り、衣服の着脱や排泄などの生活行動を自分で行うことができ、さらに病気にならないように手洗いやうがいをし、体を大切にする活動を進んで取り、避難訓練を行う中では災害などの緊急時の適切な行動が分かり、状況に応じて安全な方法で行動を取ろうとする、などができることをさします。

　成長期の子どもは早寝早起きに心がけ、十分な睡眠を取り、栄養バランスのよい食事を摂ることが望ましいです。しかし、障害のある子どもは、覚醒と睡眠のリズムが不規則なことが多く、食事や排泄などの生活習慣が不規則になったりする傾向が見られます。また、保護者や保育者が障害のある子どもに対して、安全な生活をさせようとするあまり過保護になったり、禁止や叱責が多くなったりしがちで、その結果、自分で状況に応じて機敏に体を動かし、危険を避ける能力が育ちにくいことがあります。保育者は障害特性によって起こる問題について理解し、保護者との連携を取りつつ、工夫をしながら子どもが健康で安全に過ごせるように支援することが大切です。

(1) 睡眠

　子どもは発達に伴い、睡眠や覚醒のパターンが変化します。新生児は昼と夜の区別がなく、短時間の睡眠と覚醒を不規則に繰り返しますが、生後1か月を過ぎるころから、睡眠と覚醒の時間帯が分離し始め、生後2～3か月ごろになると、朝起きて夜は寝るという睡眠のリズムが確立されていきます。

　睡眠に関する課題のある子どもの中には、情緒面や行動面の課題が見られることがあります。昼寝が多い、寝付きが悪い、中途覚醒後の覚醒時間が長いなど睡眠に課題のある子どもの中には、集中力が乏しい、頻繁にかんしゃくを起こすなどの特徴が見られることがあります。自閉症スペクトラム障害の子どもの中には、なかなか就床しない、入眠できない、ちょっとしたこと

で起きてしまう、夜中に起きて騒ぐなどの睡眠に関する課題がある子どもも見られ、また注意欠如・多動性障害の子どもの中には入眠障害、睡眠維持障害、日中の過眠などの課題のある子どももいます。

　子どものもともともって生まれた生体リズムには個人差があります。リズムが乱れやすい子どもには、その子どもの状況に合った生活リズムの中で食事をし、睡眠を取り、規則正しい生活に整える工夫をします。

(2) 食事

　発達障害のある子どもの中には、食事に関する困難を示す子どもがいます。自閉症スペクトラム障害の子どもは、「トマトやピーマンのように単色のものは、気持ち悪くて食べられない」「かたちが違ったりいびつだと、気持ち悪くて食べられない」など味や食感といったものではなく、色やかたちなどに対する視覚の過敏さが原因で食べられないことがあります。また、「口にいっぱい詰め込んでしまう」「よく噛まないで飲み込む」といった咀嚼や嚥下に関して、困難を示す子どももいます。障害のない子どもの偏食理由では見られないことが、理由になっている場合もあります。

　視覚・聴覚・嗅覚・味覚・触覚の感覚のうち1つでも過敏や鈍麻があると、それが食べ物に対する感じ方や味わい方に変化を及ぼし、おいしさを感じることが難しかったり、食べられるものが限られてしまったりすることがあります。

　食べ物の色やかたちなどの見た目、におい、味や温度、食感などは調理方法によって変化させることができます。苦手な食べ物をむり強いするのではなく、まずはその嫌がる原因を見極めた上で、必要に応じて苦手な要因を取り除くような調理方法の工夫が必要です。

(3) 排泄

　排泄は、食事、睡眠とともに生活における基本的活動であり、同時に健康

を示す指標ともされています。排泄の自立には、生理機能や精神機能の発達、性格など、多くのものが影響し、個人差があります。

　障害のある子どもの中にはトイレットトレーニングがうまく進まず、排泄の自立が遅れ気味な子どももいます。障害のない子どもでも、排泄の自立は難しいものです。障害のある子どもには特にじっくり丁寧に関わり、年齢ではなくその子どもの発達段階に合わせて一つ一つスモールステップで取り組むことが大切です。

(4) 着脱・清潔

　発達性協調運動障害のある子どもの中には、三輪車がうまくこげない、縄跳びを上手に跳べないなどの体を大きく動かす粗大運動や、はさみが使えない、スプーンをうまく使えないなどの微細運動に不器用さが見られる場合があります。手指をどうやって動かしてよいかが分からずボタンがはめられない子どもには、着脱の一連の動作の手順を分かりやすく示し、その子どもの手先の発達に合った洋服を選ぶようにします。自閉症スペクトラム障害の子どもの中には特定の衣服に強いこだわりを示す場合があり、季節の変化に関わらず同じ衣服を着続けることもあります。

　感覚過敏がある子どもは、体を清潔に保つための歯磨き、洗顔、洗髪などを嫌がる場合があります。そのような場合は一つ一つの動作を小さく分けて、スモールステップで徐々に違和感に慣れるように工夫します。

(5) 安全

　災害に備えるためには、普段からの訓練が大切です。身を守る対処の仕方を身に付けるために、机の下にもぐる、防災頭巾をかぶるなどして頭を守るなどの基本的な動作や防災用語を伝え、繰り返し練習をする必要があります。しかし、障害のある子どもの中にはアナウンスや話しかけなどの聴覚情報が苦手な子どももいるため、避難や危険回避について説明する際にはイラスト

や写真などを視覚的に示すことも有効です。

　発達障害のある子どもの中には、集中することが苦手であったり、視覚や聴覚に過敏さがあったり、気持ちのコントロールが苦手であったり、環境の変化に順応することが苦手な子どももいます。生活の中で様々な困難のある子どもには、避難訓練時だけでなく、普段から分かりやすい指示の出し方や、分かりやすい環境の設定について工夫をしていく必要があります。

　災害時の行動の仕方や不審者との遭遇など様々な犯罪から身を守る対処の仕方を身に付けさせるためにも、その子どもの障害の状態や特性、発達の程度に応じて、基本的な対処の方法を伝え、家庭、地域社会、関係機関などとも連携して子どもの安全を図る必要があります。

5 職員間の連携・協働

(1) 園全体の取り組みについて

①園の障害児保育を捉える

　障害児保育は、「障害児保育事業実施要綱」（厚生省、1974（昭和49）年）に、おおむね4歳以上の障害の程度の軽い幼児を保育所で集団保育することが定められて始まりました。その後、対象の障害の程度を中度まで、人数を限定せずに集団保育が適切にできる範囲内の人数とする、などとして受け入れが広げられました。

　1990年代には、「障害者プラン」において、障害のある乳幼児の保育・療育が位置付けられました。その後、2007（平成19）年に学校教育法が改正され、特別支援教育が始まり、児童一人一人の教育的なニーズを捉え、適切な支援や指導を行っていく取り組みが求められるようになりました（芹澤, 2011）。また、2012（平成24）年には**保育所等訪問支援**が、2015（平成27）

年には**子ども・子育て支援新制度**が施行されて、関連機関の連携のもとに障害児の発達保障が示されました。さらに、2016（平成28）年には、全ての国民が障害の有無によって分け隔てられることなく、相互に人格と個性を尊重し合いながら共生する社会の実現に向け、「障害者差別解消法」が施行されました。

このように、制度としては障害児を受け入れやすい体制へ進められ、受け入れる園の数も人数も増加しています。しかし、実際の教育、保育の現場では、入園を希望する全ての子どもを受け入れることは難しい現実があります。入園にあたって、個別対応の保育者を増やす手続き（自治体により異なる）や園の物理的な環境、すでに在籍しているほかの子どもとの兼ね合いなど調整が必要です。入園希望に応じたいと思っても、受け入れや障害児の教育、保育の体制が整わないこともあります。大切なことは、「自分の園が障害児の受け入れについてどのような方針をもっているか」という共通認識を職員間でもつことです。

障害児を受け入れるには、これまでの教育・保育に加えて、子どもへの個別の配慮や集団での活動の進め方の工夫、保育者の連携など、するべきことが増えるのは事実です。けれども、障害児にとって過ごしやすい環境は、他児にとってもよい環境となり、実践を見直す機会にもなります。さらに、障害児と一緒の時間を過ごすことは、他の子どもたちや保育者にとってかけがえのない体験となります。障害児を受け入れやすい園であるためには、日常的に安定した教育・保育をしている、園全体で協力し合える、保護者が園の保育方針を理解している、保育者と保護者が協力し合える、保育者が障害児の保護者と話し合える場がもてることなどがあげられます。

②保育者としてのあり方を考える

保育者として障害児の受け入れをするときには、まずその子どもを知ること、子どものありのままの姿を受け止めて尊重することが大切です。これまでの育ちの様子（生育歴、病歴、相談歴、家族状況など）や家庭での様子を保護者から聞き取り、子どもの全体像を捉えます。それに加えて、発達過程

と障害の状態を、できる範囲で的確に捉えるようにします。

　発達の遅れやかたよりがある子どもには、丁寧な積み重ねや対応の工夫が求められます。しかし、人数の多い集団の場では、その子どもにとって必要なことが全てできるわけではありません。集団の中で育つ部分と、個別的な積み重ねで育つ部分とがあります。

　園でできることとできないことを捉え、園でできにくい部分は必要に応じて療育など他機関を利用します。その子ども自身が大人数の中で安定して過ごせる状態であってこそ、集団をよい刺激として受け止め、伸びていくことができるのです。「子どもにとって、いまどこで、なにをすることが大切なのか。園やクラスの取り組みのなかで、保育者として子どもとどう向かい合っているか」（民秋，2015）を振り返り考えましょう。

③保育者間の信頼関係・協力体制をつくる

　障害児の教育・保育のことに限らず、普段から保育者同士で必要なことを語り合える環境、信頼関係があることが大切です。クラス担任は、クラスの集団での活動と子どもへの個別的な対応との両立にとまどっていることがあります。個別対応の保育者が加配配置されていても非常勤であることが多く、担任となかなか話し合う時間をもちにくいのが現状です。時には主任がクラスに代理で入って担任と加配保育者が話をするための時間をつくったり、職員会議でクラスの様子を全員で確認したりするなど、担任と加配保育者を園全体で支える協力体制をつくっていくようにします。

④保育者の役割分担をする

　障害児の教育・保育は、クラス担任だけに任せるのではなく、それぞれの立場で役割を分担し、協力していくことが大切です。担任は、子どもへの個別的な配慮をしつつ、クラス全体の集団活動を進めます。補助として入る加配保育者やフリーの保育者は、障害児のそばで必要とされる個別的関わりをしながら、活動への参加や仲間との関係を広げていきます。

　園長や主任は、園全体の教育・保育や行事の参加などについて、広い視点

から障害児の生活や遊びのあり方を考えます。子どもによっては、場所と保育者を変える対応が有効な場合もあり、クラスに入りにくいときや一斉活動の流れにのれないときには、園長や主任がそばに寄り添ったり、別の場所で対応します。担任以外がクラスに入ることは、少し離れた立場で客観的に子どもの様子や教育・保育を捉える機会にもなり、今後の対応を考えていくことにも役立ちます。また、園長や主任は他機関との調整役として、地域の保育課や児童相談所、保健センター、医療・療育施設などと情報共有していきます。保護者との関わりも、子どもの様子は担任が伝え、利用できる相談の場や制度は主任が伝えるなど、役割分担ができるとよい場合があります。

(2) 子どもへの個別的な関わりについて

①子どもの状態像を捉える

保護者からの聞き取りや専門機関でのアセスメント、ほかの保育者の意見をもとにして、発達や障害の特性を捉えます。

これまでの育ちを知ること、今の子どもの姿をよく見て現状を把握すること、先を見通して今後どういう力を付けていくかを考えることが大切です。また、日々の教育・保育の様子を記録に残し、職員全員が共有できるようにします。

集団の中で皆と同様にできるようにすることが、障害児の教育・保育の一番の目的ではありません。生活や遊びを通して、保育者や友達との関わりの中でできることや楽しめることを広げ、自ら行動していけるようにしていきます。そのためには、職員全員でその子どもの状態像を捉え、障害の特性に応じた関わりを共通認識し、必要なことを同じやり方で一貫して積み重ねます。子どもが安定するまでは、なるべく同じ人が関わることが望まれます。

②物的環境を調整する

教育や保育の環境は、物的環境であるもの、人的環境である人、活動の空間である場の3つによって構成されます。障害の状態に応じて、施設や設備

の工夫、改修も必要です。安全で分かりやすい環境が大切で、刺激を整理し、行動がなるべく一定化するようにします。たとえば、座る位置を決める、ロッカーや下駄箱、タオルかけの位置を隅の場所にする、マークを貼るなどします。子どもにとって分かりやすい状況にすることで、生活上の困り感を減らせます。また、視覚的な手掛かりとして予定表やカレンダーを示す、時計や区切りの合図・音楽などを用いることも有効です。不安なときに落ち着けるような場所として、好きなおもちゃや絵本があるコーナーなども必要です（内山，2009）。

(3) 組織としての園の支援体制について

①支援の取り組みと担当者の明確化

　園全体で障害児の教育や保育に取り組むには、子どもが必要としている支援について、具体的に検討することが求められます。学校教育では、数名の職員が特別支援教育コーディネーターとなり、職員間および関係機関の調整をしながら子どもの支援を進めます。各園でも、同様の役割を担う立場が必要です。

②会議・ケースカンファレンス・研修のもち方

　障害のある子どもへの支援体制を整えるには、日常的な話し合いとともに、公の客観的な話し合いの場が重要です。特別支援教育コーディネーターの役割をもつ保育者が中心となり、次のような会議を行います。

・支援体制検討会議：日常の活動の中での具体的な支援、保育者の動きや関わり方を検討。実施後評価し、再検討。
・個別の支援計画作成会議：障害児のアセスメントをもとに、教育・保育の中での個別の支援計画を作成。実施後評価し、再検討。
・ケースカンファレンス：今後支援の必要性のある子どもや、現在支援をしている子どもの現状把握、支援の評価、今後の支援について検討。

・園内研修：園の課題や障害児の教育・保育についての知識を得て、講演やグループワークなどを通して職員全体で学び、実践に生かす方法を検討。

③ケースカンファレンスのあり方

　ケースカンファレンスは、特別支援教育コーディネーターの役割をもつ保育者が進行します。関係職員または全員が参加し、必要に応じて、外部のスーパーヴァイザーを依頼します。担任が事例の資料を作成し、報告します。それぞれが捉えている子どもの姿を伝え合って子どもの様子を確認し、問題点を明らかにし、支援の見直しや修正をします。各保育者が子どもの育ちを振り返り、今後の教育・保育の内容や支援の視点を捉え直す貴重な機会となります（本郷，2010）。

④保護者と家族への関わり

　個人面談やクラス懇談会などの保護者との関わりも、支援体制の中に位置付けます。少しの時間でもよいので、保護者の思いや子どもの家庭での様子を聞き取ったり、園の様子を保護者に話すことで、相互理解が深まります。丁寧な視点で捉えた子どもの姿を伝えることで、子育てでの大変さも楽しさも共有し、育ちを実感し合えます。送迎の時間帯によっては、担任がいつも保護者に会えるとは限らないので、必要に応じて担任以外の保育者からも子どもの様子を伝えます。

　また、園の行事の取り組みやねらいを園便りで、集団の様子をクラス便りで、個々の取り組みや頑張る姿を連絡帳で伝えます。これらが、保護者との関係づくりのきっかけになります。

　障害児のきょうだいが同じ園に在籍している場合は、その子どもの様子も捉えて保育者が伝えるようにします。家族全体を捉えた取り組みが、それぞれの育ちの支えになります。

演習課題 12

　保護者から子どもの発達の遅れについて相談されたときは、以下のような点について気を付けて対応することが求められます。その理由を考えてみましょう。

・保護者の話を聞き、気持ちを受け止める。その場でのアドバイスや回答は控える。後日、改めて保護者に対応をする。その際は面談用に落ち着いた部屋を用意する。
・保護者からの情報は園全体で共有する。会議の内容や情報は必ず記録する。
・1人で対応せずに、園の責任者（園長、主任）などに相談する。
・保護者の相談に応じるときには、ほかの保護者の捉え方も考慮する。たとえば、お迎え時に特定の保護者とばかり話をすることがないようにする。
・守秘義務を守る。
・笑顔で対応する。

演習課題 13

　クラスの子どもへの対応で困ったときに、職員間で共有する情報について考えてみましょう。相談の場や内容、仕方を具体的に示しながら考えてみましょう。

演習課題13の解答例：共有する情報：気になる行動の詳細と発生の状況、保護者に関する情報など。
場：定期または臨時の職員会議など。
内容：現状把握と今後の対応の仕方、保護者との連携についての計画作成、共通理解づくりなど。
仕方：職員同士で情報を共有し、それを記録してまとめる（会議の内容や今後の方針、計画の実施後はその評価と反省・振り返りと計画の再検討）など。

第4章

特別の支援を必要とする幼児、児童及び生徒に対する教育課程や支援方法

　幼稚園や学校には、障害の診断の付いている子どもや、診断は付いていないけれども気になる子どものほかに、病弱の子ども、外国籍の子ども、一人親家庭の子ども、虐待の疑いのある子どもなど様々な子どもがいます。これらの子どもたちが集団生活の中で安心して人と関わりを楽しみ、自分らしさを発揮しながら過ごすには、子どもたち一人一人のニーズに応えながら、特別の支援を行うことが必要となります。その子どもたちに対して闇雲に支援をするのではなく、目的をもち計画を立てて支援していくことが大切です。個別の支援計画や指導計画の立て方について学び、他機関との連携について理解を深めましょう。

1 「通級による指導」及び「自立活動」の教育課程上の位置付けと内容

特別の支援を必要とする幼児、児童および生徒に対する教育に関しては、学校教育法第81条第1項において、知的障害者、肢体不自由者、身体虚弱者、弱視者、難聴者、その他障害のある者で特別支援学級において教育を行うことが適当なもの、もしくは教育上特別の支援を必要とする幼児、児童、生徒に対し、障害による学習上の困難や生活上の困難を克服するための特別な教育を行うことが定められています。

(1) 通級による指導

通級による指導とは、日本の義務教育における特別支援教育の制度の1つで、小・中学校の通常の学級に在籍し、通常の学級で各教科などの指導を受けながら、障害に応じて個別的な特別支援教育を受けることのできる制度です。通級による指導において自立活動の指導などの特別な指導を行う場合は、特別支援学校小・中学部の学習指導要領を参考として実施することが定められているほか、通級に係る授業時間は年間35～280単位時間が標準とされています（LDおよびADHDの児童生徒については、年間10～280時間単位）。

通級による指導では、障害があることによって生じる学習上または生活上の様々な困難を主体的に改善し克服していくために必要な知識や技能、態度および習慣を養い、心身の調和的発達の基盤を培うことを目指し、①健康の保持、②心理的な安定、③人間関係の形成、④環境の把握、⑤身体の動き、⑥コミュニケーションなどについて、個々の児童、生徒の必要性に応じた指導が選択的かつ段階的に行われています。

図4-1-1にあるように、少子化に伴い義務教育段階の児童生徒数が減少する傾向にある一方で、通級による指導を受ける子どもは増加傾向にあります。

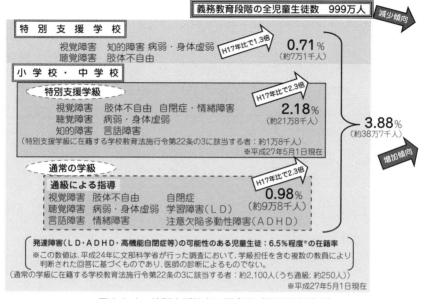

図4-1-1　特別支援教育の概念図（義務教育段階）
文部科学省初等中等教育局財務課　2018　教育関係職員の定員の状況について　p.14

※ 事例 4-1

軽度発達障害により通級指導を受けたケース

　小学２年の男児のカズは父、母、妹との４人家族で、家族関係は良好だ。小さいころから電車が大好きで、今では乗り換え路線図が全て頭に入っており、電車の話を始めると止まらなくなる。話を聞いてくれる大人と会話をすることは好むが、同年齢の友達と関わることは苦手で、クラスではおとなしく目立たない。

　カズは体のバランスの取り方や体の使い方に課題があり、手先が不器用で、図工や音楽、体育が苦手だ。図工では、指示された場所に指示されたものを貼ったり色を塗ろうとしても、はみだしたり、うまく特定の場所に配置することができなかったりする。音楽では、リズムに合わせて歌を歌ったり楽器を鳴らしたりするのが難しく、ワンテンポ遅れてしまうことが多く（たとえば、「ぽっぽっぽー、ハトぽっぽー」のリズムが、何度やっても「ぽっぽぽ

ぽー、ハトぽっぽぽぽー」になってしまうなど)、歌を歌う際も正しい音程が取れなかったり、出だしのタイミングがずれたまま取り残されてしまうことも多い。体育では、走ろうとするとフォームが崩れてヨロヨロした走り方になって線をはみでてしまい、ボールをうまく前に投げたり、キャッチしたりすることも難しい。1人縄跳びの前回しも、なかなか成功できない。指示を聞いてからの行動が遅く、予定変更が苦手で、避難訓練などの際には特に丁寧に説明が必要だった。

　カズは週に1度の通級指導を受けており、その中でボディイメージの獲得や周囲の状況をつかむ練習、周囲に合わせて行動するためのトレーニングを行っていった。たとえば、縄跳びではまず地面に縄を置いて、それを両足を揃えて跳び越える練習をし、それができたら地面から数センチ浮かせた状態の縄を跳ぶ練習、それができるようになったら地面すれすれでユラユラと揺らす縄を跳ぶ練習など、スモールステップで一つ一つ運動技能の訓練を積んでいった。音楽では、カスタネットやメトロノームを使ったり、体全体でリズムを取るなど、練習形態も工夫していった。

　また、学校生活全般に関しては、カズが理解しやすい指示の形態(図や表を用いたプリントを活用する)や段取りについて担任と情報を共有し、クラス全体でそれを取り入れる取り組みを続けていった。通級指導を受け始めてから1年が経過し、カズはボールキャッチやボール投げも安定してできるようになったほか、学習中の姿勢の保持も以前より安定してきた。クラスの中で臨機応変にまわりを見て行動するのはまだ苦手だが、事前に説明して準備をすることでクラスでの教室移動などにも対応できるようになってきており、予習を丁寧に行うことで、クラス内で発言や質問もできるようになっていった。状況の理解、場所の変化に対応できるように、絵カードや写真を使って事前学習をしたり、運動会などの行事では動画を見て内容を先に知ることで、心理的な不安を軽減していくことができた。

(2) 自立活動

自立活動は、障害による学習上または生活上の困難の改善・克服を目的とした領域で、国語・社会・理科など小学校や中学校および高等学校に準ずる各教科や道徳科、外国語活動、総合的な学習の時間などと同じく、特別支援学校における教育課程の1つです。

自立活動の指導は学校の教育活動全体を通じて行われるほか、別途設けられた自立活動の時間において行われ、そのための時間は子どもの障害の状態に応じて定められます。具体的な内容としては、①健康の保持（生活のリズムや生活習慣の形成に関することなど）、②心理的な安定（情緒の安定に関することなど）、③人間関係の形成（他者との関わりの基礎に関することなど）、④環境の把握（保有する感覚の活用に関することなど）、⑤身体の動き（日常生活に必要な基本動作に関することなど）、⑥コミュニケーション（言語の受容と表出に関することなど）があり、6つの区分ごとに3～5つの項目が示され、人間としての基本的な行動を遂行するために必要な要素と、障害によって生じている学習上または生活上の困難を改善・克服するために必要な要素が含まれています。

自立活動の具体的な指導内容としては、たとえば視覚障害の子どもに対しては歩行能力の向上に関する指導、聴覚障害の子どもに対しては補聴器などを付けた状態での発音指導、限局性学習障害の子どもに対してはことばや数量などの基礎的な概念の形成に関する指導、注意欠如・多動性障害の子どもに対しては自分の感情のコントロール方法に関する指導、自閉症スペクトラム障害の子どもに対しては生活の様々な場面を想定しながら相手のことばや表情などから立場や考えを推測することに関する指導などが行われています（文部科学省, 2015）。

事例 4-2　トイレに関する自立活動支援を行ったケース

　シゲルは小学3年の男児で母子家庭だ。母親には軽い知的障害があり、本人によると父親はシゲルが小さいころに他界したとのことだ。やや太めの体型でいつも同じ服を着ており、夏でも長袖、長ズボンを着用している。髪の毛はボサボサで肩にはフケが落ちていることも多く、夏場は体や頭から臭気がする。友達と仲よくしたい気持ちはあるものの、一方的なやり取りが多く、また身なりの問題で特に女子からは遠巻きにされることが多い。大勢の前で発表したり表現したりするのが苦手で緊張しやすく、クラス替えで担任が変わったり、席替えをしたりといった環境の変化に弱く、落ち着きがなくなったり興奮したりする。教室移動の際の忘れ物や紛失が目立ち、自分の持ち物が落ちていても気付かないことがある。ランドセルの中やロッカーの中もぐちゃぐちゃで、整理整頓が苦手だった。

　シゲルは1年のとき、トイレでズボンを全部下ろさないと用を足すことができなかった。しばらくすれば、まわりの子どものやり方を見て一般的な用の足し方を習得できるだろうと考えていたが、2年になっても一般的な用の足し方は身に付かず、トイレでいつもおしりを丸出しにしていた。また、うんちをした際の処理や正しい拭き方も習得されていなかったほか、しばしば教室でおしっこやうんちを漏らすことがあった。本人はそのことについて特に気にする様子がないものの、特に女子から強く避けられるようになったため、今後の対応について保護者との面談を行った。その結果、シゲルは家ではいつも便座に座って用を足していることや、保育園ではずっとオムツをしていたこと、母親は男児のトイレの仕方についてどう教えていいか分からず、きちんと教えてこなかったことが判明した。そこで、シゲルは今トイレに関して何がどこまでできており、何でつまずいているのかを一つ一つ確認し、自立活動の一環として、トイレに関する支援を行っていくことになった。

　シゲルはおしりを出していてもまわりの目を気にする様子がなかったことから、学校のような場ではおしりを出さずにおしっこをするのが一般的であること、おしりを出さずに立ったまま用を足すやり方などを教えていった。始めはいつものやり方でないと「出ない」と言ったり、便器のまわりを汚してしまうことも多かったが、家庭でも立って用を足すようにしてもらってか

ら、次第に一般的なやり方でも用が足せるようになっていった。うんちをした後の処理の仕方については、今までトイレットペーパーを手にぐるぐる巻き付けるやり方で拭いていたのを、適量をちぎってたたんでから正しいやり方で拭く方法を伝え、練習を続けていった。また、排泄のタイミングがつかめなかったせいでお漏らしをしてしまっていたことから、本人と一緒に「行きたくなくてもトイレに行く時間」を決め、場合に応じて声かけをしてトイレに行くことを促すことで、次第にお漏らしの回数も減っていった。支援を始めた当初は、シゲルに機能的な問題がある可能性についても含めて支援の仕方を検討しており、保護者からの求めがあればふさわしい病院などを紹介できるよう準備もしていたが、とりあえずはこのままの支援のやり方で様子を見ることになった。

　また、指導計画には、保護者から忘れ物や紛失をしないようになってほしいとの内容もあったため、学校の具体的な支援として、持ち物チェック表の作成と点検、ものを置く場所の決定と確認、授業が終わったら机の上を何もない状態にする約束などをクラス全体で取り組んでいった。さらに、子ども同士でもお互いに声をかけ合いチェックを促す習慣を付けたことで、シゲルも次第に自分で意識して整理することができるようになってきた。まだしばしばルールや決まりを守れないことがあるが、間違えてしまったらそのつど毎回ルールを説明し直すという取り組みを続けている。

「個別の指導計画」及び「個別の教育支援計画」を作成する意義と方法

(1)「個別の指導計画」と「個別の教育支援計画」の関係性

「個別の指導計画」と「個別の教育支援計画」は、特別の支援を要する幼児、

児童、生徒の保育、教育、支援などにおいて重要な位置付けであるといえます。しかし、両者の違いについて、名称も似ているため混乱しやすいともいえます。両者の違いや関係性ついて考えてみましょう。

　文部科学省では、**個別の指導計画**について、「指導を行うためのきめ細かい計画」と定義されています。具体的な内容としては、「幼児児童生徒一人一人の教育的ニーズに対応して、指導目標や指導内容・方法を盛り込んだ指導計画。例えば、単元や学期、学年等ごとに作成され、それに基づいた指導が行われる」とされています。一方、個別の教育支援計画については、「他機関との連携を図るための長期的な視点に立った計画」と定義されています。具体的な内容としては、「一人一人の障害のある子どもについて、乳幼児期から学校卒業後までの一貫した長期的な計画を学校が中心となって作成。作成にあたっては関係機関との連携が必要。また保護者の参画や意見等を聴くことなどが求められる」とされています。具体的には、就学前、就学中（小・中・高等学校や特別支援学校に就学している段階）、卒業後、それぞれの段階において、教育、福祉などの関係機関の中から中心となる機関を定め、地域（自治体など）、都道府県、国の各レベルで連携協力体制を構築することが必要で、学校や園における教育や保育よりも広い範囲を含んでいることが特徴です。

　そして、両者の違いとしては、想定している期間が異なることがあげられます。具体的には、「個別の教育支援計画」＝乳幼児期から学校卒業までの長期的スパンで捉えたものでありかつ継続的なもの、「個別の指導計画」＝子どもが今所属している園や学校の指導の計画（学期ごと、学年ごとなど、短期的スパン）、という違いがあるといえます。

　両者の関係性については、「個別の教育支援計画」により、幼児、児童、生徒一人一人の特別の教育的ニーズを把握し、それを「個別の指導計画」により、具体的な指導に反映させます。

　表4-2-1に、上に述べた内容をまとめます。

　計画を進めていくうちに、子どもの実態やニーズ、子どもや家族を取り巻く状況は変化していくことが考えられるため、これらの計画は、作成し、実

表4-2-1 「個別の教育支援計画」と「個別の指導計画」の違いおよび関係性

	個別の教育支援計画	個別の指導計画
内容	家庭や医療、教育、福祉など関係機関と連携した支援のための計画	園・学校における一人一人の幼児、児童、生徒の指導目標や具体的な手立てを明らかに示した計画
スパン	長期的かつ継続的	短期的
関係性	特別の教育的ニーズを把握 →	具体的な指導などに反映

施し、評価し、改善していくプロセス（Plan-Do-Check-Action）を通して、常に支援をよりよいものに改善できるよう努めていくことが大切です。

(2)「個別の指導計画」及び「個別の教育支援計画」を作成する意義

　次に、「個別の指導計画」および「個別の教育支援計画」を作成する意義について理解を深めていきましょう。先に述べましたが、個別の教育支援計画で特別の教育的ニーズを把握し、それを所属している園や学校での具体的な指導などに反映したものが個別の指導計画という関係性でした。それを踏まえ、まず「個別の教育支援計画」を作成する意義について整理しましょう。
　「個別の教育支援計画」を立てる意義は大きく4点あります。1点めは子どもや保護者のニーズを明らかにできること、2点めは関係機関が同じ方向で支援できること、3点めは関係機関が役割分担しながら横のつながりをもって支援できること、4点めは子どもが進学するたびに個別の教育支援計画が重要な引継ぎ資料となることです。
　そして、それらをもとに作成する「個別の指導計画」の意義は、実行する特別支援教育の中身、つまり具体的な手立てを明らかにすることです。
　表4-2-2に、今までに述べた内容の全体を改めてまとめます。
　両者のこうした意義や関係性を理解することは、実際に保護者と面談して、ニーズをくみ取ったり、それをもとに作成したり、関係機関と連携する際にどこの機関が何を担うかを明確化することができます。そして何より、今の個別の指導や支援を考えるという「個別の指導計画」＝「点」での子どもを

表4-2-2 「個別の教育支援計画」と「個別の指導計画」の作成の意義および違いなど

	個別の教育支援計画	個別の指導計画
内容	家庭や医療、教育、福祉など関係機関と連携した支援のための計画	園・学校における一人一人の幼児、児童、生徒の指導目標や具体的な手立てを明らかに示した計画
作成意義	① 子どもや保護者のニーズを明らかにできる ② 関係機関が同じ方向で支援できる ③ 関係機関が役割分担しながら横のつながりをもって支援できる ④ 子どもが進学するたびに、個別の教育支援計画が、重要な引継ぎ資料となる	子どもが所属する園・学校で行う具体的な手立てを明らかにする
スパン	長期的かつ継続的	短期的（学期ごと、学年ごとなど）
関係性	特別の教育的ニーズを把握 →	具体的な指導などに反映

理解する視点から、子どもの長期的な成長を踏まえた「個別の教育支援計画」＝「線」での子どもを理解する視点を得られます。両者の作成意義を理解することは、「点」から「線」で、子どもを理解することともいえます。保育者が子どもを理解する上で大切なポイントです。

(3)「個別の指導計画」及び「個別の教育支援計画」を作成する方法

「個別の指導計画」および「個別の教育支援計画」の関係性やそれぞれの意義を押さえました。次に、それぞれの作成の方法についての理解を深めていきましょう。

「個別の指導計画」および「個別の教育支援計画」の作成者は、子どもが所属する園や学校になります。具体的には担任が中心となって、巡回相談員のような専門家の支援を受けて、園や学校全体として作成します。

「個別の教育支援計画」を作成するときのポイントとしては、2点あります。1点めは関係機関と連携して作成すること、2点めは保護者の意見を聴くことです。「個別の教育支援計画」は3年を目安として更新されますが、小さな改訂はそのつど行われます。この2つのポイントは、先に述べた個別の教育

支援計画の4つの意義（①子どもや保護者のニーズを明らかにできる、②関係機関が同じ方向で支援できる、③関係機関が役割分担しながら横のつながりをもって支援できる、④子どもが進学するたびに、個別の教育支援計画が重要な引継ぎ資料となる）と関連します。保護者の意見を聴くことは意義①と関連し、関係機関と連携して作成することは意義②および③に関連し、さらには子どもが進学するたびに新たな学校など新たな支援機関に意義④の資料が引き継がれ、今のステージでの保護者の意見を聴くこと（意義①）が必要となります。

「個別の指導計画」を作成するときのポイントは、「個別の教育支援計画」で示された目標や支援の方針を踏まえて、園や学校での支援を具体的に示すことです。「個別の指導計画」には長期目標と短期目標があり、長期目標は1年ごと、短期目標は学期末ごとなどに更新されます。「個別の指導計画」を作成する手順としては、まず児童、生徒の生活や学習に関する実態を的確に把握することが必要です。障害の状況に関する医療福祉現場からの情報や、家庭および学校生活における本人の様子、保護者や本人がどのような願いやニーズをもっているかなどの実状と実態を把握します。

次に、把握した実状と実態に合わせた指導目標を明確なかたちで設定します。1年後の姿を見通し、知的能力や発達段階を考慮した長期目標を立て、次に長期目標を達成するための具体的な目標を短期目標として設定していきます。短期目標を立てる際は、曖昧で漠然とした表現ではなく、個別的・具体的で、客観的に評価が可能な目標になるようにします。そして、その目標をもとに子どもに適した具体的な指導方法や支援の体制、授業の形態などを指導計画として作成していきます。指導計画をもとに指導を行ったら、それを評価し、必要に応じて目標を見直し、また次の目標や計画を立てていくというサイクルを繰り返していきます。

園と学校で個別の計画を立てて実行していく際の違いは大きく2点あります。1点めは学校（小・中・高等学校）では、特別支援教育コーディネーターという役割を担った教師が校内にいます。**特別支援教育コーディネーター**は、文部科学省によると、「(1) 学校内の関係者や関係機関との連絡・

調整」「(2) 保護者に対する学校の窓口として機能することが期待される」とされています。学校現場では、養護教諭が担ったり、特別支援学級の担任が担ったりと学校によって様々です。人数も1人だったり複数だったりと、その学校の現状に合わせて校長が指名します。学校においては、「個別の指導計画」および「個別の教育支援計画」の作成は担任や特別支援教育コーディネーターが中心となり、巡回する専門家の支援を受けて作成することが多いといえます。2点めは**校内委員会**の存在です。校内委員会とは、学校内において全体的な特別支援教育に関する支援体制を整備するための委員会のことです。メンバー構成は、学校の現状により異なりますが、たとえば小学校であれば、校長、特別支援教育コーディネーター、低学年代表教師、中学年代表教師、高学年代表教師、養護教諭、特別支援学級担任、スクールカウンセラー（以下、SC）などが主要な構成メンバーになります。この校内委員会は、定期的に開催されるように年間計画に明示されていることがポイントです。中学校では、教科担任制（担任はそのクラスの生活指導を担い、学習は教科ごとに専門の教員が行うスタイル）のため、仮に校内委員会を毎週金曜日の2時間めに設定すると決まっていたら、校内委員会のメンバーはその時間に授業を担当しないように時間割が組まれます。しかし、小学校のように学級担任制（担任がそのクラスの毎日の授業や生活指導を行うスタイル）だと、担任の空き時間が中学校のようにありません。専科（図工や音楽など技能に関する特定の教科指導のみを担当する専科担任の教師が、その教科の指導を学級担任に代わって行うスタイル。小学校独自のもの）の授業の間程度しか空き時間がありません。そのため、中学校のように毎週行うことはなかなか難しい現状もあり、学校ごとに工夫を行い、月に1回や隔月に1回程度の校内委員会を開催している現状があります。

　特別支援教育コーディネーターや校内委員会ということばは、保育者としては聞きなれないことばといえますが、自分が年長クラスの担任をしたときに小学校での支援のイメージがもちやすいので、頭の片隅に入れておくとよいでしょう。「個別の指導計画」および「個別の教育支援計画」の作成は、校内委員会において、担任や特別支援教育コーディネーターが中心となり、

巡回する専門家の支援を受けて作成するというイメージをもっておくと、自分が作成した「個別の教育支援計画」がその会議で共有されるであろうことが推測できます。また、就学前に「我が子のことを事前に小学校に伝えに行きたいがどうしたらいいですか」という相談を保護者から受けることも少なくなく、相談を受けた時期には来年度の担任はもちろん決まっていません。そのようなときに、保護者に「特別支援教育コーディネーターの先生がいるので、就学時健診のときにでも、今度相談する時間を取ってほしいとお願いしてみるといいと思います」などの具体的な助言もできます。それゆえ、小学校における特別支援教育の組織体制における重要な2つのポイントである特別支援教育コーディネーターや校内委員会について、自分なりに理解し見通しを立てておくことで、より具体的な支援が行えるといえます。

❋ 事例 4-3

個別の教育支援計画と個別の指導計画を小学校入学後に立てる

小学1年のヨウジは、保育園ではとても活発でいつも体を動かしている子どもだった。朝の話し合いの時間には椅子に座り続けることは難しいという引き継ぎがあり、小学校入学後も担任の話を座って聞くことが難しく、離席することが多かったが、何か作業する時間は座っていることができた。

担任は今年から教師になった初任者である。担任としても、ヨウジに対してどう働きかけをしていいか迷っていた。そこで、学年主任が特別支援教育コーディネーターに相談することを担任に提案した。特別支援教育コーディネーターは、自分も含めた保護者と担任との面談を提案してくれた。保護者には「ヨウジくんが学校で楽しく学べるための支援について、校内の特別支援教育コーディネーターも交えて一緒に考えたい」と担任から伝え、了承してもらった。

面談で、担任から学校でのヨウジの様子を伝えたところ、保護者から「保育園の年長のときから、小学校で椅子に座っていられるか心配でした。でも本人は別に何も言わないし、まさか授業中に椅子に座っていないとは知らなかった。でも学童保育にお迎えに行ったときには、指導員が全体に向けて話

すときに、班のテーブルから離れてうろちょろしていることは聞いていたので、何となくヨウジの様子が分かりました。家で厳しく叱ればいいですか？」と語られた。特別支援教育コーディネーターからは、「叱ってほしいわけではないんです。ヨウジくんが楽しく学校で学べるようにどうしたらいいかを保護者の方と一緒に考えたいんです。どんなサポートをしたらいいか我々もまだ見えていないので、家ではどんな声かけをしたら保護者の話を聞いていられるかなど教えていただきたいし、ご家庭から学校にどのようなサポートを望まれるかも伺いたいんです。できれば、それらの内容を踏まえて、学校での指導内容を明確にして、来年の担任にも引き継ぎたいし、学童の先生とも連携したいし、先の話にもなりますが中学の先生にも引き継ぎたいんです。そのような資料を作成してもよろしいものでしょうか。保護者の方と一緒に作成できればと思います」と伝えた。保護者は、初めはとまどいを見せたものの、「次の学校に引き継いでいただけるし、いろいろなところと連携してもらえるのであれば、1から自分たちが説明しなくても済むし、ありがたいです。自分たちもその書類を見ることができるのも安心できるし、お願いします」と了承した。

　翌週の校内委員会で、個別の教育支援計画と個別の指導計画を検討することになり、その前にまず担任と特別支援教育コーディネーターで叩き台を作成することにした。しかし、担任は「初めてのことで、どうしたらいいか分かりません」と不安を示した。特別支援教育コーディネーターは「大丈夫。書けるところから書けばいいんだから。分からないところは？マークを付けておいて」と助言をした。担任は今書けることを記入した。

現在・将来についての希望	
本人：？→①	保護者：椅子に座ってほしい
支援の目標：必要な指示を着席して聞けるようになる	
必要な支援：着席できているときにほめる。離席したときに適切な働きかけをする	
学校の支援：？→②	
家庭の支援：？→③	
関係機関の支援：	
学校生活：？→④	

支援機関：学童保育　月曜〜金曜の放課後　A先生　放課後に体を使った遊び
医療機関：？
その他：？→⑤

　翌週の校内委員会では、校長、特別支援教育コーディネーター、担任、特別支援学級担任、低・中・高学年代表担任、SCで検討を行った。そこで得られた助言は以下の5点である。①ヨウジの希望は担任か保護者が聞くのはどうか、②学校の支援はまずは関係者で個別の指導計画を作成することにしよう、③家庭で行っている支援を担任が聞き取ってはどうか、④学校生活の支援はSCにヨウジの行動観察をしてもらってはどうか、⑤そのほかに保育園年長児の担任の名前やそこでの支援内容を記載してはどうか。

　その後、個別の指導計画作成について検討がなされ、特別支援学級担任から以下の助言があった。

	児童生徒の実態と目標	指導の手立て	評価
生活	朝の会では落ち着きがないときもある	本人にお手伝いをお願いし、動きが取れるようにする	
学習	全体指示のときは着席することが難しい	どの話を何分程度話すか板書し、見通しがもてるようにする。着席時に「座って聞けたね」と伝える	

　その後、担任は助言内容を、個別の教育支援計画と個別の指導計画に加筆など行い、保護者に報告をかねて、資料を見せながら①と③の相談を行う面談を行った。

　面談では記入内容についての説明とともに、「評価」欄については、学期末に計画内容についての振り返りをかねた評価を担任や特別支援教育コーディネーターらが記入する旨を説明した。面談で保護者の了承を得て、保育園の年長時の担任に連絡を取り、当時の支援内容を聞いて、それを個別の教育支援計画に記入した。

　1年の1学期が終わり、校内委員会で振り返りを行い、担任と特別支援教育コーディネーターで「評価」の欄を記入し、夏休みの保護者との面談で、個別の教育支援計画と個別の指導計画の報告も行った。

(ヨウジの個別の教育支援計画)

現在・将来についての希望	
本人：楽しく学校で過ごしたい	保護者：椅子に座ってほしい
支援の目標：必要な指示を着席して聞けるようになる	
必要な支援：着席できているときにほめる。離席したときに適切な働きかけをする	
学校の支援：個別の指導計画を作成する	
家庭の支援：夕食時に学校の話を聞き、その日1日のいいところを1つ以上伝える	
関係機関の支援：特になし	
学校生活：定期的にSCに行動観察してもらい、校内委員会にフィードバックしてもらう	
支援機関：学童保育　月曜〜金曜の放課後　A先生　放課後に体を使った遊び	
医療機関：特になし	
その他：〇〇保育園年長の担任は田中先生。保育園では落ち着かないときは事務室や本コーナーで過ごしていた。落ち着いたらクラスに戻ることができていた	

(1学期終了時点におけるヨウジの個別の指導計画)

児童生徒の実態と目標		指導の手立て	評価
生活	朝の会では落ち着きがないときもある	本人にお手伝いをお願いし、動きが取れるようにする	週の前半は、朝の会で椅子に座れている。後半は疲れもあるが、水を飲みに行って、気持ちを落ち着かせたり、配布係をお願いしたりしている。配布係は楽しそうに取り組んでいる
学習	全体指示のときは着席することが難しい	どの話を何分程度話すか板書し、見通しがもてるようにする。着席時に「座って聞けたね」と伝える	担任だけでなく専科でも見通しがもてる板書をしたことで、15分程度は着席できるようになった。「座って聞けたね」と教師が伝えることで本人はうれしそうにしている

　作成時の文言のポイントは、保護者も見ることを踏まえ、建設的な表現を用いることです。「〜ができない」ではなく「〜が難しいときがある」などと工夫したり、「〜をする」と具体的な手立てを記入します。後者の工夫を取ることで、校内の全ての教師がヨウジに対して、「どの話を何分程度話すか板書し、見通しがもてるよう」支援を行えることにつながるからです。
　表4-2-3に、今までに述べた内容を全てまとめます。自分の中で整理して

おきましょう。

表4-2-3 「個別の教育支援計画」と「個別の指導計画」の作成の意義およびポイントなど

	個別の教育支援計画	個別の指導計画
内容	家庭や医療、教育、福祉等関係機関と連携した支援のための計画	園・学校における一人一人の幼児、児童、生徒の指導目標や具体的な手立てを明らかに示した計画
作成意義	① 子どもや保護者のニーズを明らかにできる ② 関係機関が同じ方向で支援できる ③ 関係機関が役割分担しながら横のつながりをもって支援できる ④ 子どもが進学するたびに、個別の教育支援計画が、重要な引継ぎ資料となる	子どもが所属する園・学校で行う具体的な手立てを明らかにする
ポイント	① 関係機関と連携して作成すること ② 保護者の意見を聴くこと ③ 文言は建設的な表現を用いる。「〜が難しい」「〜する」など	
スパン	長期的かつ継続的	短期的（学期ごと、学年ごとなど）
関係性	特別の教育的ニーズを把握　→　具体的な指導などに反映	

3 特別支援教育コーディネーター、関係機関、家庭と連携しながらの支援体制の構築

(1) 特別支援教育コーディネーターの役割

　特別支援教育コーディネーターは、大きく2タイプに分かれます。前節では、主に地域の学校（小・中・高等学校）の特別支援教育コーディネーターの役割について述べました。園から就学に移行するときに、子どもの障害の程度によって、①その子どもが所属する学区における小学校内の通常学級で学ぶ子ども、②その子どもが所属する学区における小学校内の特別支援学級（障

害の種別ごとの少人数学級で、一人一人に合わせた教育を行う学級）で学ぶ子ども、③地域の特別支援学校（障害の程度が比較的重い子どもを対象として専門性の高い教育を行う学校）初等部で学ぶ子ども、と3つのタイプに分けられるといえます。

　ここでのポイントは、①②は通常学級か特別支援学級かという違いはあるが同じ小学校ということ、③は地域の特別支援学校初等部であることと、つまり場所が異なります。そして、それぞれの学校に特別支援教育コーディネーターがおり、学校の種類によりその役割が少し異なります。前節で述べたように、地域の学校（小・中・高等学校）における特別支援教育コーディネーターの役割は大きく2点です。文部科学省によると、地域の学校（小・中・高等学校）における特別支援教育コーディーネーターは、「(1) 学校内の関係者や関係機関との連絡・調整」「(2) 保護者に対する学校の窓口として機能することが期待される」とされています。その一方、特別支援学校の特別支援教育コーディネーターは、「これらに地域支援の機能として、(3) 小・中学校等への支援が加わることを踏まえ、(4) 地域内の特別支援教育の核として関係機関とのより密接な連絡調整が期待される」とされています。このことから何が読み取れるかというと、特別支援学校の特別支援教育コーディネーターは、非常に役割が大きいということです。具体的には、特別支援学校の特別支援教育コーディネーターは、地域の特別支援教育の「核」として、地域の学校を支援する役割を担っています。

　表4-3-1に、上に述べた内容をまとめます。

　たとえば、自分が担当していた子どもが、②その子どもが所属する学区における小学校内の特別支援学級に就学した場合、校内の特別支援教育コーディネーターがその子どもへの支援のリーダーシップを発揮してくれることが想像できます。それに加え、学校がその子どもへの支援について悩んだり困ったりした場合、特別支援学校の特別支援教育コーディネーターが核としてセンター的機能を発揮して、子どもの様子を行動観察し、助言をしてくれることもあるでしょう。

　学校においては、「個別の指導計画」および「個別の教育支援計画」の作

表4-3-1　学校の種別による特別支援教育コーディネーターの違いおよび関係性

種別	特別支援学校における 特別支援教育コーディネーター	地域の学校（小・中・高等学校）における 特別支援教育コーディネーター
役割	① 学校内の関係者や関係機関との連絡・調整 ② 保護者に対する学校の窓口として機能すること ③ 小・中学校などへの支援 ④ 地域内の特別支援教育の核として関係機関とのより密接な連絡・調整	② 学校内の関係者や関係機関との連絡・調整 ③ 保護者に対する学校の窓口として機能すること
役割の 大きさ・範囲	特別支援学校の特別支援教育コーディネーター ＞ 地域の学校の特別支援教育コーディネーター	
関係性	助言・援助　↔　相談	

　成は担任や特別支援教育コーディーネーターが中心となり、巡回する専門家の支援を受けて作成することが多いと述べました。ここでいう巡回する専門家に、特別支援学校の特別支援教育コーディネーターも入るといえます。そして、学校が求めれば、特別支援学校の特別支援教育コーディネーターが校内委員会に参加して、助言などをしてくれることもあります。これは表4-3-1で述べた、特別支援学校の特別支援教育コーディネーターの役割「③小・中学校などへの支援」および「④地域内の特別支援教育の核として関係機関とのより密接な連絡・調整」に該当するといえます。ここを理解しておくと、就学前の時期に子どもへの支援に困ったら、園から特別支援学校の特別支援教育コーディネーターに相談するという方法があるということが分かります。地域の幼稚園・保育所のほかには、たとえば放課後等デイサービスなどの福祉機関から、特別支援学校の特別支援教育コーディネーターに相談するという方法もあります。特別支援学校の特別支援教育コーディネーターの支援範囲は非常に広いというのがポイントです。

(2) 校内委員会の1年間

　特別支援教育コーディネーターの役割を理解したので、次は校内委員会の

1年間について理解を深めていきましょう。前節で述べたように、校内委員会とは、「学校内において全体的な特別支援教育に関する支援体制を整備するための委員会」のことです。メンバー構成は、学校の状況により異なります。小学校であれば、校長、特別支援教育コーディネーター、低学年代表教師、中学年代表教師、高学年代表教師、養護教諭、特別支援学級担任、スクールカウンセラー（以下、SC）などが主要な構成メンバーといえます。この校内委員会の開催は、大きく2種類あります。1つは年間計画に明示されて定期的に開催されるもの、もう1つは臨時に開催されるものです。ここでは、年間計画に明示された校内委員会の1年間についてのイメージを膨らませましょう。SCは、基本的には週1回程度の勤務のため、多くの学校がSCの勤務曜日に合わせて校内委員会の開催日を決めています。

　表4-3-2は、ある学校における校内委員会の1年間の動きです。この学校の特徴は、大きく3点です。1点めは地域の特別支援学校の特別支援教育コーディネーターの力を借り、校内委員会に参加してもらったり、夏季職員研修で講師をお願いしたりして、年間を通して支援を受けていることです。2点めは普段の「定期校内委員会」に加えて「拡大委員会」を開いていることです。拡大委員会とは正式名称ではありませんが、校内のメンバーに加えて、外部の専門家である特別支援学校の特別支援教育コーディネーター、スクールソーシャルワーカー[i]（以下、SSW）、子ども家庭支援センター[ii]職員などを交えて、支援児童について支援会議で検討しています。3点めは校内委員会が開催される日に巡回する専門家に来てもらい、児童の行動観察、教師への助言に加えて、校内委員会においても助言などしてもらえる体制を構築していることです。特別支援教育コーディネーターは、役割①の「学校内の関係者や関係機関との連絡・調整」ができるように、「開かれた校内委員会」づくりを意識していることが読み取れます。

---

[i] スクールソーシャルワーカーとは、教育と福祉の両面に関して、専門的な知識・技術を有し、児童生徒が置かれた様々な環境の問題への働きかけを行う専門職のことをいいます。
[ii] 子ども家庭支援センターとは、市区町村における育児支援を担う機関のことをいいます（子ども家庭相談センターなど、自治体により名称が異なる）。

表4-3-2　校内委員会の1年間の例

4/3	・メンバー顔合わせ（SC以外） ・仕事内容の確認 ・役割分担決め
4/5	〈職員会議にて〉 ・校内体制の流れの説明および確認 ・個別の指導計画および個別の教育支援計画の作成依頼と締め切りの提示
4/17	〈定期校内委員会①〉 ・支援児童の確認および支援内容についての検討
5/8	〈定期校内委員会②〉 ・支援児童の目標設定および修正
6/10	〈定期校内委員会③（拡大委員会）〉 A特別支援学校特別支援教育コーディネーター参加 ・支援会議
夏休み	・各担任が作成した個別の指導計画および個別の教育支援計画の確認および評価の記入 ・夏季校内研修：個別の指導計画および個別の教育支援計画の作成について、A特別支援学校特別支援教育コーディネーターによる助言（対象：全教職員）
9/5	〈定期校内委員会④〉 ・巡回する専門家の参加 ・支援児童の経過と支援策の見直し ・2学期個別指導計画記入の依頼
10/1	〈定期校内委員会⑤（拡大委員会）〉 A特別支援学校特別支援教育コーディネーター・SSW・子ども家庭支援センター職員参加 ・支援会議
11/2	〈定期校内委員会⑥〉 ・新1年就学時健診の面談で気になった子どもについての共有
12/4	〈定期校内委員会⑦〉 ・個別の指導計画の課題と評価の記入の確認
1/8	〈定期校内委員会⑧〉 ・3学期個別指導計画記入の依頼
2/5	〈定期校内委員会⑨（拡大委員会）〉 A特別支援学校特別支援教育コーディネーター・SSW・子ども家庭支援センター職員参加 ・支援会議 ・支援児童やケースについての引き継ぎ
3/6	・定期校内委員会⑩ ・個別の指導計画および個別の教育支援計画の評価と課題の確認（保護者にも確認） ・個別の指導計画および個別の教育支援計画のファイルのまとめと新年度のファイル作成 ・新1年生の情報を共有し、新年度に支援体制の計画を立てる

（3）関係機関のリソースマップ作り

　家庭と連携しながら関係機関のリソースマップ[iii]を作ると、自然と支援

体制が構築できます。自治体のホームページなどを見ると、ある程度の関係機関の情報は掲載されています。しかし、その情報をピックアップしただけでは、単なる情報がらみのリソースマップ[i]しか作れません。支援構築につながるリソースマップは、たとえば次のように作られていきます。

　まず、ある家庭が就学に向けての相談のために教育相談室に通っていた場合、園の担任が「個別の教育支援計画」にそのことを記載します。その内容をもとに、保護者と面談した際などに教育相談室での関わりの内容や担任の先生の名前や雰囲気、相手の連絡先などを聞くことができます。そうして得られた情報はホームページには載っていないような詳しい情報であり、いざというときの支援に役立ちます。また、保護者の承諾を得て、教育相談室の先生に電話をすることができれば、直接関係機関の担当者と連携を取ることができ、そこで支援体制が構築されていきます。教育相談室の先生と連携することで、園と教育相談室の相互理解が深まる効果も期待できます。相互理解や相互の協力体制が構築されれば、園での支援に困ったときに教育相談室の先生に行動観察に来てもらうことなども可能になります。

　常日頃から挨拶をかねて連絡を取り関係をつくることで、支援構築の基礎ができていきます。何かあってからではなく、何事も生じていないときにいい関係をつくっておくことが大切です。このようなことをいろいろな機関に対して行っておくことで、地域に根ざした支援構築の基礎ができていきます。

事例 4-4

小学校入学後からの支援体制の構築

リンは小学1年の女の子だ。父親は会社員で母親はパート勤務、保育園の3歳児クラスに妹（てんかんの既往歴あり）がいる。保育園ではいつも朝9時前後の登園で、朝から眠そうにしていることが多いという申し送りがあった。小学校入学後は、登校するもののいつも遅刻ぎりぎりになっていた。学

[iii] リソースマップとは、関係機関の名称やその機関における担当者の名前や所在地（住所）、連絡先の電話番号、支援内容など活用できる資源（リソース）の情報の全体や関係が一目で分かるようにまとめたもので、表の形式であったり、各機関のつながりを図示したものであったりします。

習については意欲はあるものの、1時間めの学習から眠そうに目をこすっている姿が見られる。給食の時間になると元気になり、意欲的におかわりをする。担任は男性で昨年度から講師として校内で働いており、今年度から正規採用となった。担任としてもリンの学校での様子を心配しており、連絡帳でその日のリンの様子を保護者に伝えようとしているが、母親からはサインのみしか返ってこない。そこで、学年会で気になる児童としてリンのことを相談したところ、1年のほかのクラスの教師からSCに相談してみてはどうかとアドバイスがあった。

　担任がSCに相談すると、SCは午前中のうちに行動観察を行い、中休みにリンへの声かけや給食をリンの班で食べるなどの交流を図った。放課後、SCから担任と学年主任、特別支援教育コーディネーターに同時に報告したいと話があった。SCからは、リンは毎日朝食を摂っていないこと、夕食は母が勤務する飲食店のまかないの食事を4人で分けていること、両親は毎晩お金のことでけんかしていること、毎晩ゲームをして寝るのは真夜中の1時過ぎで朝起きられない事実があるようだと報告があった。そして、SCからは母親の勤務前後のどこかの時間に面談を行いたいという申し出があった。担任はすぐに面談の申し入れを母親に行うことになり、学年主任は担任のフォローに入った。特別支援教育コーディネーターは、臨時に校内委員会を開く準備に動いた。臨時の校内委員会には、校長、特別支援教育コーディネーター、担任、学年主任、養護教諭、SCが出席して協議を行い、適切な養育が行われていない可能性があるため、子ども家庭支援センターに連絡を入れる可能性について検討した。

　SCは翌週、母親と面談を行った。母親からは、保育園時代から就寝が遅く朝起きられず、昔から朝食を食べさせてこなかったこと、夫がギャンブルでの借金があり、その返済が厳しく、食費が捻出できず、勤務先のまかないでその日の食事をしのいでいること、自分も生活費を稼ぐた

225

め、できるかぎり仕事を増やしているためリンの世話ができてないことなどの困り感が語られた。

　特別支援教育コーディネーターはリンの状況を整理する中で、保育園での申し送りの内容から3歳児クラスの妹も同じような状況なのではないかと推測し、保育園に連絡を取った。すると、妹も朝9時前後の登園で、朝から眠そうにしていることが多く、登園時から「おなかすいた」と担任に話していることが分かった。特別支援教育コーディネーターは、保育園の妹の担任およびリンの年長時の担任にも支援会議への参加を依頼した。SCはリンの家庭の経済状況を心配し、ほかのケースで連携したことがあるSSWに電話で相談したところ、校長から直接支援会議への参加依頼をかけてもらうようにという返答をもらったため、特別支援教育コーディネーターに調整を依頼し、正式に校長からSSWに対して支援会議への参加依頼をした。その後、支援会議が校内で開かれた。メンバーは、校長、特別支援教育コーディネーター、担任、学年主任、養護教諭、SC、SSW、子ども家庭支援センター職員であり、リンの家庭では経済的な困窮および生活習慣の不確立により適切な養育がなされていないことが確認された。SSWからは、就学援助[i]を受けること、父親の借金について法テラス[ii]の弁護士に相談すること、子ども食堂の利用などの提案が行われた。関係機関として、母親を責めずに苦労をねぎらいながら、家庭を支援していくことを共有した。

---

[i] 学校教育法第25条において「経済的理由によって、就学困難と認められる学齢児童の保護者に対しては、市町村は、必要な援助を与えなければならない」という記載があります。具体的には、一定の収入以下の家庭が市区町村に申請すれば、給食費、宿泊学習費などが補助されます。

[ii] 法テラスとは、正式名称「日本司法支援センター」で、国民の法的なトラブルの解決に必要な情報やサービスの提供を行う機関のことをいいます。具体的な例の1つとして、このケースのように経済的に余裕のない人が法的トラブルにあったときに、無料法律相談を行ったり必要に応じて弁護士・司法書士費用などの立替えを行ったりしています。

　この事例では、生活習慣が乱れていること、家庭の経済状況が厳しいこと、家庭事情により保護者が子どもへのケアを十分にできないことが読み取れます。それゆえ、学校だけでの支援でなく、いろいろな機関の支援が必要といえます。

校内においては、担任が問題に気付き、学年主任、特別支援教育コーディネーター、SCと連携し、校内支援体制を構築しました。危機感を覚えたSCが依頼して、年間計画にない臨時の校内委員会が開かれ、校長、養護教諭の参加のもと、子ども家庭支援センターとの連携にいたりました。それに加え、SCはリンの家庭の経済状況の厳しさに懸念を覚え、生活面を支える支援を求めてSSWに相談し、特別支援教育コーディネーターはリンおよび在籍児ではない妹の生活習慣の乱れを懸念し、保育所に連絡し相談しました。そして、外部の関連機関を含めた支援会議を開き、各機関から専門的な意見やどの機関がどんな役割を担うかなどの検討が行われ、リンの家庭を支える支援体制が構築されました。

　今後は、担任が「就学援助」という支援があるので利用しないかと投げかけたり、SCがSSWの存在を紹介し、SSWが地域の子ども食堂という子どもは無料で、保護者も300円程度で食事ができる場所の紹介や、父親の借金の相談に弁護士が無料に相談にのってくれる場所を紹介してくれるため、今度一緒に相談してみないかと投げかけたりするという各自の役割を実行していきます。その際には、母親を責めずに、家庭と連携していくことがポイントです。この事例など、保護者がバツの悪さを多少なりとも感じている場合に、関係者が保護者を責めるような表情や言動を取ると、保護者が二度と相談に来なくなる可能性があります。そのような点に留意することが支援者として、必要な視点といえます。

演習課題 14

① カリキュラム・マネジメントを行う上で計画の評価はとても大切ですが、場合によって、評価が正しく行われないことがあります。どのようなときに評価が正しく行えなくなってしまうか、考えてみましょう。

② 評価が歪んでしまったり、正しくない評価が行われてしまうことを防ぐためには、どのような対策ができるか、考えてみましょう。

演習課題14の解答例：時間のなさ、知識の乏しさ、正しく評価を行おうという動機付けの低さ、子どもに対する先入観、思い込みなどによって評価が歪むことが知られている。正しい評価を行うためには、何のために評価を行うかという意義をきちんと理解して知識を付けることと、評価の視点が偏らないよう複数人で評価を行い、その結果をチェックをする体制を整えておくことが望ましい。

第 5 章

家庭及び自治体・関係機関との連携

　保育者や保護者が適切な関わりを継続することで、子どもの発達は促進され、不適切な行動も軽減されていきます。子どもの育ちの経過を丁寧に捉え、そのときどきで必要とされる支援をしていくことが重要になります。また、障害児支援は保護者の支援が7割ともいわれていることから、保護者やその家族を支援することは、子どもの支援につながります。保護者への支援には、精神面のケア、レスパイト、親の会での交流や支え合い、情報提供などがあります。子どもや家族を支援する専門機関や制度について知ることは、特に就学前の子どもの将来に不安を抱く保護者に対して情報提供を行う際にも役立ちます。支援の制度や内容について理解を深めましょう。

1 保護者や家族に対する理解と支援

(1) 障害を「受容する」とは

　障害受容の過程は、「ショック」「否認」「悲しみと怒り」「適応」「再起」の5段階（Drotar, 1975）であるといわれます（図5-1-1）。ただ、実際にはこのモデルどおりに一律に「受容」が進むわけではありません。子どもの障害の種類や診断の付き方、保護者自身の障害観、子育て観によって個人差は大きく、受容にいたる時間の流れも変わります。誕生後まもなく障害が分かる先天的な奇形やダウン症などの染色体異常、重篤な疾患などの場合は、多くは最初に大きな混乱があるものの、時間の経過とともに落ち着いてきます。一方、自閉症スペクトラム障害や発達の遅れなど、子育ての途中から徐々に他児との違いがはっきりし、診断が付くまでに数年を要する場合には、保護者の混乱もより長期間続きます。発達障害などのように、障害なのか発達過

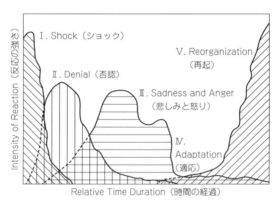

図5-1-1　先天奇形をもつ子どもの誕生に対する正常な親の反応の継起を示す仮説的な図
Drotar,D., Baskiewicz,A., Irvin,N., Kennell,J., & Klaus,M. 1975 The adaptation of parents to the birth of an infant with a congenital malformation: A hypothetical model. Pediatrics, 56(5), 715.より小倉編集

程における一般的な特徴なのかがはっきりしない場合はなおさらです。

　苦しい時期を乗り越えてやっと子どものありのままの姿を受け入れた、と思っても、入園・入学などの子育ての節目ごとに現実を突き付けられ、苦しい思いがよみがえることもあります。「受容」と「悲嘆」を行ったり来たりするモデルの方が、現実には近いかもしれません。

(2) 保護者への支援における問題と課題

　障害児の保護者は、子どもの障害告知から様々なとまどいや生活上の困難さを覚えつつ、子育てに従事することとなります。中には、子どもに障害があることに向き合うことが難しいゆえに、相談のチャンスを逃してしまったり、相談そのものを拒否したり、不適切なケアに没頭したり、場合によっては虐待をしてしまう場合もあります。したがって、保育者は保護者が子どもの障害を受け入れ、適切な支援につなげる意欲を支えるために、このような保護者の苦悩や困難さに寄り添い、エンパワーしながら、保護者の障害受容を支えていくことが必要です。児童福祉法で保育者が「保護者に対する保育に関する指導を行う」ことが明文化され（第18条4）、「保育所保育指針（2008（平成20）年）」から、「保護者に対する支援」が「特に重要なものである」として位置付けられました。2017（平成29）年の新保育所保育指針では、「子どもの育ちを家庭と連携して支援していくとともに、保護者及び地域が有する子育てを自ら実践する力の向上に資するよう」とされ、どうすれば保護者が子どもの障害を受容できるか、保護者の精神的健康を支えていけるかという観点から、様々なサービスを展開しています。保育所に子育て相談の拠点を設けたこともその1つです。しかし、その時点で保護者が子どもの障害を受容したとしても、子どもの成長に伴い障害が治るのではないかと期待をもつこともあります。これを茂木（1997）は「せっかく論」といっています。これは、保育所や幼稚園の中で問題なくほかの子どもたちと一緒に生活できてきたことで、小学校入学時に特別支援学級や特別支援学校への入学を検討しようとするとき、「せっかくここまでできたのに、なぜこれからほかの子

どもたちと共に教育を受けられなくなるのか」と捉える考え方です。障害受容の支援は、問題が生じたそのときだけではなしえず、子どもの発達段階に合わせて繰り返し行います（萩原，2014）。よって、保護者の障害受容を支えていくためには、子どもの成長・発達に伴って、関わりをもつ子育て支援機関同士が継続して保護者をサポートしていくことが求められます。

　また、障害児とその家族には、たくさんの機関が関わりその発達を支えていくことが必要でありながら、保護者は自分の子どもを世話してくれるスタッフに対して、「申し訳ない」と思いながら子どもを預けています（山田，2012）。よって、保護者が遠慮せず、子育て支援機関や子育て支援サービスを利用できるようにするための支援も望まれます。たとえば、子育てのレジリエンス[i]を高めるような支援は、保護者が子育ての悩みを話す仲間を増やしたり、子育てに大変さがあるときに周囲に助けを求めたりしやすくなるでしょう。さらに、子どもを預けている施設のスタッフから我が子のことを「楽しんでましたよ」「今日は笑顔がいっぱい見られました」というふうにポジティブにフィードバックされることによって、我が子をよりかわいい、いとおしいと感じることにつながるでしょう。保護者にとって何よりも大きな喜びである、子どもの成長していく姿を目の前で実感し、確認できるようなコミュニケーションを心がけることも大切な支援だといえるのです。

　このように、これまでの保護者への支援策では、子育て負担を減らすことを目的として、支援機関や体制の整備に取り組んできましたが、それらを機能させていくためには、1人の人間としての保護者を支えていくことも必要です。保護者がこうしたいと思う子育ての仕方を尊重しながら、保護者がその子どもの発達を保障するための最善の環境を選択できるようにエンパワーし、その上でその子ども、家庭に即した適切な支援につなげていくことが求められているのです。さらに、保護者を孤独にせず、子どもやサービスに依存し過ぎないように支援していくことも必要です。これらのバランスを取りながら、保護者自身の自己像を構築していくことを支えていくことも大事な

ⅰ）レジリエンスとは、困難で脅威的な状況下でうまく適応する力やそこからの回復力を示します。

支援であるといえるでしょう。

> **演習課題 15**
>
> もし自分が交通事故などで中途障害者になったら、あなたはどんな気持ちになるでしょうか。障害受容の過程に沿って、気持ちの変化をまとめてみましょう。また、段階ごとでどのようなサポートがあったら望ましいか考えてみましょう。さらに、段階ごとのサポートに違いはありましたか。違いについても考えてみましょう。

② 保護者間の交流や支え合いの意義とその支援

(1) 保護者間の交流や支え合いの意義

　障害のある子どもを育てる多くの保護者は、子育てに困難を抱え、ストレスや疲労感を抱えています。重症心身障害のある子どもや肢体不自由のある子どもは、生活の全般にわたって介助が必要となることから、保護者には精神的なストレスのみならず、身体的な疲労感があります。発達障害のある子どもは見た目だけでは障害と分かりづらいことから、子どものその場にふさわしくない行動に対して「親のしつけができてない」と周囲から非難されていると感じ、世間から肩身の狭い思いや孤立感を抱くこともあります。さらに、保護者自身も障害特性による行動にうまく対応できず、育てづらさを感じることもあります。

　これらのことから、障害児をもつ保護者に対して、子育てのストレスの高さや孤立感を理解し、支援していくことが求められています。家族支援の充実のために、ペアレント・トレーニングなどの推進、精神面のケア、子ども

へのケアを一時的に代行する支援、保護者の就労のための支援、家族の活動やきょうだいへの支援の充実などが検討されています（厚生労働省，2014）。障害児をもつ保護者への支援が検討される中で、一方では保護者たちはセルフヘルプ・グループの機能を果たす「親の会」が助けになると感じています。

親の会とは、病気や障害のある子どもをもつ保護者を主な構成員として組織された団体で、相互交流や情報交換を目的として定期的に会議を開く保護者の連絡会のことです。保護者は子育てに悩みや不安がある中で、子どもの障害を理解しようという動機から、親の会に入会します。保護者は自分の気持ちをほかでは語ることができなくても、同じ障害のある子どもを育てる保護者で構成される親の会では語ることができます。話すことによって気持ちの整理ができ、孤独感や孤立感が薄らぎ、子育てに対して前向きな気持ちになれます。日々の子育ての悩みや不安を話すことで共感を得ることができるのは、同じ障害のある子どもを育てる保護者だからこそです。親の会へ入会したことによるメリットは、同じ悩みを分かち合えることのみならず、保護者の居場所や仲間づくり、子どもへの理解が促されるといったこともあります。

(2) 親の会への支援

親の会は有効に機能する一方で、課題もあります。一部の会員だけに運営の負担が生じる、新規の会員の入会がない場合に閉鎖的な会になるといった運営面での問題や、子どもの成長に伴って保護者の悩みが変化しても情報が十分に得られず、保護者のニーズに十分に対応しきれないといった活動内容に関する問題が生じます。

それでは、保育者はその親の会の活動にどのように関わり、支援することができるのでしょうか。たとえば、勉強会や企画など会の運営に関して必要に応じたアドバイスやサポートをしたり、関係機関との連携を図るなどの関わり方ができるでしょう。その際には、参加者および会全体の状況を把握し、その会に適応した関係性を築くことが大切になってきます。

また、保育者などの専門職が人や組織を支援するときには、人がもってい

る生きる力や強みであるストレングスに働きかけ、その人が自分自身の力に気付き、自ら課題解決に取り組むことができるように支援する視点も大切です。人は困難な状況やネガティブな出来事を体験しても、そこから立ち直ることのできる生きる力をもっています。障害児を育てることをネガティブな出来事として捉えても、その困難な状況にも関わらずそこから立ち直り、子育てに前向きに取り組むことを通して、以前の自分よりも成長できたと実感できる障害のある子どもの保護者たちは多くいます。専門職である保育者が関わる際には、親の会の会員間での交流や支え合いが相互扶助に影響をもたらすよう、グループダイナミクス[i]に働きかけ、人がもつ強さや回復力を引きだすよう支援しましょう。

3 障害児支援の制度の理解と地域における自治体や関係機関（保育所、児童発達支援センター等）の連携・協働

(1) 地域における自治体との連携

地域で障害児の支援を充実するために児童福祉法が改正され、2012（平成24）年に障害種別だった施設を「児童発達支援」として一元化すること（図5-3-1）、通所サービスの実施主体を都道府県から市区町村へ移行することがなされました（図5-3-2）。また、放課後等デイサービスや保育所等訪問支援事業も行われるようになりました（図5-3-3、5-3-4）。

市区町村の窓口に相談し障害福祉サービスを申請すると、指定特定相談支援事業者が必要な情報提供を行います。相談者の状況をアセスメントし、通所や入所の障害児支援利用計画を作成します。それをもとに、市区町村で支給決定がなされ、支援につながります。利用する施設では、障害児の状態を

---

i）グループダイナミクスは集団力学と訳され、集団において人の行動や思考は集団から影響を受け、また集団に対しても影響を与えるというような集団特性のことをさします。

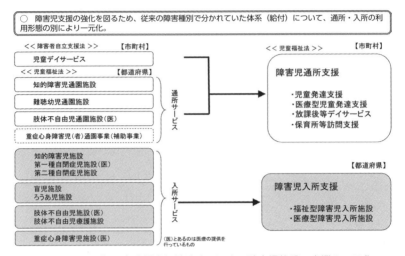

図5-3-1　平成24年度児童福祉法改正による障害児施設・事業の一元化

厚生労働省　2015　障害児支援について（資料1-1）　p.5

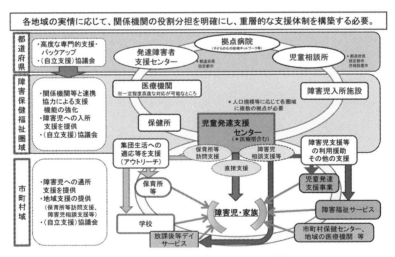

図5-3-2　障害児の地域支援体制の整備の方向性のイメージ

厚生労働省　2014　今後の障害児支援の在り方について（報告書）～「発達支援」が必要な子どもの支援はどうあるべきか～　p.37

○ 事業の概要
・保育所等を現在利用中の障害児、又は今後利用する予定の障害児が、保育所等における集団生活の適応のための専門的な支援を必要とする場合に、訪問支援を実施することにより、保育所等の安定した利用を促進。

○ 対象児童
保育所や、児童が集団生活を営む施設に通う障害児
＊「集団生活への適応度」から支援の必要性を判断
＊発達障害児、その他の気になる児童を対象

相談支援事業や、スタッフ支援を行う障害児等療育支援事業等の役割が重要

○ 訪問先の範囲
・保育所、幼稚園、認定こども園
・小学校、特別支援学校
・その他児童が集団生活を営む施設として、地方自治体が認めたもの

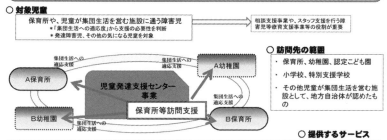

○ 提供するサービス
◆ 障害児が集団生活を営む施設を訪問し、当該施設における障害児以外の児童との集団生活への適応のための専門的な支援等
　①障害児本人に対する支援（集団生活適応のための訓練等）
　②訪問先施設のスタッフに対する支援（支援方法等の指導等）
◆ 支援は2週に1回程度を目安。障害児の状況、時期によって頻度は変化。
◆ 訪問支援員は、障害児施設で障害児に対する指導経験のある児童指導員・保育士（障害の特性に応じ専門的な支援が必要な場合は、専門職）を想定。

図5-3-3　保育所等訪問支援の概要

厚生労働省　2015　障害児支援について（資料1-1）p.8

○ 事業の概要
・学校通学中の障害児に対して、放課後や夏休み等の長期休暇中において、生活能力向上のための訓練等を継続的に提供することにより、学校教育と相まって障害児の自立を促進するとともに、放課後等の居場所づくりを推進。

○ 対象児童
学校教育法に規定する学校（幼稚園、大学を除く）に就学している障害児
（＊引き続き、放課後等デイサービスを受けなければその福祉を損なうおそれがあると認めるときは満20歳に達するまで利用することが可能）

○ 利用定員
10人以上

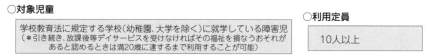
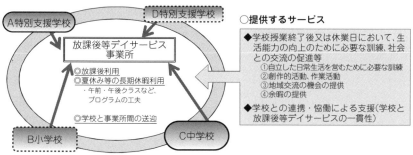

○ 提供するサービス
◆学校授業終了後又は休業日において、生活能力の向上のために必要な訓練、社会との交流の促進等
　①自立した日常生活を営むために必要な訓練
　②創作的活動、作業活動
　③地域交流の機会の提供
　④余暇の提供
◆学校との連携・協働による支援（学校と放課後等デイサービスの一貫性）

図5-3-4　放課後等デイサービスの概要

厚生労働省　2015　障害児支援について（資料1-1）p.7

アセスメントし、個別の支援計画を作成し、それに基づいて支援が実施されます。障害児支援利用計画と個別の支援計画は一定期間ごとに見直し（モニタリング）を行い、必要に応じて変更します。

また、障害児のいる一定所得以下の世帯に「特別児童扶養手当」「障害児福祉手当」が支給され、療育手帳の申請も市区町村の窓口で行われます。

保護者が必要な情報や支援を適切に利用できるように、園からも働きかけていくことが大切です。

(2) 医療機関との連携

①出生後早期に分かる障害への支援

出生前後に分かる障害には、染色体異常（21トリソミー、18トリソミーなど）、先天性代謝異常（フェニルケトン尿症、ヒスチジン血症など）、内分泌異常（甲状腺機能低下症など）、母体のウイルス感染症（風疹、サイトメガロ、単純ヘルペスなど）による障害、そのほかの先天奇形症候群があります。また、脳損傷、脳炎後遺症、そのほかの原因不明の病因、周産期・出生後のトラブルにより障害が起こることもあります。

重症な障害、先天性異常、ダウン症、てんかん、心疾患など、出生時から高度な医療が必要な子どもは、退院後も継続的に医療的ケアが必要となります。

医療的ケアとは、医療機関で有資格者が医療行為として行うことを、家族や介護者が生活の中で行うことです。たとえば、痰の吸引、経管栄養、人工呼吸による呼吸管理、酸素吸入、導尿などがあります。

2014（平成26）年から学校教育において一定の研修を受けた介護職（教員も含む）などによって、医療的ケアを実施できるようになりました。教育や保育の場でも、それに準じて医療的ケアを行うことができるようになりました。しかし、看護師が配置されている園は少なく、実施は難しい状況です。

障害児を園で受け入れる場合は、その子どもにとって必要な医療的ケアと配慮を、医療スタッフや保護者から入念に学んでいきます。その上で、園生活において子どもが安定できる状態をつくり、ゆったりした過ごし方ができ

るようにします。心身が安定するとまわりの刺激を受け止め、自分で動きだすことができるようになっていくものです。

②育ちの中で見えてくる障害への支援

　自閉症スペクトラム障害、注意欠如・多動性障害など、幼児期後期や児童期初期に気付く発達障害の場合は、入園前には分からないことも多いです。

　家庭では大きく困ることなく過ごしていても、集団生活の中で子どももまわりも困り感をもつことが増えていき、障害に気付くことがあります。この場合は、専門機関に橋渡しをしていくことが必要ですが、保護者に園の様子を伝えて相談を勧めることは、簡単ではありません。

　家庭と集団の様子は異なるため、保護者が困り感をもっていない場合があります。相談は、子どもにとって必要なことであっても、保護者としては受入れがたい気持ちがあるものです。また、仕事をやりくりして相談に行くことは、保護者にとって大きな負担にもなります。

　それでも保護者に相談を勧めるのは、園の保育者だけでは子どもの様子を的確に判断できないからです。専門家の助言を受けて、必要に応じて園でできることに取り組み、小学校に入るころにその子どもが困らないように力を付けていってほしいという思いがあるからです。今うまくいかないことがあっても、丁寧に体験を積み重ねながら、よい方向に変わっていけるようにしていくことが大切だからです。

　専門機関へつなげるには、まず、子どもの様子を保護者の状況に合わせて根気よく伝えていきます。相談先となる専門機関の情報も、なるべく詳しく伝えられるように準備します。必要に応じて、専門機関に園から事前に連絡をしたり、受診時に園での様子をまとめたものを持っていけるようにします。行き詰まったときは、子どもにとって何が大切かを、保育者と保護者が一緒に考えましょう。

(3) 地域における保健センターとの連携

　保健所は地域の公衆衛生の中核機関として、衛生知識の向上、栄養改善、母子保健、精神保健などの事業を行い、都道府県・政令指定都市・中核市などに設置されています。1997（平成9）年4月から、基本的な母子保健サービスは、保健所から移行して市区町村の保健センターが行うようになりました。

　市区町村の保健センターは、住民に対する健康相談・保健指導・健康診査など地域保健に関する事業を行う拠点で、保健師・助産師・管理栄養士ほかのスタッフがいます。母子保健担当では、妊娠が分かると、まず母子健康手帳を発行することから関わりが始まります。出産後は、新生児訪問、生後4か月までの全戸訪問事業（こんにちは赤ちゃん事業）が行われます。また乳幼児健康診査として、4か月児健康診査、1歳6か月児健康診査、3歳（または3歳6か月）児健康診査が実施されます（近医による個別実施の自治体もあり）。最近では、5歳児健康診査[i)]を行う自治体もあります。健康診査では、身体測定・内科検診・歯科検診・聴力視覚検査・保健指導・栄養相談・心理相談などが行われます。

　健康診査時に発達や養育上のフォローが必要な子どもが見つかったときには、保健師の電話や訪問による経過観察が行われます（表5-3-1）。必要に応じて心理の専門家による発達相談、保育士・保健師・心理の専門家による親子教室などの場で、親子を支援しながら子どもの発達を促していき、継続

表5-3-1　障害の発見と時期

発見の時期	障害の種類
出生後早期	原因疾患が明らかに存在するもの
4か月児健康診査で運動発達の遅れが見られ、1歳半ごろまでに診断	運動発達の遅れを伴う知的障害
1歳6か月児健康診査でことばの遅れなどが見られ、3歳ごろに診断	運動発達の遅れを伴わない知的障害、自閉症スペクトラム障害
3歳児健康診査や集団の場で行動特徴が見えてくるようになり、4歳以降または学童期に診断	知的障害のない自閉症スペクトラム障害、注意欠如・多動性障害、学習障害など

ⅰ）第6章1　保健・医療における現状と課題　参照。

的な指導が必要な場合は、療育施設へつなげていきます。保健師は、各家庭の乳幼児の身体・精神の発達状況、養育状況、母親自身や家族の相談などに随時応じています。園とも連携をもち、園訪問や在園児の個別フォローなどの協力を行います。また、育児支援や虐待の対応、生活上の問題で、園と共に児童相談所や地域の福祉事務所、保育課との連携・調整を行うこともあります。

障害児について、乳幼児期から青年期までを見通した途切れのない地域支援システムが検討され、医療・母子保健・児童福祉・教育の連携がなされるようになりました。全ての子どもが利用する機会である乳幼児健康診査とその後の関わりが、改めて重要視されてきています（図5-3-5）。

（4）児童相談所との連携

児童相談所は、都道府県・政令指定都市・特別区・中核市に児童福祉法に基づいて設置され、子どもの福祉を図るとともにその権利を擁護する機関です。相談は、大きく養護・障害・非行・育成・その他に分けられます。0～

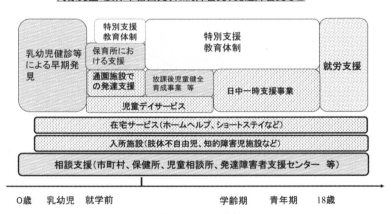

図5-3-5　障害児の支援体制について

厚生労働省　2008　第4回障害児支援の見直しに関する検討会（資料4）障害の早期発見・早期対応策について（参考資料）p.2

18歳未満の子どもの様々な問題に、児童福祉司・児童心理司・医師・児童指導員・看護師・保育士などが相談、援助、心理・医学的診断などの実施、一時保護、療育手帳の判定、他機関の情報提供などを行っています。

子どもの発達や生活上の気になることについて、個別に申し込んで相談し、助言や心理アセスメントを受けることができます。家庭環境などに問題がある場合は、園と協力して対応していきます。

(5) 療育施設との連携

2010（平成22）年12月の障害者自立支援法の一部改正に伴って、児童福祉法の障害児に関する内容も改正され、2012（平成24）年4月から障害児施設・事業の一元化が行われました。通所利用の障害児やその家族に対する支援を行う専門施設には、児童発達支援センター（地域の中核的な療育施設）、児童発達支援事業、特別支援学校幼稚部があります（図5-3-6）。

各施設を利用するには、障害児相談支援事業所で利用計画案を作成しても

○事業の概要
- 日常生活の基本的な動作の指導、知識技能の付与、集団生活への適応訓練、その他必要な支援を行う（通所）
- 事業の担い手
  ① 児童発達支援センター（児童福祉法第43条）
    通所利用障害児への療育やその家族に対する支援を行うとともに、その有する専門機能を活かし、地域の障害児やその家族の相談支援、障害児を預かる施設への援助・助言を行う。（地域の中核的な支援施設）
  ② それ以外の事業所
    もっぱら、通所利用障害児への療育やその家族に対する支援を行う。

○対象児童
集団療育及び個別療育を行う必要があると認められる未就学の障害児

○提供するサービス

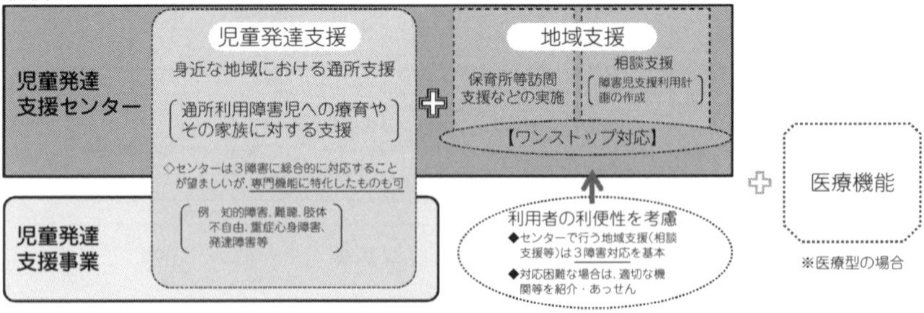

図5-3-6　児童発達支援の概要

厚生労働省　2015　障害児支援について（資料1-1）　p.6

らい、それを市区町村の福祉事務所へ提出し、支給決定を受け、受給者証をもらうことが必要です。その後、本人と家族、関係者による会議が行われ、利用計画が決定し、施設と契約して利用が始まります。

療育施設には、医師・看護師・理学療法士（PT）・作業療法士（OT）・言語聴覚士（ST）・心理の専門家・ケースワーカー・保育士・児童指導員・栄養士などのスタッフがいます。専門職が子どもの状態を評価し、個別または集団場面で助言や指導を行います。療育施設の親子のグループでは、遊びを通して体験を広げ、子どもの理解や対応を学びます。通園の少人数クラスでは、給食をはさんで1日を過ごし、身辺自立の獲得やいろいろな体験を広げるプログラムを展開しています。

また、2012年4月から改正児童福祉法の障害児通所支援に位置付けられた保育所等訪問支援事業が始まりました。療育施設のスタッフが園を訪問し、地域の集団で過ごす子どもと保育者に支援を行います。

4 小学校等との連携

(1) 就学を見据える時期

年長になると就学を見据え、各家庭で我が子の小学校生活を想定し、いろいろな動きが起こります。特に障害のある子どもの家庭は、いろいろなところを見学したり、相談したりします。この時期は、療育につながりやすい時期ともいえます。たとえば、ことばの発音で「せんせい」と言いたいのに、「てんてい」という発音になってしまうことが年長になっても続き、なかなか修正されない場合、小学校での音読でつまずくのではないかと保護者は心配し、病院などを受診して医師の診察の結果、言語聴覚士（以下、ST）による訓練が必要という判断が下されて、STによる支援・訓練を受けることが始ま

243

るということなどがあります。支援・訓練の結果、適切な発音が獲得され、支援・訓練が終了となり、通常学級に就学するケースもあれば、通常学級で学びながら、週に1回程度「ことばときこえの教室」[i]へ通級し、そこでの支援を受けるために、自治体の就学相談を受けることを勧められるケースもあります。まず、保育者として、年長の1年間は各家庭が就学を見据え、子どもによっては療育機関などにつながりやすい時期であることを把握しておきましょう。

　その際に、保護者から保育者に「どこの療育機関・医療機関に相談したらいいですか」「うちの子は通常の学級でやっていけるでしょうか」などの質問を受けることも想定しておきましょう。したがって、保育者が療育機関・医療機関の情報を理解しておくこと、教育委員会における就学相談のシステムや流れを理解しておくことが必要といえます。**就学相談**とは、小・中学校への就学にあたり、子どもたちに必要な教育や支援について相談を受けることを趣旨とし、各自治体の教育委員会が実施しているものです。就学相談の場で、教育や医療、心理などの専門家が保護者との面接や子どもの行動観察を行い、障害の種類や発達の状況に応じ、子どものもつ力を伸ばすことに最も適した学びの場について検討し、その子どもに合った就学先について、教育委員会の意見として保護者に伝えます。就学相談の流れの中で、今までに発達検査などを受けていない子どもの場合は就学相談員などが検査を実施し、その結果を客観的な指標として用いる場合が多くあります。医療機関などですでに発達検査を受けている場合は、その報告書のコピーを提出します。医療機関を受診していない家庭は、就学相談の申し込みの際に医療機関を受診し、医師からの診察記録の提出を求められることがあります。幼稚園や保育所などに所属している子どもの場合、園の担任が教育委員会に子どもの様

ⅰ）通級指導学級にはいくつかの種類（情緒障害、難聴・言語障害など）がありますが、そのうち「ことばときこえの教室（正式名称は「難聴・言語障害通級指導学級」）」は、聴覚・言語に課題をもつ子どもたちの指導を行います。具体的には、ことばが聞き取りにくかったり、ことばの数が少なかったり、正しい発音ができなかったりなど、聴こえやことばに様々な悩みを抱えている子どもが週に1回程度、在籍する学校から通い学習を行います。自治体により「きこえ・ことばの教室」など名称が異なることがあります。

子や行動観察の記録などを記入した書類の提出を求められることが多いでしょう。このように就学相談では、その子どもの就学先について、教育委員会としての判断を保護者に伝えるにあたり、多くの関係機関からの客観的な材料や所見をもとに判断を行っています。判断に用いられた資料は、保護者の承諾後、子どもの就学する学校に送付され、学校での支援に役立てられます。

（2）幼稚園・保育所などと小学校との連携

　幼稚園・保育所の子どもが卒園し、小学校に入学する際に、スムーズに子どもが小学校に馴染めるように、様々な連携や工夫が取られています。たとえば、小学校の教師が学校の夏期休業中に幼稚園・保育所を巡回し、年長児と日中の活動を共に過ごすなどの連携が取られています。これは、小学校教師の就学前の子ども理解、就学前の子どもと小学校教師との触れ合い体験、保育者と小学校教師がお互いに子どもへの関わり方を理解するなどの意味合いがあります。

　ほかには、幼稚園・保育所と小学校の管理職で打ち合わせを行い、年長の秋以降、日中の活動時間に、幼稚園・保育所の子どもが小学校を見学に行く日を設けるなどの連携や、小学校の「秋祭り」などの行事に地域の幼稚園・保育所の子どもを招待し、久しぶりに卒園児（小学1、2年生など）と年長児が触れ合いながら、年長児は学校文化を体験して学校への理解を深めるといった連携が行われています。

　就学前には、年長の担任が子どもの就学する各学校を巡回し、就学する子どもの様子を伝え、「○○ちゃんは△△君と一緒にいると落ち着いて過ごせるので、同じクラスにするといいかもしれません」などの情報提供などを行う場合もあります。

　このような子ども集団を対象とした連携以外に、個別の連携も行われます。就学相談の結果が出て、それぞれの子どもの就学先が決定する1月下旬以降に、個別の連携が始まることが多いようです。具体的には、各小学校に就学相談の結果などが通知され、特別の支援や配慮を要する子どもの入学状況が

分かり、特別支援教育コーディネーターが幼稚園・保育所に連絡を取り、支援会議を開きたいなどの申し入れがあることがあります。第4章2節にあるように、学校では「個別の指導計画」および「個別の教育支援計画」を作成します。それゆえ、就学前の子どもの細やかな情報をもっている保育者との連携は欠かせません。

　一方で、保護者からの要請による連携ということもあります。保護者が小学校の教師に我が子のことをよく知ってほしいという希望がある場合は、保育者に子どもの園での様子を書類にまとめてほしいという依頼があったり、小学校の教師に事前に園での様子や配慮してきたことなどを電話で伝えてほしいなどの依頼があったりします。それゆえ、子どもの状況についての見取りを日頃から言語化することが求められるということを意識しておくとよいでしょう。しかし、これは主体的に動ける保護者の場合です。就学にあたり、困り感や不安はあるものの主体的に動けない様子が見受けられる場合は、保育者の方から「こちらから園での様子を簡単にまとめたものを学校の先生にお渡ししたり、お電話でお伝えしたりすることができますが、いかがですか」など声かけができるとよいでしょう。保育者が自ら、積極的に連携のきっかけをつくっていくことも、子どもの支援に必要な視点といえます。

(3) 支援機関と小学校との連携

　幼稚園・保育所などと小学校の連携について、具体的なイメージを学んだので、次は支援機関と小学校との連携の実際についての理解を深めていきましょう。特別の支援を必要とする子どもは、校内の支援に加え、校外での支援を受けることもあります。たとえば、学校の授業終了後に、放課後等デイサービスを利用する子どもが増えてきています。放課後等デイサービスという用語は、保育者は聞きなれないことばだと思います。厚生労働省によると、「**放課後等デイサービス**は、支援を必要とする障害のある子どもに対して、学校や家庭とは異なる時間、空間、人、体験等を通じて、個々の子どもの状況に応じた発達支援を行うことにより、子どもの最善の利益の保障と健全な

育成を図るもの」とされています。法律上の位置付けは、児童福祉法です。最近では、駅の近くなどに「放課後等デイサービス〇〇」「△△放課後等デイサービス」という看板や事業所の建物があります。放課後の時間帯に、車体の真ん中あたりに「△△放課後等デイサービス」と書かれている車が走っていることもよく見られます（事業所によって、学校から事業所、事業所から自宅までの送迎サービスを行っているところがあります）。放課後等デイサービスでは、利用する子どもについて、放課後等デイサービス計画を作成します。

　文部科学省では、「個別の教育支援計画」は、「他機関との連携を図るための長期的な視点に立った計画」と定義されています。つまり、学校は「個別の教育支援計画」の作成にあたり、その子どもが放課後等デイサービスという医療・教育・福祉などの関係機関を利用している場合は、連携して支援計画に反映させなければいけません。第4章2節に出てきた事例4-3のヨウジ（小学1年の男児）が入学後に放課後等デイサービスを利用することになれば、以下の個別の教育支援計画表の「関係機関の支援」の欄に「放課後等デイサービス〇〇、火曜日」と記載する必要があります。細かいことですが、ヨウジのように学童保育と放課後等デイサービスを並行利用するケースは少なく

（第4章2節 事例4-3より）ヨウジの個別の教育支援計画表

現在・将来についての希望	
本人：楽しく学校で過ごしたい	保護者：椅子に座ってほしい
支援の目標：必要な指示を着席して聞けるようになる	
必要な支援：着席できているときにほめる。離席したときに適切な働きかけをする	
学校の支援：個別の指導計画を作成する	
家庭の支援：夕食時に学校の話を聞き、その日1日のいいところを1つ以上伝える	
関係機関の支援：「放課後等デイサービス〇〇」　火曜日	
学校生活：定期的にSCに行動観察してもらい、校内委員会にフィードバックしてもらう	
支援機関：学童保育　月曜～金曜の放課後　A先生　放課後に体を使った遊び	
医療機関：特になし	
その他：〇〇保育園年長の担任は田中先生。保育園では落ち着かないときは事務室や本コーナーで過ごしていた。落ち着いたらクラスに戻ることができていた	

ありません。ヨウジの場合は、火曜日は放課後等デイサービス、それ以外の曜日は学童保育に通います。

　ヨウジのように放課後等デイサービスを利用し始めた子どもは、そのことが「個別の教育支援計画」に反映されます。これは支援状況を記載するだけでなく、学校と放課後等デイサービスが連携する必要性が生じることを意味します。このことについて、厚生労働省「放課後等デイサービスガイドライン」では、「保護者の同意を得た上で、学校に配置されている外部との関係機関・団体との調整の役割を担っている特別支援教育コーディネーター等から個別の教育支援計画等についての情報提供を受けるとともに、放課後等デイサービス事業所の放課後等デイサービス計画を特別支援教育コーディネーター等へ提供する」「学校関係者がサービス担当者会議に参加できない場合は、障害児相談支援事業者とともに学校との連絡会議を開催する等、何らかの方法で連携する機会を設けることが必要である」「医療的ケアの情報や、気になることがあった場合の情報等を、保護者の同意のもと、連絡ノート等を通して、学校との間で共有する」など具体的に示しています。

　連携の際のキーパーソンは、特別支援教育コーディネーターです。放課後等デイサービスの職員は保護者の同意を得て、特別支援教育コーディネーターと連携を図り、学校の支援会議に参加したり、可能であれば学校の教師に事業所などが主催して行うサービス担当者会議に参加してもらうよう要請したりすることが求められています。そして、医療的ケアの必要な子どもや子どものことで気になることがある場合は、保護者の同意を得て、事業所・学校という二者間の連絡帳や事業所・学校・保護者という三者間の連絡帳を作成するなどの工夫を取る必要性があります。このようなかたちで、学校と放課後等デイサービスが連携を図り、子どもを支援していきます。

　子どもだけでなく、放課後等デイサービスでは、保護者を支援することも求められています。放課後等デイサービスを利用することで、保護者がレスパイト（休息）できるというのも支援の1つです。学童保育は、保育所と同じように、基本的には保護者の就労が利用するにあたって必要条件となります。しかし、放課後等デイサービスにはそのような保護者の就労は利用する

条件には含まれません。特別の支援を必要とする子どもの対応は、保護者といえども疲れたり、気持ちがつらくなったりすることもあります。学校がある期間は、子どもが学校に通っている時間にレスパイトできる時間を確保することができるかもしれませんが、夏期休業中などは、毎日子どもは家にいます。そのような毎日が続くと、保護者も疲弊が蓄積し、イライラすることも増える場合があります。夏期休業中などに放課後等デイサービスを利用していると、保護者はリフレッシュを図ることができ、子育てに向かう力を養うことが可能になります。このように、保護者にとってのレスパイトの意味合いを放課後等デイサービスが担っていることを理解しておくことで、就学前に、保育者から「就学してから、放課後等デイサービスを利用するというのも、○○くんにとっても、ご家庭にとっても、夏休みなど一定の生活リズムが取れて、支援も受けられていいかもしれませんよ」などの具体的な提案ができるといえます。

✳ 事例 5-1

小学校入学後から放課後等デイサービスを利用しているケース

　リキは小学1年の男児で、父親は会社員（研究職）、母親は専業主婦だ。幼いときから手がかかる子どもで、3歳児健診では医師より継続的な相談を勧められた。その後、医療機関を受診し、自閉症スペクトラム障害の診断を受けた。母親はまじめな性格で、自閉症スペクトラム障害について調べるうちに、夫にも同じような症状があるのではないかと疑いをもつようになった。母親は家庭内で、夫への対応とリキの対応に追われて疲弊していた。リキは幼稚園では加配の先生を付けてもらい、配慮してもらいながら楽しく過ごしていた。

　就学に向けた市の就学相談で、入学後に通級で支援を受ける提案を受けた。母親としては、毎日通常学級で過ごすのは本人にとってもつらいものであろうことを想定したため、週に1回通級で支援を受けることを了承した。入学後は、通常学級および通級の担任と特別支援教育コーディネーターが連携してリキの支援に当たっていった。しかし、母親と通常学級の担任、通級の担任との3者間の連絡帳において、家庭内での母親のストレスが相当なもので

あることが伺えたため、通級の担任が母親に対し、SCへの相談を勧めた。SCは母親と月に1度面談を行い、母親の苦労を聞いたり、リキの成長を伝えたりして、サポートを継続していった。しかし、夏休み明けの面談の際に母親から、夏休みの間リキがまったくいうことを聞かず、自分に当たってきて、毎日のように親子げんかをしていたことが語られた。母親の疲弊状態を見たSCは、放課後にSCと通常学級および通級の担任と特別支援教育コーディネーター、校長で臨時の校内委員会を開き、リキと母親への支援の検討を行った。その結果、母親のレスパイトのため、土曜日や長期休業中にも利用できる放課後等デイサービスの利用を勧める方向で話がまとまった。

　次の面談で、SCから母親に放課後等デイサービスを利用することで、リキにとっても、通級での支援に加えて、ほかの支援も受けられて成長につながる可能性があること、および長期休業中も一定の生活リズムで日々を過ごすことができること、長期休業中は学校での指導や支援は行えないが、放課後等デイサービスを利用することで支援を受けられること、保護者にとってもリフレッシュできる時間が取れること、学校も放課後等デイサービスの事業者と連携してリキの支援ができることなどのメリットを伝えた。母親は、「就学相談のときも、自治体の申請手続きにすごく困ったんです。今回も自治体に申請する必要があるなら、少し自信がありません。そういうのって手伝ってもらえるんでしょうか。あと自分では子どもの様子をうまく放課後等デイサービスの職員さんに伝える自信がないので、学校から伝えてもらえるならありがたいのですが…」と、手続き面での不安を覚えながらも、放課後等デイサービスの利用を希望した。

　その後、母親が利用申請する際に、自治体の職員と連携してSCと特別支援教育コーディネーターがサポートを行った。放課後等デイサービスの事業者が決まった後は、特別支援教育コーディネーターから放課後等デイサービスの職員に連絡を取り、校内での支援会議を開きたいことを伝え、放課後等デイサービスの職員にも参加してもらい、通常学級および通級の担任、特別支援教育コーディネーター、養護教諭、SC、校長で、個別の教育支援計画の相談や今後の支援についての役割分担の検討などを行った。そして、学期に1度はリキの支援会議を継続することを確認した。

この事例のように、医療機関での診断は受けていても、療育につながらずに就学にいたるケースは少なくありません。また、ほかの家庭と異なり、就学相談を受けることになり、その手続きにとまどったり、疲弊したり、就学相談の流れの中で希望の就学先と異なる提案を教育委員会から受けて傷付く体験をしたり、就学後もどこに相談したらいいか分からずとまどいを感じる保護者も少なくありません。そのようなネガティブな体験をした保護者は、自治体の新たな手続きなどを取るときに、抵抗を示すこともあります。保護者にとっても我が子のことで自治体を含めいろいろな機関に相談をするのは、見通しが立たず不安なものです。そのようなときに保護者を支えてくれる存在があると、保護者は心強いものです。年長の担任をしている保育者から、「就学相談の申し込みに行く前に、園から役所の就学相談担当者に連絡入れておきましょうか」や「就学相談では、面談に加えて発達検査を取ることもあるので、市役所には初回の面談と検査を受けに行くのと検査の結果報告を受けることを合わせると、合計3〜4回くらい通うことになることが多いようです」などの具体的な提案や助言の声かけをすることで、保護者の不安感を軽くすることもできるでしょう。
　また、園に就学相談のパンフレットや放課後等デイサービスのパンフレットや受給申請の手続きが書かれた自治体のプリントを置いておき、保護者と一緒に眺めたり、説明したりするのも工夫の1つです。そのためにも、保育者が就学相談のシステムや療育機関の利用の流れを把握しておくようにしましょう。園の研修において、就学相談の担当者、放課後等デイサービスの職員、自治体における療育機関申請の担当職員、小学校の特別支援教育コーディネーターに来てもらい、説明してもらうなどの工夫を園全体で行うのもよいでしょう。そうすることで、研修もかねて、自然と小学校を含めた他機関との支援体制の構築につながるともいえます。

演習課題 16

　発達の遅れが見られる2歳の男の子に自閉症スペクトラム障害の疑いがあります。母親は産休に入ったばかりです。どの時期、どのタイミングで、どのように療育につなげるかを考えてみましょう。

演習課題 17

　地域の療育施設を利用している子どもが、週に1日保育所で保育を受けます。療育施設の専門職の人に伝えなければならないことを考えてみましょう。

演習課題16の解答例：早期に療育につなげることが子どもの発達には望ましい。しかし、産休中の母親の体調や出産予定日を確認しながら、療育へつなげるタイミングは総合的に考える必要がある。また、母親の話を聞き、不安な気持ちに寄り添うことも大切である。

演習課題17の解答例：自由遊びの場面、集団活動、食事や午睡などの生活場面など、活動の様子のほかに、クラスの子どもとの関わり、保育者とのやり取りの様子を伝える。

障害その他の特別な配慮を要する子どもの保育に関わる現状と課題

　保育士の仕事は、就学前までの子どもの通常の保育のみならず、発達に遅れがある成人までを対象に保育を展開する児童福祉施設での保育も含みます。施設での保育は、障害児保育における保育の専門性を発揮することでもあります。幅広い対象への保育を展開するために、精神年齢にも配慮した支援の内容と制度について理解しましょう。特別の支援や配慮の必要な子どもには、小学校以降の教育のみならず、学校修了後の就労まで視野に入れた支援が行われます。支援の内容や専門機関との連携について理解を深めましょう。また、就労支援においては、課題が山積みしています。障害者支援の現状と課題について考えてみましょう。

1 保健・医療における現状と課題

障害児支援においては、障害の早期発見・早期対応が重要であるといわれています。二次障害[i]の予防にも、障害を早い段階から発見し、支援を行っていくことが有効です。目に見えて分かりやすい障害は、比較的早期に発見され、支援につながります。しかし、知的障害などのいわゆる目に見えない障害は、発見の遅延により、二次障害を引き起こすリスクが高くなります（本田，2013）。

(1) 保健・医療の連携による「つながる」支援の始まりへ

障害の発見から専門的な支援につなげていく過程は、子どもにとって負荷がかかり、その保護者や家族にとっては重大な出来事で、大変デリケートな

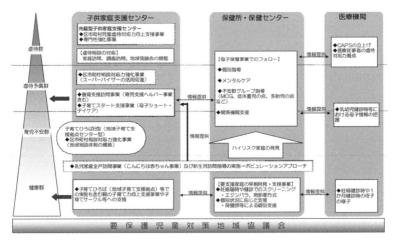

図6-1-1　地域における要支援家庭の早期発見・早期対応について
東京都福祉保健局　2014　東京の母子保健 平成26年度改訂版　p.73

---

i) 第2章8 コラム：二次障害について　参照。

部分です。東京都では、これについて十分理解した上で、親子に寄り添い、行きつ戻りつ、しかし着実に必要な支援へとつながっていく、きめ細やかな保健・医療の連携が行われています。また、児童虐待への対応や予防もさかんに行われています。障害と虐待は深い関連性があり、障害の把握とともに、要支援家庭の早期発見・早期対応についても構造化された支援の流れが整備されています（図6-1-1）。

(2) 保健・医療が抱える課題

　我が国における保健・医療の分野では、その連携によって、子どもの障害を早期に発見し支援すること、また始まった支援を途切れさせることなく「つながる」支援にしていく工夫がなされてきました。しかし、全ての自治体でこのような取り組みがなされているわけではないことや、発達障害については専門医が少ないという構造上の課題も指摘されています。また、自閉症スペクトラム障害のような社会性やコミュニケーションに困難を抱える障害の場合、幼児期前期での確定診断が難しく見落とされてしまうことも少なくありません（本田，2013；田中，2011）。もし、健康診査で何らかの兆候が認められ、経過観察やその後のフォローが必要であると支援者側が判断したとしても、保護者や家族にとってそれが障害であると認識することや、我が子に障害があると受け止めることが難しいといった障害受容のこともあり、支援を受けることへの抵抗を感じて支援が途切れてしまうこともあります。乳幼児健康診査での見落としや支援が途切れてしまったケースは、学齢期に入って二次障害に直面するリスクが高まります。もし、学齢期に顕著なつまづきを経験することなく過ごしていたとしても、就職活動や社会人になってから生きづらさが露呈し、そこで初めて医療機関につながり、障害の診断にいたるといったケースも少なくありません。このような場合、障害が明らかになったときには、十分な支援が受けられないといった問題も起こります。

　2005（平成17）年に施行された発達障害者支援法では、発達障害の早期発見・早期対応が求められるようになりました。このように、早期スクリー

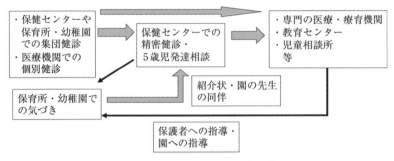

図6-1-2　5歳児健康診査全体の流れ
下泉秀夫　2011　5歳児健診における発達障害への気づきと連携　母子保健情報63　母子愛育会　p.38

ニングの重要性がますます高まっている中で、近年、「5歳児健康診査」を行う自治体が増えてきています。5歳になると、ほとんどの子どもたちが保育所や幼稚園に所属し、同年齢の子どもや家族以外の大人と関わる機会が多くなります。遊びも、鬼ごっこやおままごとなど、ルールを理解しコミュニケーションを取りながら行うといった高度な内容になっていき、集団での活動や生活が主になっていきます。こうした中で、それまで明らかになりづらかった社会性の発達の問題や軽度の発達上の問題が明らかになっていきます。5歳児健康診査は、学齢期以降の二次障害を防ぐために、この時点での障害やつまずきを発見し、適切な就学支援を行っていくことが目的とされています（図6-1-2）。

演習課題 18

①クラスに、友達を叩く、自分の意のままにならないと奇声を発するなど、気になる子どもがいます。しかし、母親は特に困っている様子を見せず、協力も得られません。園でもなすすべがなく、どこかに相談しようということになりました。まず、どこに相談しますか？

②園庭開放のときに、クラスのAちゃんの母親が友達のBくん親子を連れて来ました。3歳のBくんは座位が安定せず、Bくんの親はほかの親子と関

わろうとしません。あなたはBくん親子とどのように関わりますか？
〈考える際のポイント〉
・Bくんの親がBくんや育児にどのような感情があるか、またその気持ちにどのように寄り添うのかを考えること。
・対処すべき事柄の優先順位を、子どもの権利に従って考えること。

福祉・教育における現状と課題

　障害その他の特別な配慮を要する子どもの発達を支えていくためには、福祉と教育の制度を上手に活用しながら活動や指導として提供することが必要です。ここでは、主に乳幼児を対象とした福祉・教育の現状と課題について概観します。

(1) 教育・保育の場とその展開

　保育は、児童福祉法や障害者総合支援法（障害者の日常生活及び社会生活を総合的に支援するための法律）によって定められている専門施設において実践されます。主な保育の場は、子どもたちを日中に預かる幼稚園や保育所と、子どもから精神年齢が未就学児程度と診断された成人までの障害者が通所・入所する障害者施設です。

　入所施設には、保護や日常生活の指導および自活に必要な知識や技能を身に付ける福祉サービスを行う「福祉型」と、福祉サービスに合わせて治療を行う「医療型」があります（表6-2-1）。利用に関しては、児童相談所に相談し、利用の可否は児童相談所が調査して判断します。

表6-2-1　障害児入所施設の支援・サービス内容

	福祉型	医療型
対象者	・身体に障害のある児童、知的障害のある児童または精神に障害のある児童（発達障害児を含む） ・児童相談所、市区町村保健センター、医師などにより療育の必要性が認められた児童 ・手帳の有無は問わない	知的障害児（自閉症スペクトラム障害児）、肢体不自由児、重症心身障害児
支援・サービス内容	・食事、排泄、入浴などの介護 ・日常生活上の相談支援、助言 ・身体能力、日常生活能力の維持・向上のための訓練 ・レクリエーション活動などの社会参加活動支援 ・コミュニケーション支援	・疾病の治療 ・看護 ・医学的管理の下における食事、排泄、入浴などの介護 ・日常生活上の相談支援、助言 ・身体能力、日常生活能力の維持・向上のための訓練 ・レクリエーション活動などの社会参加活動支援 ・コミュニケーション支援
利用料	世帯の所得に応じた負担 ※食費、光熱水費、日常生活用品の費用	
手続き	児童相談所	

WAM NET「障害児施設」より奥田編集

　通所施設は、視覚、聴覚、身体機能訓練など日常生活動作（ADL）[i]向上に向けた機能訓練、日常生活における基本的動作の指導、自活に必要な知識技能の付与、集団生活への適応のための訓練を提供することを目的としています。障害児を保護者のもとから通わせて支援する施設には、福祉型児童発達支援センターと医療的なケアが必要な障害児のための医療型児童発達支援センターがあります。また、児童発達支援センターの専門職が保育所・幼稚園・小学校・放課後等デイサービスなどを訪問し、様々な困難を抱える子どもと保護者の相談にのり、必要に応じて当該施設へ通わせてその子どもの発達に合った発達を支援する保育所等訪問支援があります（表6-2-2）。

---

[i] 日常生活動作（ADL：Activities of Daily Living）とは、私たちが日常生活の中でごく普通に行っている食事、着脱、排泄、清潔などの日常生活動作のことです。買物、洗濯、掃除などの家事全般や、金銭管理や服薬管理、乗り物に乗ること、余暇活動への参加（IADL：Instrumental Activity of Daily Living）を含める場合もあります。介護やリハビリテーションの場では、利用者がどの程度自立的な生活が可能かを評価する指標として用いられています。

表6-2-2 障害児通所施設の支援・サービス内容

	児童発達支援	医療型児童発達支援	放課後等デイサービス	保育所等訪問支援
対象者	・児童相談所、市区町村保健センター、医師などにより療育の必要性が認められた児童 ・手帳の有無は問わない 身体に障害のある児童、知的障害のある児童または精神に障害のある児童(発達障害児を含む)	上肢、下肢または体幹機能に障害のある児童	学校教育法に規定する学校(幼稚園、大学を除く)に就学している障害のある児童 学校授業終了後や休業日に生活能力の向上のために必要な訓練、社会との交流の促進など多様なメニューを設け、本人の希望を踏まえたサービスを提供する	保育所、幼稚園、小学校などに在籍している障害のある児童
支援・サービス内容	日常生活における基本的な動作の指導、知識技能の付与、集団生活への適応訓練など(児童発達支援) 授業の終了後または休業日に、通所により、生活能力の向上のための必要な訓練、社会との交流の促進などを行う(放課後等デイサービス) 保育所など児童が集団生活を営む施設などに通う障害児につき、その施設を訪問し、その施設における障害児以外の児童との集団生活への適応のための専門的な支援などを行う(保育所等訪問支援)	上肢、下肢または体幹の機能の障害のある児童に対する児童発達支援および治療(医療型児童発達支援)	・自立した日常生活を営むために必要な訓練 ・創作的活動、作業活動 ・地域交流の機会の提供 ・余暇の提供 ※本人が混乱しないよう学校と放課後等デイサービスのサービスの一貫性に配慮しながら学校との連携・協働による支援を行う	障害児本人に対する支援(集団生活適応のための訓練など) 訪問先施設のスタッフに対する支援(支援方法などの指導など) ※支援は2週に1回程度を目安。障害児の状況、時期により頻度は変化 ※訪問担当者は、障害児施設で障害児に対する指導経験のある児童指導員・保育士(障害の特性に応じ専門的な支援が必要な場合は、専門職)が当たる
利用料	世帯の所得に応じた負担		世帯の所得に応じた負担	世帯の所得に応じた負担
手続き	市区町村		市区町村	市区町村

WAM NETより奥田編集

　幼稚園や保育所では、障害がある子どもとない子どもが同じ生活の場で活動しています。それは、1974(昭和49)年の障害児保育事業実施要綱に基づき統合保育を展開してきたためです。統合保育とは障害のない子どもと共

に生活を行うことで、人間の平等と尊重、協力と連帯を理念としながら（小出・宮崎，1980）、障害児の発達を保障するための必要な取り組みをすること（茂木，1997）です。統合保育は表6-2-3に示した3つのレベルにより展開されています（茂木，1997）。乳幼児の教育・保育の場はその中心的な活動が「遊び」であることから、中でも機能的統合を実践しやすいともいえます。このように見ると、統合保育では、単に同じ場で同じ活動をするという発想ではなく、その子どもにふさわしい統合の形を選択しながら保育を提供してきたといえます。実際に障害のある子どもと共に障害のない子どもが生活することで、障害のある子どもとうまく付き合う方法や思いやりを学んでいくことが実証されています（太田，1986）。

表6-2-3　統合保育における統合の3つのレベル

位置的統合	社会的統合	機能的統合
障害児のための教育機関を通常の教育機関と同一敷地か隣接地に設置する	給食、行事など特定の生活場面において障害のある子どもとない子どもが一緒に活動する	通常の生活場面で障害のある子どもとない子どもが一緒に生活する

茂木俊彦　1997　子育てと健康シリーズ10　統合保育で障害児は育つか：発達保障の実践と制度を考える　大月書店　pp.14-17より奥田編集

　障害者基本法（2011年改定）では、全ての国民が障害の有無に関わらず尊重される共生社会の実現を目指すことや、「合理的配慮」の概念が盛り込まれ、乳幼児の教育・保育の現場でもインクルーシブ教育・保育を目指しています。統合保育の展開における実績のある教育・保育の現場では、配慮を要する全ての子どもの教育や保育を効果的に展開するために、福祉の制度と連携しながら教育・保育の場を保障していく取り組みをこれまでにも展開してきました。それらの取り組みも生かしつつ、インクルーシブ教育・保育の実現を目指すために、幼稚園、保育所内に特別な配慮が必要な子どもをケアする専門の職員を配置すること、クラスを設けること、個別支援計画を作成し支援していくことなど体系的な制度の枠組みが整えられつつあります。

(2) 教育・保育の問題と課題

①インクルーシブ保育を展開するために

　インクルーシブ保育の必要性が示されると、統合保育が効果のない支援方法に感じる人もいるかもしれません。しかし、乳幼児への保育には、統合保育の効果が発揮されやすいという特徴があります。インクルーシブ保育では、そのメリットを生かしながら、特別なニーズをもつ子どもたちに適した保育の場をフレキシブルに展開することを目指しているといえるでしょう。インクルーシブ保育の展開には、適切な療育につなげていく視点も必要です。身体機能に障害がある子どもの支援には専門的訓練機関での療育（表6-2-4）は欠かせませんし、知的障害や発達障害を伴う子どもにとっては、この時期にこの訓練を行っておかなければならないといった治療や訓練があるわけではありません（茂木, 1997）。つまり、インクルーシブ保育には、その子どもにとってどの保育の場が適切かをアセスメントする専門性が必要不可欠であるといえます。

表6-2-4　障害児に必要な専門的訓練

	身体機能障害	知的・発達障害
訓練の内容	・訓練補助具、補装具、自助用具の装用訓練 ・機能訓練 ※障害の軽減やADL向上に効果あり	・行動療法などの心理学的訓練 ※補助的な役割として機能
従事する専門職	リハビリの専門職 （理学療法士、作業療法士、言語聴覚士など）	心理職や保育士、社会福祉士、精神保健福祉士などの福祉専門職や特別支援学校教諭、特別支援教育士など、また無資格であってもベテランの生活指導員など実践者は多岐にわたる

②教育・保育における認知バイアス

　教師・保育士も保護者も障害の度合いや複合的な障害により、日常生活が困難であればあるほど、目の前の障害の修正へと気持ちが奪われがちです。また、障害という認知バイアス[i]により、実際の障害よりも軽く、または

重く受け止めてしまい、適切な療育へとつなげられなくなる場合もあります。たとえば、知的に障害があるにも関わらず、流ちょうにおしゃべりが「できる」子どもなどを障害が軽度で特別なケアは不必要な子どもとして分類してしまう場合や、逆に緘黙で表情も乏しい子どもを重度の知的障害がある子どもとして見立ててしまうといった場合です。保育者の認知バイアスは前者が多い（茂木，1997）との指摘もあり、このことからも教育・保育の実践の中に科学的かつ冷静な支援を展開することが課題であるといえます。

③保育者のストレスケア

さらに、保育者の心身の健康や職場不適応の課題もあります。対人援助職である保育者は、子どもや保護者との人間関係や同僚との人間関係の中で仕事をしています。その中で、教育や保育の理念にしたがって同僚と"気持ちを1つにして"取り組むことや"意見が一致しない"という状況など、職員間の連携にまつわるストレスが指摘されています（赤田，2010）。また、実際の業務の中でストレスを多く経験している者ほど、子どもの人数を減らす、保育者の人数を増やすといった物理的環境調整を多く用いますが、同僚や専門家への相談などの援助を求めない傾向も指摘されており（植田，2002；石川・井上，2010）、ストレスケアが十分とはいえません。

障害その他の特別な配慮を要する子どもの教育・保育では、園内外の専門職同士の連携が欠かせません。そのため、それを糧とできるよう、サポーティブな人間関係づくりを支え、保育者が子どもの発達への願いやそれぞれが考える適切な支援方法について議論できる環境を整えていくことも必要です（奥田，2012）。このように、子どもの健康を支えるために、疎かになりがちな自己の健康を整えていくことも、大切な支援の一歩であるといえるでしょう。

ⅰ）認知バイアスとは、その人の知識や経験、先入観などに基づいて、かたよった見方をすることです。

3 支援の場の広がりとつながり

　障害その他の特別な配慮を要する子どもの教育や保育は0〜5歳までの子どもの発達過程において、子育ての支援を展開する通常の教育や保育のみならず、いわゆる施設保育士の視点では発達の遅れにより、その年齢では当たり前にできることを1人で行うことが難しい成人を対象に教育や保育を展開することも含まれます。つまり、およそ0〜5歳の精神年齢の人々を支援していく場でも、その専門性を発揮することになります。このように幅広い対象への教育や保育を展開するために、実年齢にも配慮した支援の展開や、活動の場を開拓していくことにも取り組んでいく必要があります。

(1) レスパイトケア

　障害者総合支援法により、障害者が自分の参加したい活動を自分で選択できるようになり、教育や保育、療育を目的とした活動だけではないバラエティに富んだ様々な活動が提供されるようになりました。趣味活動やスポーツなどを楽しむ活動への参加は、障害をケアしている保護者、支援者に休息やリフレッシュをもたらし、活動に従事している間、保護者たちの休息の時間にもなります。このような支援やサービスを**レスパイトケア**といいます。

　レスパイトケアには、代わりの介護者が自宅でサービスを提供するホーム内ケアと、デイサービスの利用やホストファミリー、長期ケア施設の利用、キャンプなど自宅外でのケアがあります（Folden,S.L. & Coffman,S., 1993）。我が国では後者が中心で、ホーム内ケアが必要とされている重症心身障害児のレスパイトケアはほとんど普及していません。また、利用にあたっても「子どもがかわいそう」「子どもが嫌がる」といった母親の心理的要因により、母親が活動への参加を躊躇することもあります（生田, 2007）。レスパイトケアを利用した母親が、レスパイトケアが心理的安定に役に立つと捉えてい

ること（湯沢・渡邊・松永，2008）やレスパイトケアへの参加によりきょうだいへのケア、家族関係の捉え直し（奥田・尾野，2018）に効果があったことから、サービス利用の促進とニーズに即した効果的な支援の展開が望まれます。

　2012（平成24）年に制度化された児童発達支援事業や放課後等デイサービスは、自宅外のレスパイトケア施設として位置付けられています。放課後等デイサービスの利用には、参加したい活動がない、通うための交通手段がないという課題があり、特別支援学校内でサービスを展開してほしいといったニーズもあります（泉・小池・八重樫，2005）。よって、制度の充実が求められています。さらに、放課後、母親やきょうだいと自宅で過ごすことが多い子どもにとって、放課後等デイサービスは友達との交流の場になります。よって、積極的に外遊びができるよう、支援の仕方などエビデンスに基づいたプログラムの質の向上にも取り組んでいく必要があります。

(2) チーム連携

　地域の中で不適切な養育環境にある子どもたちを積極的に早期支援につなげるため、2004（平成16）年度より要保護児童対策地域協議会（以下、地域協議会）が設置されました（図6-3-1）。これまで要保護児童[i]への支援では、関係機関のはざまで適切な支援が行われず、深刻化した事例への対策が急務でした。そのため、この地域協議会では、要保護児童の早期発見や適切な保護を図るために、関係機関がその子どもなどに関する情報や考え方を共有し、適切な連携のもとで対応していくことに取り組んでいます。こうした多数の関係機関の円滑な連携・協力を確保するために、地域協議会は各関係機関や専門職の守秘義務の内容を地域協議会でも共有することができることにし、できるだけリアルタイムに積極的な情報提供を行えるようにしなが

---

i) 要保護児童は、保護者のない児童又は保護者に監護させることが不適当であると認められる児童（児童福祉法第6条の3）であり、虐待を受けている子どもや、非行児童など適切な養育環境にない児童のことをさします。

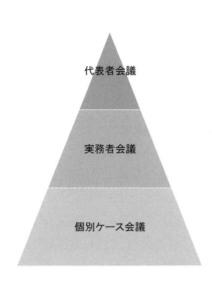

図6-3-1　要保護児童対策地域協議会のシステムと連携機関
厚木市　2015　厚木市要保護児童対策地域協議会概要より奥田編集

ら、子どもたちの発達支援を行っています。

　また、地域協議会では、要保護児童の支援計画を立案する際、各関係機関の特徴を生かしながら適材適所の役割分担を行います。さらに、関係機関の責任も明確になり、要保護児童へのよりよい支援へとつなげることができます。このシステムの根本には、虐待事案への早期対処があります。虐待のリスク要因の中には、育てにくい子どもがあり、また、虐待そのものが子どもの脳の発達に影響を及ぼすこともあります（杉山，2007）。障害があること自体が虐待のリスク要因になるわけではありませんが、障害児を育てる家族が子育てに対して不安や困難さを感じ続けることが、結果としてその子どもへの虐待につながってしまうケースもあります。したがって、虐待も含めた支援ニーズに応えるためにも、このような多機関連携の支援はますます必要とされるでしょう。

　地域協議会の現状のシステムは、児童相談所主導の形態となっています。しかし、虐待児童のケアに手一杯の児童相談所では、障害児やその家族への

相談まで手が回りきらない状況もあります。各機関が抱えている現状や困難さを理解しつつお互いにサポートし合い、実質的な支援につなげていくためのシステムをケースごとに検討することも求められています。

　幼稚園や保育所が地域協議会のようなチーム連携の一機関として機能するためには、先にあげた園内でのチームワーク形成の課題にも取り組みつつ、教育や保育の専門職が福祉的な視野をもって地域協議会に参加することが課題といえるでしょう。

4　障害者の自立と就労支援

　障害児保育や特別支援教育における子どもの成長・発達とその保障の目指すところは何でしょうか。福祉の観点からは「自立」、教育の観点からは「生きる力」という表現でその目的が記されています。自立をするためには、生活の基盤を整えるための生きる力が必要だということで、いずれも実質的には就労に向けた取り組みがなされています。昨今は福祉と教育の連携が1つのテーマになっていますが、就労支援はその連携が最も具体的・実践的に取り組まれている分野です。

(1) キャリア教育

　学校では、児童・生徒の生きる力を育む教育として**キャリア教育**を推進しています（文部科学省，2011；2014）。キャリア教育では、子ども・若者がキャリアを形成していくために必要な能力や態度の育成を目標としています。

　各学校では、自立した生き方の選択をするためにキャリア形成を目的とした教育カリキュラムが開発され、実施されています。キャリア教育というと、中・高等学校以上の教育と思われがちですが、就学前から段階を追って実施

されています。保育所・幼稚園では、身辺自立を目指す様々な教育と支援が展開され、小・中学校では社会生活を営む上で共通に必要とされる知識・技能や態度、国民としての意識や個人の人格形成の基礎を学びます。高等学校からは社会に参画し自立して生きていく能力を養い、将来の進路を決定することを目標に学びます。特に、高等学校や特別支援学校高等部でのキャリア教育では、本人の希望と特性を考慮し、地域・企業との連携のもと、実習や就労体験を設置したキャリア教育に取り組むことが目標とされています。

　障害のある人の職業能力の定着率は、普通学校と特別支援学校卒業者で比較すると、後者の方が定着率が高く、有効に職業スキルを学べる傾向が示されています。特に、協調性や自己理解という一般的に障害者には難しいといわれている対人関係能力に関連する各スキルは、特別支援学校卒業者の方が得点が高い傾向が示されています。就労実現や継続につながるスキルは、ルール・習慣を守ることや挨拶、謝罪、指示に従う、多少嫌なことがあっても我慢するといった対人関係場面での基礎的なスキルがあげられており（向後・望月，1999；梅永，2017）、これらを社会技能訓練（SST：Social Skill Training）で体験を通して繰り返し学習する方が定着率もよいことが示されています（石津・井澤，2011）。しかし、茂木（2012）は、作業教育や職業教育の中で生産に向かう態度とスキルを身に付けることのみに関心を集中し過ぎると、障害のある人を追い込む可能性があることを指摘しています。

　労働のもとは「遊び」であり、遊び込むことで、内発的動機付けに基づいた活動への準備性が育まれ、少しずつ目標と活動の関係を把握し、労働を軸に生活をつくる取り組みになります（茂木，2012）。このように、就労につながる様々なスキルの形成は、乳幼児期の教育・保育から連続してつながっていることも理解しておく必要があります。

(2) 障害者への就労支援

　障害者総合支援法では、障害者の自立に向けて、就労支援と地域生活への移行に重点が置かれています。また、障害者雇用促進法において、障害者

が差別なく働くことや障害による業務への支障を解消するための措置（合理的配慮）も規定されています。より効果的に就労を促進するために就労移行支援事業が展開され、企業の障害者雇用の法的な枠（法定雇用率）を広げながら、多くの障害者が就労することで生活の基盤をつくり、自立できるように支援しています。

　障害者就労支援機関や企業での障害者への就労支援では、作業の過程から作業行動を分析し、様々な訓練方法や適した作業（仕事）を開発してきました（Hartmann,T., 1994；山本ら，2013）。特に知的・発達障害者には、工程の視覚化や構造化といった職場環境の統制が有効であることが明らかになっています（グランディン・ダフィー，2008；梅永，2017；武澤ら，2017）。単純作業や過敏性への配慮など障害特性と個別性とのマッチング（Grandin,T., 1995；Banker,S., 2003；梅永，2014）も多くの企業で採用されています。多様化、複合化する障害者の生活問題に対応するために、ジョブコーチや専門機関を活用しながら就労支援を行っている企業もあります（高齢・障害・求職者雇用支援機構，2017）。これらの配慮を行っているにも関わらず、就労上の課題は尽きません。それは、障害の種別による対策を取っても、一人一人の個別的な課題に対応するのには難しさがあるからです。中には、一般社員の理解が得られないといった共生・共存していく上での現場の課題もあります。当人の問題としては、仕事への集中力の課題から仕事に飽きてしまうなどのムラが生じたり、集中し過ぎて疲れ果ててしまうこと、人間関係の課題を抱えて心神喪失になる者もおり、それによって就労継続が難しくなる点も指摘されています（上村，2013）。キャリアアップを目指しても、なかなか仕事観の育成にいたらないことも課題です（向後，2014）。そのほかにも、就労支援のシステム上、能力に差があったとしても一律最低賃金で働かさざるをえない実情（矢野川ら，2016）や、そもそも週20時間働くことのできない障害者をどう支援していくかという問題、速い加齢進度による早期の職務能力低下（道脇，2001）など、企業内だけでは対処しきれない問題もあります。

　このように、就労支援先の環境を整備するのには、障害特性に応じ、個別

の特徴に配慮していく観点と、生涯自立に向けた様々な課題の解決に取り組む必要があります。

(3) 就労支援における多機関連携

　障害者の就労支援には多機関との連携が欠かせません。就労に必要なスキルは職業スキルだけでなく、自身の健康を維持することや生活全般を支えること、さらには支援システムや法律など問題・課題が多岐に渡るため、1つの機関や事業所では解決不可能だからです。

　特別支援学校やこれまでの就労支援現場では、求められている作業を時間内に終わらせることやできるだけ作業時間を短縮することといった、質より量の作業訓練を行ってきました。しかし、企業が求めるものは顧客に提供できる（売れる）商品が作れること、つまり丁寧かつ正確に作業できる就労スキルが望まれていることも分かってきました。人間関係におけるルール理解やコミュニケーションスキルは職業準備性として整理され（高齢・障害・求職者雇用支援機構，2018）、それらを獲得するための有効な連携も模索されています（図6-4-1）。このような連携を積み重ねることで、特別支援学校のキャリア教育や各就労移行支援施設の訓練から得られた知見が加味されて、現場の教師やトレーナーにより工夫を凝らしたカリキュラムが開発され、より効果的に就労支援が展開できるようになります。

　また、就労支援には家庭との連携も欠かせません。就労するには、衣食住などの基本的生活習慣が確立されていることが必要だからです。疾病の治療や症状コントロールなどで医療機関にかかっている障害者も少なくないことから、それらの状況をうまくコントロールする必要もあります。働くことで得られた給料（工賃）の管理ができない人もいます。それらをサポートするのは、家庭や地域の支援機関が最適といえます。家庭や医療機関との連携については、直接に支援担当部署が連携する企業と就労支援の各機関を通じて連携する企業があり、企業ごとに連携の仕方が異なっています。さらに、就職や就労継続に困難な家庭では、子どもの障害を客観視できないことや障害

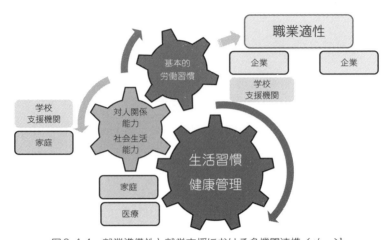

図6-4-1　就業準備性と就労支援における多機関連携イメージ
高齢・障害・求職者雇用支援機構　2018　平成30年度版就業支援ハンドブックより奥田作成

を受け入れられないこと、支援は企業任せといった傾向があることも指摘されています（奥田ら，2018）。障害はもとより、複合する様々な問題・課題に応じて、連携機関がそれぞれの専門性を生かし、分担して支援することによって、よりカスタマイズされた効果的な支援が行えるといえるでしょう。

（4）就労支援の現状と課題

　障害者の雇い入れには、法定雇用率が定められ、各企業に努力義務が課せられています。しかし、雇用されている障害者の種別は身体障害者が2/3を占めており（厚生労働省，2015）、特に発達障害、精神障害といった特別な配慮が必要なほかの人を雇い入れることの難しさが指摘されています。また、障害に即した合理的配慮に伴う環境が整えられず、結果的に法定雇用率を満たせないことで、あえて罰則としての障害者雇用納付金を納付することを選択する企業もあります。

　また、自立は就職がゴールではなく、就労も含めた社会生活を長く営むことが目標です。したがって、障害者のキャリア形成や長期間の持続した就労

を目指すことが求められているといえます。そのためには、職業人としての自覚や社会人としての社会的態度（時間の観念や役割認知、ルール遵守など）、仕事への目的意識やモチベーションの保持なども課題です。訓練の中で、それらを繰り返し体験することで習慣化を目指す取り組みも実践されています。さらに、親亡き後、また当人の定年後の生活まで見据えた支援を検討している企業もあるなど（奥田ら, 2018）、就労支援を超えた生活支援にまで支援の幅は広がっています。

このように、就労支援は、就労を通して社会参加していくことを支える自立支援としての枠を超えて様々な人の協力と努力によって拡大し続けています。当人にとって価値ある有意味な人生を支えるための切れ目のない支援につなげていけるよう、固定概念を超えて、様々な人のアイデアを生かした実質的な就労支援に取り組んでいくことが望まれます。

演習課題 19

①障害者施設に入居している知的障害のあるAさんは30歳の男性ですが、トイレの後始末ができません。さらに、うまくできなかったことを職員にも知らせてくれません。そのため、多いときで1日に6～7回着替えを行わなければならないこともあります。あなたが職員としてAさんに接するとき、一番配慮しなければならないことは何ですか。

②特別支援学級に通う中学3年生のBちゃんには軽度の知的障害があります。ある日の日中活動の際、「○日に新幹線に乗ってLINEのお兄さんに会いに行くの」とBちゃんが嬉しそうに友達に話しているのを聞きました。あなたなら、どのようにBちゃんに返答しますか。また、あなたならどのような段取りで問題解決に当たりますか。

③あなたが発達障害児へのレスパイトプログラムを企画するとしたら、どのようなプログラムを企画しますか。障害児の行動特徴を参考にしながら、彼らが好みそうなプログラムをいくつかあげてみましょう。

〈考える際のポイント〉
・実年齢と精神年齢に差がある場合の配慮の仕方を考えること。
・障害児の行動特徴から、彼らが楽しく、参加しやすいプログラムを思い浮かべること。

演習課題20

保育者と保護者、障害のある子ども、クラスの障害のない子どもの4者の皆が健康で幸せになるには、どうしたらよいかいろいろな視点から考えてみましょう。また、保育者自身が健康で幸せになるには、保育者同士どのようなことができるか考えてみましょう。

コラム

共に支え合う活動の展開

ここでは障害児向けのレスパイトプログラムの一例を紹介しましょう（表6-4-1）。厚木YMCAの発達障害児向け健康支援プログラムであるseedクラスでは、週1回の水泳、体操プログラムを提供しています。そこに参加している子どもたちに向けて、年に1回デイキャンプやキャンプを行っています。多くの参加者は自閉症スペクトラム障害児で、その活動を引率するリーダーは保育者や幼稚園教諭、社会福祉士を目指す学生です。活動を設定する際には、子どもたちが活動でどんなことを体験してもらいたいかといった目標を定め、その体験を行うにはどんな活動が適しているか、活動内容を決定します。リーダーは、求められている体験ができたときにほめるなどの正の強化子[i]を与える訓練を行い、活動を実行します。

このような活動を行いながら、seedクラスを卒業する中学生以上の子どもたちの活動の場として、地域の養護学校、親の会などが連携したseedクラブが設立されるなど、地域での支援活動が広がりを見せています。

表6-4-1　厚木YMCA seedクラスのレスパイトプログラム

プログラム名	目的と概要	参加者の変化
ブルーベリー狩り	酸味の苦手感（感覚過敏）のある子どもへの食育。 川遊び、遊具を使った遊び、公共交通機関での移動体験。	ブルーベリーを木から取って食べることができた。 スケジュールカードに従って活動を進めることができた。
冒険わくわくキャンプ	野外炊飯体験。 クラフト体験。	皆で決まった時間に食事を摂る、眠ることができた。 苦手なものを食べてみることができた子がいた。
チャレンジキャンプ	サーキット形式の身体活動促進。 プログラムの実践。 水族館散策。	リーダーとの協調活動を楽しめた。 大きな声を出せるようになった子がいた。
たいこdeひな祭り	太鼓を作成し、叩いてみる体験。 桜餅を作る、食べる体験。	自由に、簡単な型を決めて太鼓を作り、リズムを取ることができた。 桜餅を母親に「お土産」で持って帰りたいという主張ができた子がいた。
酪農体験	牛の毛づくろい、エサやりの体験。 小動物（ウサギ、ヤギ）などに触れる体験。	ほかの人への身体接触の加減ができるようになった子がいた。 牛の絵をたくさん描いた子がいた。

ⅰ）正の強化子とは学習理論に基づいた考え方の1つで、行動の直後に出現することにより、その行動を増やす働きをするもの、こと、人などをさします。

年	和暦	事項
1948	昭和23	盲・聾・養護学校小学部・中学部就学義務制実施
1953	昭和28	教育上特別な取り扱いを要する児童・生徒の判別基準（文部次官通達）
1955	昭和30	愛育養護学校幼稚部設立（日本初の幼稚部併設養護学校）＊三木安正
		白川学園（京都）鷹ヶ峰保育室で特別保育実施
1963	昭和38	養護学校小学部・中学部学習指導要領精神薄弱教育編制定
		東京教育大学付属大塚養護学校に幼稚部を設置
		びわこ学園設立　＊糸賀一雄
1965	昭和40	保育所保育指針の策定
1972	昭和47	心身障害児通園事業実施要綱　厚生省（現厚生労働省）
		特殊教育拡充計画策定　文部省（現文部科学省）
1973	昭和48	中央児童福祉審議会　※統合保育の必要性を提起
1974	昭和49	障害児保育事業実施要綱　※統合保育を制度化　指定保育所方式
		私立幼稚園特殊教育費国庫補助金事業
1975	昭和50	障害者の権利に関する宣言が国連で採択

年	和暦	事項
2007	平成19	学校教育法改正　※特別支援教育の実施。知的な遅れのない発達障害も含めた対象の拡大
2008	平成20	保育所保育指針改定（第三次改定）　※障害児の保育にあたって個別の指導計画を作成
2011	平成23	障害者基本法の改正　障害者虐待防止法制定
2012	平成24	子ども・子育て支援法の制定　児童福祉法改正　＊児童発達支援を一元化
		障害者総合支援法制定
2013	平成25	障害を理由とする差別の解消の推進に関する法律（障害者差別解消法）の制定
		障害者の雇用の促進等に関する法律の改正（法定雇用率の引きあげ）
		学校教育法施行令の一部改正について（通知）　＊総合的な観点からの就学支援
2014	平成26	障害者の権利に関する条約（障害者権利条約）の批准
2016	平成28	障害を理由とする差別の解消の推進に関する法律（障害者差別解消法）一部改正　※障害者の差別の禁止、合理的配慮の提供が義務化
2017	平成29	幼稚園教育要領、幼保連携型認定こども園教育・保育要領、保育所保育指針改訂（定）　＊小学校との連携、円滑な接続を図ることを明記
2018	平成30	障害者の雇用の促進等に関する法律の一部改正（法定雇用率の引きあげ）（厚生労働省）

巻末資料　特別支援教育・障害児保育歴史年表

年	和暦	出来事
1878	明治11年	京都盲唖院設立
1880	明治13	楽善会訓盲院設立（のちの東京盲唖学校）
1897	明治30	滝乃川学園特殊教育部設立（設立当初は孤女学院）※石井亮一
1916	大正5	京都市立聾唖学校に京都聾口話幼稚園設置
1921	大正10	柏学園設立　※柏倉松蔵
1923	大正12	盲学校及び聾唖学校令公布
1927	昭和2	東京盲学校に幼稚園初等部予科設置
1932	昭和7	東京市立光明学校設立　＊高木憲次
1938	昭和13	恩寵財団愛育研究所特別保育室設立（当時は異常児保育という名称）※三木安正
1941	昭和16	国民学校令制定　※身体虚弱児、知的障害児の学級・学校の編制
1942	昭和17	整肢療護園設立　＊高木憲次
1946	昭和21	近江学園設立　※糸賀一雄
1947	昭和22	教育基本法・学校教育法の公布（盲・聾・養護学校への障害児就学の義務化）
1978	昭和53	教育上特別な取扱いを要する児童・生徒の教育措置について（初等中等教育局長通達）
1979	昭和54	養護学校義務制実施　※全ての障害児に教育権を保障
1981	昭和56	国際障害者年　※ノーマライゼーション理念の普及
1989	平成元	児童の権利に関する条約（子どもの権利条約）が国連で採択
1990	平成2	保育所保育指針（第一次改定）に障害児保育を記載
1993	平成5	学校教育法施行規則改正　※小中学校での通級指導が制度化、ことばの教室を告示
1994	平成6	障害者基本法制定（心身障害者対策基本法の改正）／エンゼルプラン策定（子どもの権利条約の批准）
2000	平成12	特別保育事業の実施についての取扱いについて（通知）厚生労働省
2001	平成13	学校教育法の一部改正　※特別支援教育という呼称の採用　国際生活機能分類（ICF）がWHOより発表
2005	平成17	障害者自立支援法制定
2006	平成18	発達障害者支援法施行／障害者の権利に関する条約（障害者権利条約）が国連で採択

文部科学省　三　精神薄弱児その他の教育、内閣府　障害者施策のあゆみ　より奥田作成

文献

本書の構成と表記

日本精神神経学会（日本語版用語監修）髙橋三郎・大野裕（監訳）染矢俊幸・神庭重信・尾崎紀夫・三村將・村井俊哉（訳）　2014　DSM-5 精神疾患の診断・統計マニュアル　医学書院；American Psychiatric Association 2013 Diagnostic and Statistical Manual of Mental Disorders. Fifth Edition : DSM-5. Arlington VA

第1章

茂木俊彦　2012　子どもに学んで語りあう　全国障害者問題研究会

茂木俊彦　2007　障害児教育を考える　岩波書店

上田敏　2002　国際障害分類初版（ICIDH）から国際生活機能分類（ICF）へ―改定の経過・趣旨・内容・特徴―ノーマライゼーション22(6)　日本障害者リハビリテーション協会

世界保健機関（編）；障害者福祉研究会（編）　2002　国際生活機能分類：国際障害分類改定版　中央法規出版　p.17

加藤裕子　1999　現代「子育て」観と少子化：関係論的観点からの考察　年報社会学論集（12）pp.14-25.

ユニセフ　子どもの権利条約　https://www.unicef.or.jp/about_unicef/about_rig.html（2018.10.2閲覧）

茂木俊彦　1997　統合保育で障害児は育つか：発達保障の実践と制度を考える　大月書店

津曲裕次　2002　シリーズ福祉に生きる51 石井亮一　大空社

中川一彦　2006　理学療法士の始祖・柏倉松蔵　健康科学大学紀要（2）　健康科学大学　pp.69-76.

精神薄弱問題史研究会（編）　1988　人物でつづる障害者教育史　日本編　日本文化科学社　pp.123-124.

小川英彦　2007　戦前の障害児保育と三木安正　愛知教育大学幼児教育研究（13）　愛知教育大学　pp.1-6.

河合隆平・高橋智　2005　戦前の恩賜財団愛育会愛育研究所「異常児保育室」と知的障害児保育実践の展開　東京学芸大学紀要. 第1部門, 教育科学56　東京学芸大学　pp.179-199.

窪田好恵　2014　重症心身障害児施設の黎明期：島田療育園の創設と法制化　Core ethics10　立命館大学　pp.73-83.

高谷清　2011　重い障害を生きるということ　岩波書店

丸山美和子　2000　障害幼児の「特別なニーズ」に対するケアと統合保育：統合保育の成果と障害児保育の今後の課題　社会学部論集33　佛教大学　pp.109-124.

玉村公二彦・清水貞夫・黒田学・向井啓二（編）　2015　キーワードブック特別支援教育：インクルーシブ教育時代の障害児教育　クリエイツかもがわ

文部科学省　2014　第90回初等中等教育分科会教育課程部会（参考資料5）特別支援教育の現状と課題　p.19,22

無藤隆・神長美津子・柏植雅義・河村久（編著）　2005　『気になる子』の保育と就学支援：幼児期におけるLD・ADHD・高機能自閉症等の指導　東洋館出版社

厚生労働省　2017　保育所保育指針

文部科学省中央教育審議会　2005　特別支援教育を推進するための制度の在り方について（答申）　http://www.mext.go.jp/b_menu/shingi/chukyo/chukyo0/toushin/__icsFiles/afieldfile/2017/09/22/1212704_001.pdf（2018.10.2閲覧）

西中一幸　2012　養護学校の義務制をめぐる諸問題の考察：1979年小中養護学校に関する政令施行後の動きに焦点をあてて　Core Ethics8　立命館大学　pp.305-315.

茂木俊彦　1996　ノーマライゼーションと障害児教育　全国障害者問題研究会

大田堯　1990　能力による区別と差別　教育40（3）　国土社　pp.6-17.

村上美奈子　2003　障害児教育批判と養護学校の実際：養護学校のいまとこれからを問う　東京大学大学院教育学研究科教育学研究室紀要29．東京大学　pp.15-23.

茂木俊彦　1995　新障害児教育入門　労働旬報社

文部科学省　2009　特別支援学校幼稚部教育要領　特別支援学校小学部・中学部学習指導要領　特別支援学校高等部学習指導要領

文部科学省中央教育審議会　2015　チームとしての学校の在り方と今後の改善方策について（答申）　http://www.mext.go.jp/b_menu/shingi/chukyo/chukyo0/toushin/__icsFiles/afieldfile/2016/02/05/1365657_00.pdf（2018.10.4閲覧）

渡部信一・本郷一夫・無藤隆（編著）　2005　保育ライブラリ　保育の内容・方法を知る　障害児保育　北大路書房

藤永保（監修）　2012　障害児保育：子どもとともに成長する保育者を目指して　萌文書林
山田真　2010　障害児保育：自立へむかう一歩として　創成社
大田堯　1990　国連子どもの権利条約を読む　岩波書店
Sullivan,P. & M.Knutson,J.F.　2000　MALTREATMENT AND DISABILITIES: A POPULATIONBASED EPIDEMIOLOGICAL STUDY Child Abuse & Neglect, Vol. 24（10）　pp. 1257-1273.
細川徹・本間博彰　2002　乳幼児期の虐待防止および育児不安の母親の支援を目的とした母子保健に関する研究　わが国における障害児虐待の実態とその特徴　厚生科学研究（子ども家庭総合研究事業）報告書　平成13年度第6/7　pp.382-390.
茂木俊彦　1994　ノーマライゼーションと障害児教育　全国障害者問題研究会
文部科学省・厚生労働省　2018　家庭・教育・福祉の連携「トライアングル」プロジェクト報告―障害のある子と家族をもっと元気に―　概要　https://www.mhlw.go.jp/file/06-Seisakujouhou-12200000-Shakaiengokyokushougaihokenfukushibu/0000203292.pdf（2018.7.27閲覧）
文部科学省　2012　障害のある子どもが十分に教育を受けられるための合理的配慮及びその基礎となる環境整備　http://www.mext.go.jp/b_menu/shingi/chukyo/chukyo3/siryo/attach/1325887.htm（2018.7.27閲覧）
Hirschi,T.　1969　Cause of Delinquency. University of California Press.（森田洋司・清永新二（監訳）　1995　非行の原因：家庭・学校・社会のつながりを求めて　文化書房博文社）
日本ブラインドサッカー協会「体験型ダイバーシティ 教育プログラム『スポ育』」http://supoiku.b-soccer.jp（2018.12.10閲覧）
外務省　2014　障害者の権利に関する条約
　　https://www.mofa.go.jp/mofaj/files/000018093.pdf（2018.7.27閲覧）
内閣府　2016　障害者差別解消法基本方針　http://www8.cao.go.jp/shougai/suishin/sabekai/kihonhoushin/honbun.html（2018.7.27閲覧）
文部科学省　2012　障害のある子どもが十分に教育を受けられるための合理的配慮及びその基礎となる環境整備　http://www.mext.go.jp/b_menu/shingi/chukyo/chukyo3/

siryo/attach/1325887.html（2018.7.27閲覧）

文部科学省　2011　学校教育の対象年齢について

http://www.mext.go.jp/b_menu/shingi/chukyo/chukyo3/siryo/__icsFiles/afieldfile/2011/03/23/1303354_5.pdf（2018.7.27閲覧）

茂木俊彦　2003　受容と指導の保育論　ひとなる書房　p.82

茂木俊彦　1997　統合保育で障害児は育つか：発達保障の実践と制度を考える　大月書店　p.32

若井邦夫・高橋道子・高橋義信・堀内ゆかり　2006　グラフィック乳幼児心理学　サイエンス社

保育小辞典編集委員会（編）　2006　保育小辞典　大月書房

第2章

新井英靖（編著）　2007　障害児者へのサポートガイド　中央法規出版

日原信彦（監修）　2007　発達と障害を考える本7 ふしぎだね!?身体障害のおともだち　ミネルヴァ書房

石部元雄・上田征三・高橋実・柳本雄次（編）　2007　やわらかアカデミズム・「わかる」シリーズ よくわかる障害児教育　ミネルヴァ書房

大塚頌子・赤松直樹・加藤天美・木下真幸子・久保田英幹・小西徹・笹川睦男　2010　日本におけるてんかんの実態 日本のてんかん患者数の推定　てんかん研究27（3）日本てんかん協会　pp.408-411.

本明寛（監修）久保田圭伍・野口京子（編）　2002　最新・心理学序説　金子書房

貴邑冨久子・根来英雄　2005　シンプル生理学 改訂第5版　南江堂

金澤治（監修）　2006　健康ライブラリー：イラスト版 子どもの危ないひきつけ・けいれん　講談社

金澤治　2005　健康ライブラリー ひきつけ・けいれんは小児てんかんを疑え　講談社

Bower,E.（編著），上杉雅之（監訳）　2014　脳性まひ児の家庭療育　医歯薬出版

福田恵美子（編）　2014　標準作業療法学専門分野 発達過程作業療法学　医学書院

大城昌平・儀間裕貴（編）　2018　子どもの感覚運動機能の発達と支援　メジカルビュー社

岩崎清隆・岸本光夫　2015　発達障害の作業療法 実践編　三輪書店

冨田豊（編）　2016　標準理学療法学・作業療法学　専門基礎分野　小児科学第4版　医学書院

栗原まな　2015　小児リハビリテーション医学　医歯薬出版

上野武治（編）　2010　精神医学第3版　標準理学療法学・作業療法学：専門基礎分野　医学書院

小出進・栗田広・原仁　2000　発達障害指導事典　学習研究社

大沼直樹・吉利宗久（編著）　2005　特別支援教育の理論と方法　培風館

小川博久　1991　保育原理2001　同文書院

金森克浩（編集代表）　2012　〔実践〕特別支援教育とアシスティブテクノロジー　はじめてのAT入門〜VOCAとシンボル*使い方のコツ〜　明治図書出版

土屋弘吉・今田拓・大川嗣雄（編）　1978　日常生活動作（ADL）：評価と訓練の実際　医歯薬出版

独立行政法人国立特別支援教育総合研究所　肢体不自由教育
　　http://www.nise.go.jp/cms/keywords/1.-.kwstring.8.html（2018.9.15閲覧）

大川原潔・大山信郎・小池文英・辻村泰男・原田政美・船川幡夫・星龍雄・三木安正（編）　1975　養護・訓練指導事典　第一法規出版

有馬正高（監修）　2007　健康ライブラリー：イラスト版　知的障害のことがよくわかる本　講談社

アンドリュー・シムズ，飛鳥井望・野津眞・松浪克文・林直樹（訳）　2009　シムズ記述精神病理学　西村書店

原仁（監修）　2007　発達と障害を考える本6　ふしぎだね!?知的障害のおともだち　ミネルヴァ書房

原仁（責任編集）　2014　最新子どもの発達障害事典：DSM-5対応　合同出版

池田由紀江（監修）　2007　健康ライブラリー：イラスト版　ダウン症のすべてがわかる本　講談社

森則夫・杉山登志郎・岩田泰秀（編著）　2014　臨床家のためのDSM-5虎の巻　日本評論社

日本文化科学社　Vineland-II適応行動尺度
　　http://www.nichibun.co.jp/kobetsu/kensa/vineland2.html（2018.9.28閲覧）

岡村一成（編）　1997　NEW心理学アスペクト　福村出版

日本精神神経学会（日本語版用語監修）髙橋三郎・大野裕（監訳）染矢俊幸・神庭重信・尾崎紀夫・三村將・村井俊哉（訳）　2014　DSM-5 精神疾患の診断・統計マニュアル　医学書院；American Psychiatric Association 2013 Diagnostic and Statistical Manual of Mental Disorders. Fifth Edition DSM-5. Arlington VA

若井邦夫・高橋道子・高橋義信・堀内ゆかり　2006　グラフィック乳幼児心理学　サイエンス社　p.104

尾崎康子・小林真・水内豊和・阿部美穂子（編）　2010　やわらかアカデミズム・「わかる」シリーズ　よくわかる障害児保育　ミネルヴァ書房　p.45

水野恭子　2012　障害児保育の歩みとこれからの障害児保育実践に向けて　愛知教育大学幼児教育研究（16）　pp.77-82.　愛知教育大学幼児教育講座

厚生労働省　2017　保育所保育指針

芝田裕一　2007　視覚障害児・者の理解と支援　北大路書房　p.7,9

大川原潔・香川邦生・瀬尾政雄・鈴木篤・千田耕基（編）　1999　視力の弱い子どもの理解と支援　教育出版　p.168

廣瀬肇（担当編集）　2000　言語聴覚リハビリテーションCLIENT21 No.11　中山書店

我妻敏博　2003　聴覚障害児の言語指導：実践のための基礎知識　田研出版　p.6,42

都築繁幸（編著）　1998　聴覚障害幼児のコミュニケーション指導　保育出版社

山田弘幸（編著）　2011　改訂聴覚障害Ⅰ−基礎編　建帛社

中野善達・吉野公喜（編著）　2000　聴覚障害の心理　田研出版

石田宏代・大石敬子（編）　2008　言語聴覚士のための言語発達障害学　医歯薬出版

藤田郁代（監修）玉井ふみ・深浦順一（編）　2015　標準言語聴覚障害学　言語発達障害学　第2版　医学書院

岩立志津夫・小椋たみ子（編）　2005　やわらかアカデミズム・「わかる」シリーズ　よくわかる言語発達　ミネルヴァ書房

山田弘幸（編著），永野隆治・佐場野優一・城丸みさと・倉内紀子・長嶋比奈美　2011　言語聴覚療法シリーズ5-6 改訂聴覚障害1：基礎編　建帛社

正高信男　1993　0歳児がことばを獲得するとき：行動学からのアプローチ　中央公論社

鎌倉矩子・山根寛・二木淑子（編），岩崎清隆・岸本光夫　2015　発達障害の作業療法　実

践編　三輪書店

大島良一　1971　重症心身障害の基本的問題　公衆衛生35　医学書院　p.650

日野原重明・井村裕夫（監），岡島康友（編）　2002　看護のための最新医学講座27　リハビリテーション・運動療法　中山書店

聖隷嚥下チーム　2013　嚥下障害ポケットマニュアル　医歯薬出版

亀田メディカルセンターリハビリテーション科リハビリテーション室（編）　2012　リハビリテーションリスク管理ハンドブック　メジカルビュー社

今川忠男　2000　発達障害児の新しい療育：こどもと家族とその未来のために　三輪書店

小西紀一・小松則登・酒井康年（編）　2012　子どもの能力から考える発達障害領域の作業療法アプローチ　メジカルビュー社

長谷龍太郎（編）　2011　発達障害領域の作業療法　中央法規出版

Bower,E.（編著），上杉雅之（監訳）　2014　脳性まひ児の家庭療育　医歯薬出版

岩崎清隆　2017　標準理学療法学・作業療法学：専門基礎分野　人間発達学　医学書院

福田恵美子　2017　ゆっくり発達している子どもが輝く遊びの処方箋　シービーアール

大城昌平・儀間裕貴（編）　2018　子どもの感覚運動機能の発達と支援：発達の科学と理論を支援に活かす　メジカルビュー社

宇佐川浩　2007　感覚と運動の高次化からみた子ども理解　学苑社

小児慢性特定疾病情報センターHP（2018年7月17日版）　小児慢性特定疾病の対象疾病リスト　https://www.shouman.jp/disease/search/disease_list　（2018.11.6閲覧）

難病情報センターHP　http://www.nanbyou.or.jp/entry/856　（2018.11.6閲覧）

落合俊郎　1993　教育活動として養護・訓練をどう活かしたらいいか　養護学校の教育と展望（93）　日本重複障害教育研究会・日本アビリティーズ協会（編）　pp.4-8.

池田由紀江（編）　1984　ダウン症児の早期教育プログラム：0歳から6歳までの発達と指導　ぶどう社

菅野敦・池田由紀江（編著）　1998　ダウン症者の豊かな生活：成人期の理解と支援のために　福村出版

神庭重信（総編集），神尾陽子（編）　2014　神経発達症群,食行動障害および摂食障害群,排泄症群,秩序破壊的・衝動制御・素行症群,自殺関連　DSM-5を読み解く：伝統的精神病理，DSM-Ⅳ，ICD-10をふまえた新時代の精神科診断1　中山書店

五十嵐信敬ほか（編著），杉山雅彦　2000　自閉症・情緒障害児の教育　教職教養・障害児教育2訂版　コレール社

川崎葉子・三島卓穂・田村みずほ・坂井和子・猪野民子・村上公子・横田圭司・水野薫・丹羽真一　2003　広汎性発達障害における感覚知覚異常　発達障害研究.25（1）pp.31-38.

厚生労働省　2018　平成29年度児童相談所での児童虐待相談対応件数（速報値）https://www.mhlw.go.jp/content/11901000/000348313.pdf

厚生労働省　2015　児童虐待の状況等　https://www.mhlw.go.jp/file/06-Seisakujouhou-11900000-Koyoukintoujidoukateikyoku/6_1.pdf

厚生労働省　2017　平成28年度国民生活基礎調査の概況（平成29年6月27日）

子どもの貧困白書編集委員会　2009　子どもの貧困白書　明石書店

Duncan,G.J. & Brooks-Gunn,J.　1997　Consequences of Growing Up Poor. Russel Sage Foundation.

小西祐馬　2008　先進国における子どもの貧困研究―国際比較研究と貧困の世代的再生産を捉える試み　浅井春夫・松本伊智朗・湯澤直美（編著）　子どもの貧困―子ども時代のしあわせ平等のために　明石書店

第3章

文部科学省初等中等教育局幼児教育課中央説明会　2017　―改訂幼稚園教育要領　幼稚園教育要領の改訂について―主な改訂内容

文部科学省　2018　幼稚園教育要領解説

神奈川県教育委員会　2006　『支援が必要な子どものための「個別の支援計画」〜「支援シート」を活用した「関係者の連携」の推進〜（改訂版）』　p.18
http://www.pref.kanagawa.jp/uploaded/attachment/611827.pdf

中川宣子　2016　個別の指導計画と個別の教育支援計画の実際　吉利宗久・是永かな子・大沼直樹（編）　新しい特別支援教育のかたち　インクルーシブ教育の実現に向けて　培風館　pp.184-193.

宇都宮市「個別の支援計画活用の手引き」小中学校編〜将来の豊かな生活を実現するために〜　http://www.ueis.ed.jp/shien/shienkeikaku_tebiki.pdf（個別の支援計画などのフォーマットが閲覧可能）

厚生労働省　2018　保育所保育指針解説
加藤哲文　2002　幼児カウンセリング講座5 特別な配慮を必要とする子どものケースワークの基礎：保育の場での支援方法　田中教育研究所
土佐林一　1994　改訂 入門―保育者のための障害児保育　中央法規出版
中川信子　2003　子育てと健康シリーズ20 子どものこころとことばの育ち　大月書店
中村淳子　2002　幼児カウンセリング講座3 子どもを伸ばすカウンセリングの理論と技法　田中教育研究所
中村淳子　2002　幼児カウンセリング講座4 子どもの発達の捉えかた　田中教育研究所
清水貞夫・小松秀茂（編著）　1987　統合保育：その理論と実際　学苑社
厚生労働省　2017　保育所保育指針
芦澤清音　2011　子育てと健康シリーズ30 発達障がい児の保育とインクルージョン：個別支援から共に育つ保育へ　大月書店
高橋智　2013　発達障害を有する子どもの「食」の困難に関する実証的研究―発達障害の本人・当事者のニーズ調査から―　平成25年度広域科学教科教育学研究経費研究成果報告書
林恵津子　2006　発達障害のある子どもに見られる睡眠の問題　共栄学園短期大学研究紀要22　pp.119-131.
亀井雄一・岩垂喜貴　2012　子どもの睡眠　保健医療科学16　pp.11-17.
杉山登志郎（監修）　2011　発達障害のある子どもができることを伸ばす！幼児編　日東書院
文部科学省　2018　特別支援学校教育要領・学習指導要領解説総則編（幼稚部・小学部・中学部）　p.82
民秋言（編）　2015　保育者のための自己評価チェックリスト：幼稚園教諭・保育所保育士・認定こども園保育教諭：保育者の専門性の向上と園内研修の充実のために　萌文書林
内山登紀夫（監修），諏訪利明・安倍陽子（編）　2009　特別支援教育をすすめる本1 こんなとき、どうする？ 発達障害のある子への支援：幼稚園・保育園　ミネルヴァ書房
本郷一夫（編著）　2010　保育の場における「気になる」子どもの理解と対応：特別支援教育への接続　おうふう

第4章

文部科学省初等中等教育局財務課　2017　教育関係職員の定員の状況について p.14
　http://www.soumu.go.jp/main_content/000497035.pdf
文部科学省　2015　特別支援教育に係る教育課程について（平成27年11月6日特別支援教育部会第1回配布資料）
文部科学省　2010　特別支援教育について　資料3　特別支援教育コーディネーター養成研修について　～その役割、資質・技能、及び養成研修の内容例～
　http://www.mext.go.jp/a_menu/shotou/tokubetu/material/1298211.htm（2018.10.2閲覧）
文部科学省　2018　「個別の指導計画」と「個別の教育支援計画」について
　http://www.mext.go.jp/b_menu/shingi/chukyo/chukyo3/004/siryo/attach/1402251.htm（2018.10.2閲覧）
厚生労働省　2018　子ども食堂の活動に関する連携・協力の推進及び子ども食堂の運営上留意すべき事項の周知について（通知）
　https://www.mhlw.go.jp/content/000306888.pdf（2018.10.2閲覧）
文部科学省　2017　平成28年度スクールソーシャルワーカー活用事業
　http://www.mext.go.jp/b_menu/shingi/chousa/shotou/046/shiryo/attach/1376332.htm（2018.10.2閲覧）

第5章

Drotar,D., Baskiewicz,A., Irvin,N., Kennell,J., & Klaus,M.　1975　The adaptation of parents to the birth of an infant with a congenital malformation : A hypothetical model. Pediatrics, 56(5), pp,710-717.
厚生労働省　2008　保育所保育指針
厚生労働省　2017　保育所保育指針
A. H. カッツ，久保紘章（訳）　1997　セルフヘルプ・グループ　岩崎学術出版社
厚生労働省　2014　今後の障害児支援の在り方について（報告書）～「発達支援」が必要な子どもの支援はどうあるべきか～
　https://www.mhlw.go.jp/file/05-Shingikai-12201000-Shakaiengokyokushougaihokenfuk

ushibu-Kikakuka/0000051490.pdf（2018.8.24閲覧）

茂木俊彦　1997　子育てと健康シリーズ10　統合保育で障害児は育つのか：発達保障の実践と制度を考える　大月書店

萩原可那子　2014　障害のある子どもをもつ母親の障害受容に関する研究　桜美林大学修士論文

尾野明未・奥田訓子・茂木俊彦　2012　子育てレジリエンス尺度の作成　ヒューマン・ケア研究12（2）　日本ヒューマン・ケア心理学会　pp.98-108.

山田有理沙　2012　障害児を持つ母親のストレスについて：ストレスを軽減するプログラム実施を通して　YMCA健康福祉専門学校卒業論文

厚生労働省　2008　第4回障害児支援の見直しに関する検討会　資料4　障害の早期発見・早期対応策について（参考資料）

厚生労働省　2014　第1回障害児支援の在り方に関する検討会（資料2）障害児及び障害児支援の現状

厚生労働省　2014　今後の障害児支援の在り方について～（報告書）「発達支援」が必要な子どもの支援はどうあるべきか～

厚生労働省　2015　放課後等デイサービスガイドラインについて
https://www.mhlw.go.jp/stf/shingi2/0000082831.html　（2018.10.2閲覧）

文部科学省　2010　特別支援教育について　資料3　特別支援教育コーディネーター養成研修について　～その役割、資質・技能、及び養成研修の内容例～
http://www.mext.go.jp/a_menu/shotou/tokubetu/material/1298211.htm（2018.10.2閲覧）

文部科学省　2018　「個別の指導計画」と「個別の教育支援計画」について
http://www.mext.go.jp/b_menu/shingi/chukyo/chukyo3/004/siryo/attach/1402251.htm（2018.10.2閲覧）

第6章

本田秀夫　2013　自閉症スペクトラム：10人に1人が抱える「生きづらさ」の正体　ソフトバンククリエイティブ

東京都福祉保健局　2014　東京の母子保健 平成26年3月改訂版　p.73

厚生労働省　2009　乳幼児健康診査に係る発達障害のスクリーニングと早期支援に関する研究成果～関連法規と最近の厚生労働科学研究等より～

茂木俊彦　1997　子育てと健康シリーズ10 統合保育で障害児は育つか：発達保障の実践と制度を考える　大月書店

田中康雄　2011　発達支援のむこうとこちら　日本評論社　pp.39-46.

厚生労働省　2007　平成18年度厚生労働科学研究　軽度発達障害児の発見と対応システムおよびそのマニュアル開発に関する研究　軽度発達障害児に対する気づきと支援のマニュアル　http://www.mhlw.go.jp/bunya/kodomo/boshi-hoken07/（2018.9.15閲覧）

下泉秀夫　2011　5歳児健診における発達障害への気づきと連携　母子保健情報63　母子愛育会　pp.38-44.

厚生労働省　2012　児童福祉法の一部改正の概要について

小出進・宮崎直男（編著）　1980　統合・交流教育展開のために　学習研究社

茂木俊彦　1997　統合保育で障害児は育つか　大月書店

太田光世　1986　統合保育における健常児と障害児の関係行動の変容過程　北海道教育大学情緒障害教育研究紀要第5号　北海道教育大学　pp.29-32.

赤田太郎　2010　保育士ストレス評定尺度の作成と信頼性・妥当性の検討　心理学研究　81（2）　pp.158-166.

植田智　2002．保育士におけるバーンアウト--他のヒューマン・サービスと比較しての探索的研究　鳥取短期大学研究紀要 45　pp.39-47.

石川洋子・井上清子　2010　保育士のストレスに関する研究（1）―職場のストレスとその解消―　文教大学教育学部教育学部紀要44　pp113-120.

奥田訓子　2012　福祉専門職者の感情共有プロセスとチームミッションの研究　桜美林大学博士論文

Folden,S.L. & Coffman,S.　1993　Respite care for families of children with disabilities. Journal of Pediatric Health Care, 7（3）　pp.103-110.

生田まちよ　2007　A県における在宅人工呼吸療法中の児の介護の現状と問題点―母親への面接調査の結果からの一考察―　日本看護研究学会雑誌30（3）　日本看護研究学会　p.183

湯沢純子・渡邊佳明・松永しのぶ　2008　自閉症児を育てる母親の子育てに対する気持ち

とソーシャルサポートとの関連　昭和女子大学生活心理研究所紀要10　昭和女子大学　pp.119-129.

奥田訓子・尾野明美　2018　発達障害児への健康支援活動の紹介　―運動・食行動・対人関係の3つの課題からの検討―　Journal of Health Psychology Research　Special Issue号

泉宗孝・小池将文・八重樫牧子　2005　岡山県における障害児の放課後生活実態に基づく放課後生活保障に関するニーズ調査　川崎医療福祉学会誌15（1）　川崎医療福祉学会　pp.43-56.

厚木市　2015　厚木市要保護児童対策地域協議会概要
　http://www.city.atsugi.kanagawa.jp/shiminbenri/kosodatekyoiku/kosodate/youhogo/d030877.html（2018.10.13閲覧）

杉山登志郎　2007　高機能広汎性発達障害と子ども虐待　日本小児科学会雑誌111（7）　日本小児科学会　pp.839-846.

文部科学省　2011　キャリア教育とは何か　http://www.mext.go.jp/component/a_menu/education/detail/__icsFiles/afieldfile/2011/06/16/1306818_04.pdf（2018.8.3閲覧）

文部科学省　2014　特別支援教育資料（平成26年度）
　http://www.mext.go.jp/component/a_menu/education/micro_detail/__icsFiles/afieldfile/2015/06/08/1358541_01.pdf（2018.8.3閲覧）

向後礼子・望月葉子　1999　知的障害者の就労の実現と継続に関する指導の課題―事業所・学校・保護者の意見の比較から　調査報告書34　日本障害者雇用促進協会障害者職業総合センター

梅永雄二　2017　発達障害者の就労上の困難性と具体的対策：ASD者を中心に　日本労働研究雑誌59（8）　労働政策研究・研修機構　pp.57-68.

石津乃宣・井澤信三　2011　知的障害特別支援学校高等部での進路学習におけるソーシャルスキル・トレーニングの効果の検討　特殊教育学研究49（2）　日本特殊教育学会　pp.203-213.

茂木俊彦　2012　子どもに学んで語りあう　全国障害者問題研究会

Hartmann,T.　1994　Focus your energy: Hunting for success in business with Attention Deficit Disorder. New York: Pocket Books.

山本真也・香美裕子・小椋瑞恵・井澤信三　2013　高機能広汎性発達障害者に対する就労に関するソーシャルスキルの形成におけるSSTとシミュレーション訓練の効果の検討　特殊教育学研究51（3）　日本特殊教育学会　pp.291-299．

テンプル・グランディン、ケイト・ダフィー，梅永雄二（監），柳沢圭子（訳）　2008　アスペルガー症候群・高機能自閉症の人のハローワーク：能力を伸ばし最適の仕事を見つけるための職業ガイダンス　明石書店

武澤友広・榎本容子・石渡利奈・水村慎也・井上剛伸　2017　タイムエイドの適用による自閉症スペクトラム障害者の就労支援事例の検討　日本設備管理学会誌 28（4）　日本設備管理学会　pp.160-163．

Grandin,T.　1995　Thinking in pictures and other reports from my life with autism. New York: Vintage Books.（カニングハム久子（訳）　1997　自閉症の才能開発　自閉症と天才をつなぐ環　学習研究社）

Banker,S.　2003　Personal Interview Children's Therapy Group. Overland Park, Kansas.

梅永雄二　2014　発達障害者の就労支援（特集 就労支援）　LD研究23（4）　日本LD学会　pp.385-391．

高齢・障害・求職者雇用支援機構　2018　平成30年度版就業支援ハンドブック　http://www.jeed.or.jp/disability/data/handbook/om5ru8000000azsi-att/om5ru8000000b07p.pdf（2018.8.3閲覧）

上村勇夫　2013　知的障害者とともに働く特例子会社の一般従業員の支援実態と困難感　社会福祉学 54（1）　日本社会福祉学会　pp.14-27．

向後礼子　2014　発達障がいのある人の学校から就労への移行支援並びに就労後の職場適応支援の課題　日本労働研究雑誌56（5）　労働政策研究・研修機構　pp.76-84．

矢野川祥典・是永かな子　2016　知的障害者の一般就労における環境設定の実態と課題：卒業生への合理的配慮の提供を目指して　高知大学教育学部研究報告（76）　高知大学教育学部　pp.77-83．

道脇正夫　2001　知的障害者の加齢に伴う雇用・職業上の課題と対策―「障害者の加齢に伴う職業能力の変化と対策に関する総合研究委員会」報告―障害者の加齢に伴う職業能力の変化と対策に関する実証的研究報告書（4）　調査研究報告書（44）日本障害者雇用促進協会障害者職業総合センター

高齢・障害・求職者雇用支援機構　2017　保健医療、福祉、教育分野における障害者の職業準備と就労移行等を促進する地域支援のあり方に関する研究
http://www.nivr.jeed.or.jp/download/houkoku/houkoku134.pdf　（2018.8.3閲覧）

厚生労働省　2015　障害者の就労支援について
https://www.mhlw.go.jp/file/05-Shingikai-12601000-Seisakutoukatsukan-Sanjikanshitsu_Shakaihoshoutantou/0000091254.pdf　（2018.8.3閲覧）

厚生労働省　2012　障害者の就労支援対策の状況　https://www.mhlw.go.jp/bunya/shougaihoken/service/shurou.html（2018.8.3閲覧）

奥田訓子・石川利江・松田チャップマン与理子・森和代　2018　知的・発達障害者の雇用促進に関連する要因：―企業・事業所へのインタビュー調査からの検討―　健康心理学会（31）日本健康心理学会　p.82

巻末資料

文部科学省　三　精神薄弱児その他の教育　http://www.mext.go.jp/b_menu/hakusho/html/others/detail/1317676.htm（2018.10.29閲覧）

内閣府　障害者施策のあゆみ　http://www8.cao.go.jp/shougai/whitepaper/h29hakusho/zenbun/siryo_01.html（2018.10.29閲覧）

索引

あ

愛育養護学校……………………………… 8
愛着……………………………………… 28
アセスメント……………………… 198, 235
アレルギー……………………………… 177
石井亮一………………………………… 7
一時保護………………………………… 242
糸賀一雄………………………………… 8
医療型児童発達支援センター………… 258
医療的ケア………………… 106, 238, 248
インクルーシブ教育…………… 18, 23, 260
インクルーシブ保育…………………… 261
インクルージョン……………………… 17
インクルージョン教育（包摂教育）… 18
インテグレーション…………………… 17
インテグレーション教育（統合教育）… 18
院内学級………………………………… 107
エコラリア………………………… 88, 128
近江学園………………………………… 8
親の会…………………………………… 234
オルタナティブ教育…………………… 19

か

外国籍……………………………… 145, 177
学習指導要領…………………………… 204
学童保育………………………………… 247
柏学園…………………………………… 7
柏倉松蔵………………………………… 7
学級担当制……………………………… 214
学校教育法………………… 9, 11, 12, 154
加配保育者……………………………… 197

カリキュラム・マネジメント…… 155, 179
感覚過敏………………………………… 139
感覚障害………………………………… 95
感覚鈍麻………………………………… 140
吃音………………………………… 138, 186
虐待………………………… 141, 241, 255, 265
キャリア教育…………………………… 266
教育委員会………………… 20, 169, 244
教育課程…………………………… 154, 207
教育基本法………………………… 11, 154
教育相談室……………………………… 224
教科担当制……………………………… 214
共生社会…………………………… 11, 260
共同注意…………………………… 79, 126
共同注視………………………………… 30
京都盲唖院……………………………… 7
筋ジストロフィー……………………… 36
限局性学習症／限局性学習障害……… 120
言語聴覚士………………………… 82, 99, 243
原始反射………………………………… 28
ケースカンファレンス………………… 199
ケースワーカー………………………… 243
構音障害…………………………… 82, 186
口蓋裂……………………… 82, 169, 186
拘縮……………………………………… 93
口唇裂…………………………………… 82
校内委員会………………………… 214, 221
合理的配慮…… 6, 13, 18, 20, 260, 268, 270
交流保育………………………………… 177
誤嚥…………………………… 46, 94, 99

呼吸障害……………………………… 94
国際障害者年……………………… 3, 9
国際障害分類（ICIDH）……………… 3
国際生活機能分類（ICF）…………… 4
国連・障害者の10年 ………………… 3
5歳児健康診査 ……………… 240, 256
ことばときこえの教室……………… 244
子ども家庭支援センター………… 222, 227
子ども・子育て支援新制度………… 196
子どもの最善の利益…………… 5, 246
子どもの貧困……………………… 148
個別支援計画……………………… 260
個別の教育支援計画
………………… 12, 15, 22, 167, 210, 247
個別の支援計画…………… 20, 167, 238
個別の指導計画…………… 13, 160, 178, 210

さ

作業療法士……………………… 41, 97, 243
三項関係……………………………… 79
支援費制度…………………………… 19
視覚障害………………………… 63, 185
自傷行為……………………………… 95
肢体不自由…………………… 8, 34, 185
児童虐待防止法…………………… 142
児童指導員………………………… 243
児童心理司………………………… 242
児童相談所………… 142, 198, 241, 257, 265
児童の権利に関する条約（子どもの権利条約）
……………………………………… 5, 155

児童発達支援事業……………… 242, 264
児童発達支援センター………… 236, 242
児童福祉司………………………… 242
児童福祉法…………… 141, 231, 235, 257
自閉症スペクトラム症／自閉症スペクトラム
障害……………… 50, 88, 125, 139, 192
社会技能訓練（SST）……………… 267
弱視………………………………… 63
就学援助…………………………… 226
就学時健康診断…………………… 16, 215
就学相談………………… 16, 244, 251
重症心身障害児……………………… 92
受給者証…………………………… 243
出生前診断………………………… 54
障害………………………………… 2
障害児支援利用計画……………… 235
障害児相談支援事業所…………… 242
障害児福祉手当…………………… 238
障害児保育……………………… 9, 26
障害児保育事業実施要綱…… 9, 195, 259
障害者基本計画（新障害者プラン）…… 167
障害者基本法…………………… 6, 260
障害者雇用促進法………………… 267
障害者差別解消法………… 6, 21, 196
障害者自立支援法……………… 19, 242
障害者総合支援法……… 19, 257, 263, 267
障害者の権利に関する条約（障害者権利条約）
………………………………………… 6, 21
障害者の権利に関する宣言（国連総会決議）
……………………………………………… 2

障害者プラン	195
障害受容	230, 255
情緒障害	57, 136, 187
常同運動	127
常同行動	95
褥瘡	97
自立活動	204, 207
身体虚弱	106
身体知覚	45
水頭症	38, 57
スクールカウンセラー	16, 134, 214, 222
スクールソーシャルワーカー	222
世界保健機関（WHO）	2
脊髄損傷	37
全戸訪問事業	240
全体的な計画	154
全盲	63
措置制度	19

た

ダウン症	54, 186
高木憲次	8
滝乃川学園	7
多動性-衝動性	114
チーム学校	13, 151
チック症状	109, 138
知的障害	7, 49, 86, 92, 186
知的能力	50
知能	50
知能指数	51
注意欠如・多動症／注意欠如・多動性障害	112, 193
聴覚障害	70, 80
通級指導教室（通級）	12, 14, 23, 167, 174, 244
通級による指導	204
通常学級／通常の学級	11, 219, 244
通所施設	258
適応能力	50
てんかん／てんかん発作	38, 46, 57, 93
東京市立光明学校	8
統合保育（インテグレーション）	23, 188, 259, 261
トゥレット症候群・トゥレット症	107
特殊学級	12
特別支援学級	12, 14, 23, 167, 219
特別支援学校	12, 14, 23, 220
特別支援教育	9, 10, 204
特別支援教育コーディネーター	12, 16, 199, 213, 219, 246
特別支援教育支援員	16
特別児童扶養手当	238

な

内部障害	94
喃語	29
難聴	70, 185
難聴・言語障害通級指導学級	244
二次障害	135, 255
日常生活動作（ADL）	258

入所施設・・・・・・・・・・・・・・・・・・・・・・・236, 257
乳幼児健康診査・・・・・・・・・・・・・・・・240, 255
認知バイアス・・・・・・・・・・・・・・・・・・・・・・・261
認定こども園・・・・・・・・・・・・・・・・・・・・・・・156
ネグレクト・・・・・・・・・・・・・・・・・・・・・・・・・・141
ノーマライゼーション・・・・・・・・・・・9, 11, 17
脳性マヒ・・・・・・・・・・・・・・・・35, 41, 57, 84, 93

は

発達障害・・・・・・・・・・・・・57, 111, 136, 188, 239
発達障害者支援法・・・・・・・・・・・・・・・・・・255
パニック・・・・・・・・・・・・・・・・・・・・・・・・・・・・139
場面緘黙（選択性緘黙）・・・・・・・・・・・・139
非言語的コミュニケーション・・・・・・・127
ビネー，A.・・・・・・・・・・・・・・・・・・・・・・・・・・・51
病弱・・・・・・・・・・・・・・・・・・・・・・・・・・・・・・・・104
病弱・身体虚弱特別支援学級・・・・・・106
びわこ学園・・・・・・・・・・・・・・・・・・・・・・・・・・・9
福祉型児童発達支援センター・・・・・・258
福祉事務所・・・・・・・・・・・・・・・・・・・142, 241
不随意運動・・・・・・・・・・・・・・・・・・・・・・・・・34
不注意・・・・・・・・・・・・・・・・・・・・・・・・・・・・・112
フラッシュカード・・・・・・・・・・・・・・・・・・・87
保育所児童保育要録・・・・・・・・・・・・・・・・16
保育所等訪問支援／事業
・・・・・・・・・・・・・・・195, 235, 237, 243, 258, 264
保育所保育指針
・・・・・・・・・・・・・・・・・・・16, 27, 155, 192, 231
放課後等デイサービス
・・・・・・・・・・・・・・・16, 235, 237, 246, 258, 264

保健所・・・・・・・・・・・・・・・・・・・・・・・・・・・・・240
保健センター・・・・・・・・・・・・・・・・198, 240
ポジショニング・・・・・・・・・・・・・・・・・・・・・97

ま

三木安正・・・・・・・・・・・・・・・・・・・・・・・・・・・・・8

や

ユニバーサルスポーツ・・・・・・・・・・・・・・24
養護学校・・・・・・・・・・・・・・・・・・・・・・・・9, 11
幼稚園教育要領・・・・・・・・・16, 27, 154, 192
幼稚園幼児指導要録・・・・・・・・・・・・・・・・16
要保護児童・・・・・・・・・・・・・・・・・・・・・・・・264
要保護児童対策地域協議会・・・・・・・・264

ら

理学療法士・・・・・・・・・・・・・・・・・・41, 97, 243
リソースマップ・・・・・・・・・・・・・・・・・・・・223
療育手帳・・・・・・・・・・・・・・・・・52, 238, 242
レジリエンス・・・・・・・・・・・・・・・・・・・・・・232
レスパイト・・・・・・・・・・・・・・・・・・・・20, 248
レスパイトケア・・・・・・・・・・・・・・・・・・・263

著者紹介

編著者

尾野明美（おの あけみ）・・・第1章2（2）・4、第3章4・5、第5章2・3

〔現職〕小田原短期大学保育学科 教授、博士（学術） 公認心理師

〔経歴〕桜美林大学大学院国際学研究科博士後期課程満期退学。千葉経済大学 非常勤講師、帝京科学大学人間科学部こども学科 教授、横浜市福祉保健センター 発達相談員などを経て、現職。

〔主著〕『初めて学ぶ心理学―心の形成・心の理解―』（共著、大学図書出版）、『障害百科事典』（一部翻訳、丸善出版）、『アクティブラーニング対応 エピソードから読み解く障害児保育』（共著、萌文書林）

小湊真衣（こみなと まい）・・・第2章6・7・8・9、第3章1・2・3、第4章1

〔現職〕亜細亜大学経営学部 講師、一般財団法人田中教育研究所 非常勤研究員、保育士、公認心理師、博士（人間科学）

〔経歴〕早稲田大学大学院人間科学研究科博士後期課程満期退学。帝京科学大学教育人間科学部こども学科 講師を経て、現職。

〔主著〕『TK式こどもの社会性発達スケールSTAR』（共著、田研出版）、『発達心理学者による3歳から就学前までの子育てアドバイス―東アジアこども発達スケールつき―』（共著、田研出版）、『アクティブラーニング対応 エピソードから読み解く障害児保育』（共著、萌文書林）

奥田訓子（おくた のりこ）・・・第1章1（2）（4）・2（1）・3、第5章1（2）、第6章2・3・4

〔現職〕桜美林大学総合研究機構 特任講師、公認心理師、指導健康心理士、社会福祉士 博士（学術）

〔経歴〕桜美林大学大学院国際学研究科博士後期課程満期退学、小田原短期大学保育学科 准教授を経て、現職。

〔主著〕『ライフコースの健康心理学』（章担当、晃洋書房）、『シリーズ心理学と仕事12 健康心理学』（章担当、北大路書房）

> 著者

本間なぎさ・・・第1章1（1）（3）
〔現職〕神奈川県警察本部生活安全部少年育成課 心理員
〔経歴〕東洋英和女学院大学人間科学部人間科学科卒業、桜美林大学大学院心理学研究科修士課程修了。神奈川県警察本部生活安全部少年課（当時）少年相談員を経て、現職。
〔論文〕「新しい描画療法としての「楕円彩色法」の検討」（桜美林大学心理学研究第4号）、「楕円彩色法（Oval Colorization Method：OCM）の有効性検討の試み」（桜美林大学心理学研究第6号）

越澤　亮・・・第2章1（1）
〔現職〕日本大学経済学部 専任講師、博士（教育学）
〔経歴〕日本大学大学院文学研究科教育学専攻博士後期課程修了。日本大学文理学部・日本大学商学部・日本大学芸術学部・日本大学医学部・目白大学 兼任講師を経て、現職。
〔主著・論文〕『Koshizawa R, Mori A, Oki K, Ozawa T, Takayose M, Minakawa TN. Effects of training the coincidence-anticipation timing task on response time and activity in the cortical region. Neuroreport 2014；25（7）：527-531.』、『Koshizawa R, Mori A, Oki K, Ozawa T, Takayose M, Minakawa TN. Beta band patterns in the visible and masked sections of the coincidence-anticipation timing task. Neuroreport 2013；24（1）：10-15.』

三浦美紀(みうらみき)・・・第2章1（2）・2（2）・5

〔現職〕相模原市立双葉小学校 教諭

〔経歴〕横浜国立大学大学院教育学研究科修了。児童福祉施設・身体障害者療護施設 作業療法士、横浜YMCA学院専門学校作業療法科 専任講師などを経て現職。

荒木みさこ(あらき)・・・第2章2（1）

〔現職〕千葉経済大学 非常勤講師、博士（学術）

〔経歴〕桜美林大学大学院国際学研究科博士後期課程満期退学。國學院大學、日本歯科大学、江戸川大学福祉専門学校・YMCA福祉専門学校 非常勤講師などを経て、現職。

〔主著〕『初めて学ぶ心理学―心の形成・心の理解―』（共著、大学図書出版）、『障害百科事典』（一部翻訳、丸善出版）

石田 望(いしだ のぞみ)・・・第2章3・4

〔現職〕神奈川県立総合教育センター 教育心理相談員・言語聴覚士。茅ヶ崎リハビリテーション専門学校・臨床福祉専門学校言語聴覚学科 非常勤講師

〔経歴〕成城大学大学院文学研究科修士課程修了。産経新聞社、神奈川県立養護学校 教諭、東海大学健康科学部 研修員、元茅ヶ崎市療育相談室 言語聴覚士、近畿大学九州短期大学 非常勤講師などを経て、現職。

〔主著〕『アセスメントハンドブック　評価の手引き・資料編』（共著、神奈川県立総合教育センター）、『集団での活動が難しい子どもの支援』（横浜市幼稚園協会）

青山（開田）有希・・・第4章2・3、第5章4
〔現職〕東京女子体育大学・東京女子体育短期大学こどもスポーツ教育学科　准教授、早稲田大学人間科学部eスクール　教育コーチ、乳幼児健診講師（発達相談）、臨床心理士、公認心理師、精神保健福祉士、修士（人間科学）
〔経歴〕早稲田大学大学院人間科学研究科修士課程修了、教育相談員・スクールカウンセラー・大学非常勤講師を経て、現職。
〔主著・論文〕『保育白書2017』（共著、ひとなる書房）、「放課後児童クラブの指定管理者変更に伴う保護者への心理的影響～所沢市の指定管理者制度をもとに～」学童保育8, pp.87-96.

小倉直子・・・第5章1（1）
〔現職〕小田原短期大学保育学科　准教授、臨床心理士
〔経歴〕龍谷大学大学院文学研究科教育学専攻（教育心理学）博士後期課程、単位取得満期退学。神奈川県西部・静岡県東部地域の発達相談や園巡回相談、常葉学園短期大学保育科　非常勤講師などを経て、現職。
〔主著〕『保育内容「言葉」指導法』（編著、ミネルヴァ書房）、『保育する力』（共著、ミネルヴァ書房）、『生活事例から始める保育の心理学』（共著、青踏社）、『応用心理学辞典』（共著、丸善）

萩原可那子・・・第6章1
〔現職〕相模原市児童相談所　児童心理司
〔経歴〕桜美林大学大学院心理学研究科健康心理学専攻修士課程修了、近畿大学九州短期大学　非常勤講師、横浜市保土ヶ谷区役所福祉保健センター　発達相談員などを経て、現職。
〔論文〕障害のある子どもをもつ母親の障害受容に関する研究（学位論文）

編集協力	保育士の会「いろは組」
	特別の支援を要する子どもと保護者を支える支援コーディネーターの会
	小島雄登（日本ブラインドサッカー協会）
デザイン	久保田祐子（クリエイティブ悠）
イラスト	西田ヒロコ
ＤＴＰ	RUHIA

特別支援教育・保育概論
―特別な配慮を要する子どもの理解と支援

2016年3月31日　初版第1刷発行
2017年3月13日　初版第2刷
2017年11月19日　第2版第1刷
2019年3月22日　改訂新版第1刷
2025年4月1日　改訂新版第7刷

編著者	尾野明美　小湊真衣　奥田訓子
発行者	服部直人
発行所	株式会社　萌文書林
	〒113-0021　東京都文京区本駒込6-15-11
	TEL 03-3943-0576　FAX 03-3943-0567
	https://www.houbun.com
	info@houbun.com
印刷・製本	中央精版印刷株式会社

©Akemi Ono,Mai kominato,Noriko Okuta 2019,Printed in Japan
ISBN978-4-89347-320-2 C3037

定価はカバーに表示されています。
落丁・乱丁本は送料弊社負担でお取替えいたします。
本書の内容の一部または全部を無断で複写・複製・転記・転載することは、著作権法上での例外を除き、著作者および出版社の権利の侵害となります。本書からの複写・複製・転記・転載をご希望の場合は、あらかじめ弊社宛に許諾をお求めください。